さまよえる工藝

柳宗悦と近代

土田眞紀

草風館

口絵１　津田青楓《図案集『うづら衣』（発行：山田芸艸堂）》
1903（明治 36）年刊

口絵２　神坂雪佳《図案集『百々世草』（発行：芸艸堂）原画》
1909~10（明治 42~43）年

口絵 3　浅井忠（図案）、杉林古香（制作）《牽牛花蒔絵手箱》
1909（明治 42）年

口絵 4　藤井達吉《大島風物図》 1916（大正 5）年頃

口絵５　富本憲吉《『富本憲吉模様集』
(私家版)「夢に見た壷」》
1923~27（大正 12~ 昭和 2）年刊

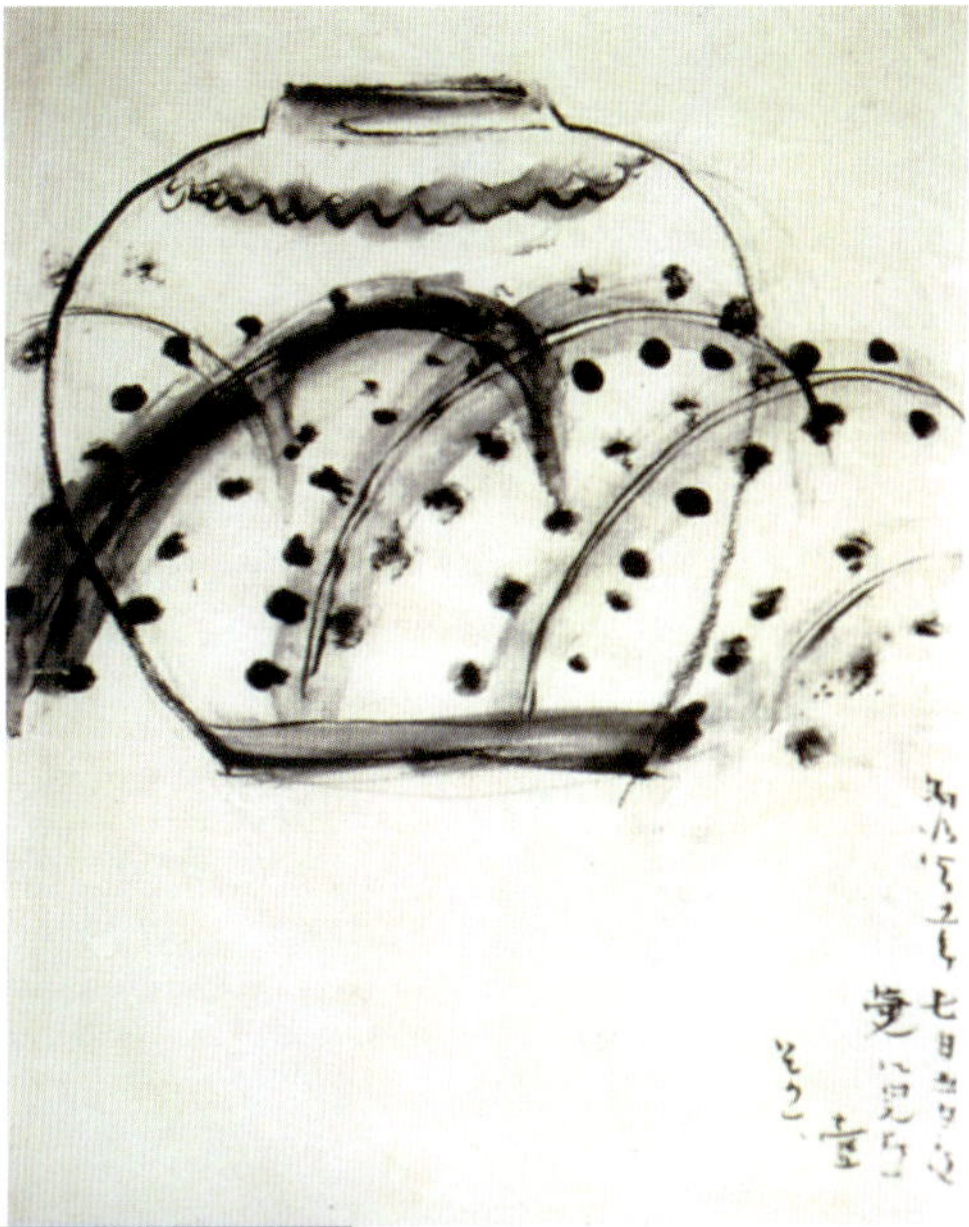

口絵６　富本憲吉《楽焼富貴長春字徳利》
1912（明治 45・大正元）年

口絵７　高村豊周《挿花のための構成》
1926（大正 15・昭和元）年
写真撮影：高村規

口絵８　広川松五郎《窪田空穂著『青水沫』（発行：日本評論社）装幀》
左：見返し、右：表紙　1921（大正 10）年刊

口絵 9 《染付辰砂蓮華文壷》 朝鮮時代（18 世紀）

口絵 10　《美濃志野栗文平鉢》桃山時代

口絵 11 《木綿地衣装》 沖縄首里

口絵 12 《泥絵「居留地風景」》 江戸時代（19 世紀）

口絵 13 《柳宗悦著『陶磁器の美』(私家版)》
1922 (大正 11) 年

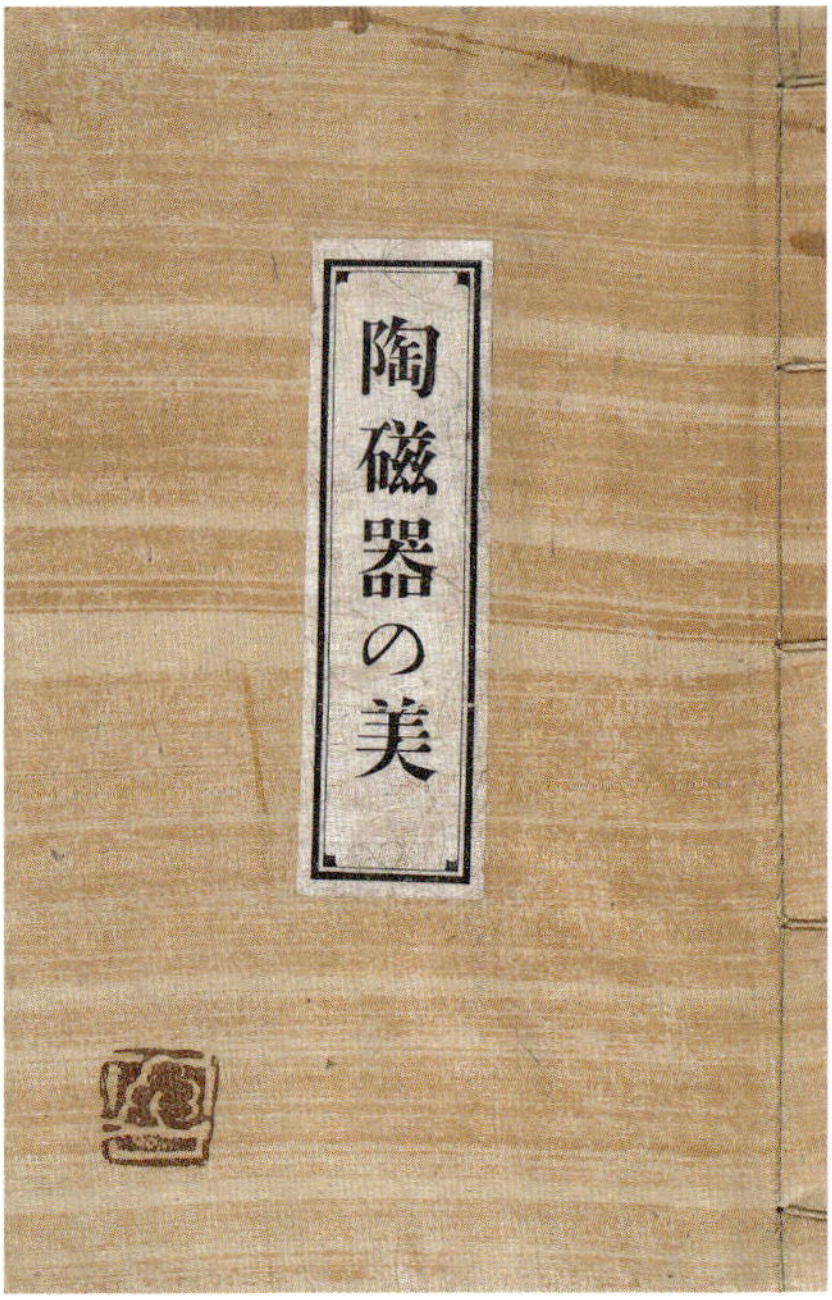

口絵 14 《雑誌『工藝』(発行：聚楽社、日本民藝協会)》
1931-51 (昭和 6-26) 年

序――「非・近代」的な工藝の「近代」

我々が「美術」や「工藝」という言葉で、人間の広汎にわたる活動のなかのある部分を取り出し、個別の領域として特定して語り出したのは、そう遠い時代のことではない。このことは近年の研究が明らかにし、いまではその領域に携わる研究者の間ではほぼ共通の了解事項となるに至った。しかしそれ以前のおよそ百年の間、誰もがそのことにほとんど気づくこともないほど、これらの言葉は広く深く日本人の意識に棲みつき、浸透し、その領域における様々な活動や、その成果として生み出された無数の品々に対して、透明な枠組の役割を果たしてきたのである。その枠組を通して振り返ってみると、日本の近代は明らかに「工藝」よりも「美術」の時代であったし、常に中心を占めてきたジャンルは絵画であった。画家に向けられた光の華やかさは、彫刻家の場合よりも上であり、工藝家の比ではなかったといえる。すなわち近代を通じて「工藝」は、「美術」に対して光の当たらない位置に、さらにいえば藝術ジャンルのヒエラルキーのなかで下位に位置づけられてきたのである。

当初、近代化を進めるための一種の装置として登場した「美術」や「工藝」という言葉は、現実に近代化が進行するにしたがって確実にそれぞれの領域を形成していったが、並行して西洋近代の藝術観が浸透していくにつれ、近代以前に日本の多種多彩な造形物がそれぞれに辿ってきた一定の自律的な展開や、それらを社会に、あるいは相互に繋いできた有機的な連関は、完全に断ち切られないにしても、相当な亀裂と断層があちこちで生じることになった。他の多くの領域にも多かれ少なかれ共通する現象であろうが、そうした亀裂や断層を「美術」の領域より多く内包し、はるかに複雑な様相を呈することになったのが、「工藝」という言葉をめぐって展開された状況であったように思われる。

非常に大雑把にいうと、明治初年以来、「工藝」の領域は「美術」と「工業」および「産業」の間で絶えず揺れ動き、「純粋美術」を「応用美術」の上位に置く西洋近世・近代の藝術観と、重工業発達以前の明治期における殖産興業の担い手としての役割の狭間で、結果としてきわめて中途半端な位置を与えられることになった。周知のように、明治の初めに「工藝」がその出発点としたのは、代表的な輸出産業としての役割であった。こうして工藝品が外貨獲得の手段として各地の万国博覧会に大量に送り込まれるのと並行して、「絵画」や「彫刻」は、次第に精神的活動の領域を形成し始めた「美術」に属し、やがて「藝術」に収斂するジャンルとなるべく、様々な制度面での整備を着々と進めていたのである。結果、一九〇九（明治四二）年に創設された文部省美術展覧会から「工藝」は弾き出されてしまった。これによって純粋美術としての絵画・彫刻と、工藝に含まれることになった陶器、漆器、金工品、染織品等の諸分野とは、少なくとも制度上明確に区別され、後者は前者より低く位置づけられることになった。

わずか三、四十年ほどの間にそのような状況に至った頃、すなわち二〇世紀の初めの十余年間に工藝や図案を学んだ一部の学生はある種の絶望に陥らざるを得なかった。東京美術学校に創設された図案科に在籍した富本憲吉、今和次郎、広川松五郎、同じく金工科の高村豊周らである。この絶望感から出発した彼らの悪戦苦闘の跡がそのまま、工藝領域における「近代」意識が日本において辿った軌跡であったといってもおおむね間違いではないように思われる。ただそうだとすれば、その軌跡は見事に錯綜しているというほかない。誰もが「近代工藝の先駆者」と認める富本憲吉一人の軌跡を思い描いても、そこに映し出されるのは、世間で一般に思われているような「近代陶藝の巨匠」に向かっての一直線の歩みとはおよそほど遠いものに思われる。そしてその軌跡は、大正初期の富本やバーナード・リーチ、藤井達吉の活動に鼓舞されてかろうじて絶望を回避し、ささやかな抵抗を試み始めた高村豊周や広川松五郎が辿った軌跡とすら、基本的に重なることはなかった。もちろんそこには本来「工藝」と一括りにできない、扱う素材や技法、ジャンルの違いから生じる諸事情も関わってはいる。が、それ以上に彼らの軌跡を錯綜させたのは、日本の近代そのものがその出発点に孕んでいた齟齬や矛盾にほかならないのではないか。高村や広川に比べると、後の活動ゆえに美術学校図案科の卒業生であること自体忘れられがちなのが今和次郎であるが、今の非常に独自の活動の軌跡もまた、図案科における絶望が一つの必然的な出発点となっているようにみえる。

本書に収めた一八の文章は、執筆のきっかけや発表媒体はそれぞれに異なるものの、上記の人々を含め、明治三〇年代から昭和戦前にかけて、何らかの形で「工藝」領域に関わった人々の描く錯綜する軌跡、あるいは錯綜そのもののあり様を問題にした点ではほぼ共通している。全体として、日本の近代があらゆる領域でその出発点から否応なしに抱え込み続けてきた齟齬と矛盾の一端を、「工藝」という一語をめぐる様々な営みを通じて明るみに出そうとする試みであるといえる。ただし、最初から体系的な目論見のもとに書かれたものではない。むしろそうした主題は、十年余りの間に個々別々の場と目的を得て文章を書くうちに、当初はさほど意識的ともいえなかった作業の積み重ねを通して、筆者のなかにいつしかぼんやりと形づくられ、次第にくっきりと浮かび上がってきた。とりわけ美術館学芸員として、主として展覧会の企画という現場での作業を通じてこれらの領域に関わってきた筆者の場合、文献の渉猟というよりは、遺された作品の在処を訪ね、実際に手に取り、美術館という場に展示するという作業の連続によって徐々に意識に上ってきた主題であることも、最初に断っておかなければならないだろう。

ところで大正末になると、そうした近代が孕んだ齟齬と矛盾に対して、一見したところ「反近代」とみえる立場から明快な批判を展開し、もう一つの「道」を提示しようとする人物が現れる。民藝運動の中心となった柳宗悦である。ところが柳自身、最初から一直線にこの「道」に辿り着いたわけではなかった。周知のとおり、大学で心理学を専攻した柳が『白樺』に書いた、これらの領域に関わる最初の文章は「オーブレー・ビアズレー」である。作品の主題、表現様式、発表形式のみならずその生涯においても、西洋近代美術、世紀末藝術の申し子であったビアズリーに、二〇歳を過ぎたばかりの柳はまず引かれた。さらには同じ『白樺』誌上に「革命の画家」と題して紹介した、ファン・ゴッホ、ゴーギャン、セザンヌ、マティスら「天才」による、「自己」の全き「表現」こそ真の藝術であるという藝術観は、当時、柳のみならず白樺派の自己形成にきわめて重要な役割を果たした。そこから柳がもう一つの「道」である「工藝の道」を確信するに至るまでに、一五年余りを必要としたが、その間の柳の思索と活動の軌跡もまた、工藝をめぐる錯綜をさらに複雑なものにしている。そうした複雑さそのものにできるかぎり光をあて、ありのままを浮かび上がらせないかぎり、柳の「反近代」もまた「近代」であるといってみたところで言葉遊びに終わってしまうだろう。

そうした軌跡の末に、それぞれの立場の違いが鮮明に現れてきたのが大正の末から昭和の初めであった。誰よりも早く、工藝の近代化の先頭を切った富本憲吉は、陶器作りの試行錯誤と並行して、一九一三（大正二）年頃から十年以上にわたって精魂を傾けてきた「模様」の探求に一区切りをつけようとしていた。その孤独な探求を通じて富本は、近代の個人作家にとって「模様」の創造がいかに困難であるかを身をもって示した。高村豊周は、ある意味で当然とも思える揺らぎの末に、純粋美術としての絵画や彫刻と同じあり方こそ工藝の取るべき道であるという結論に至った。ちょうど同じ頃、民藝運動を始動させたばかりの柳宗悦は、「工藝の道」は絵画や彫刻とは別のもう一つの「道」であるという正反対の立場から、工藝理論、工藝思想の体系的な構築に取り組み始めていた。一方、今和次郎は「考現学」と名づけた新しい学問の方法論に則って、銀座の街頭で風俗調査を開始しようとしていた。それは一見したところ「工藝」とは無縁にみえる活動であった。

それぞれに真摯に「工藝」に関わってきた人々の間で、これほどそれぞれの立場や方向性の違いを鮮明にしたものの正体とは一体何なのだろうか。答えがあるとすれば、このとき、彼らがそれぞれに「工藝のアイデンティティとは何か」、「工藝の在処はどこか」と自らに問うたから、ということになるだろう。「工藝」という概念を必要とした日本の近代化の過程のなかから、いずれ必然的に生じてくるはずだったこの問いを、自明の解答のないままに、自らの身において引き受けざるを得なかったのが彼らだったのである。さらに一九三〇年代に入ると、今度は「伝統」をめぐって「内」からと「外」からの視線が交錯しつつ、「工藝」の領域に芽生えた新たな問題意識のもとにこれまでとは別種の錯綜が開始される。本書は大きく三章に分かれているが、一九一〇年代から一九三〇年代にかけてのそうした軌跡を主として論じたのは第二章である。

これに対して第一章では、「近代」の意識が「工藝」という概念をめぐって顕在化してくるのに先行して、まずは工藝「図案」をめぐって現れてきたという現象を主に論じている。そのきっかけとなったのは、一九〇〇（明治三三）年のパリ万国博覧会の前後から、様々な経路を通じて日本に紹介されたアール・ヌーヴォーであった。明治一〇年代からすでに「図案」の重要性は広く認識されていたが、日本からの輸出工藝品を消化したジャポニスムの成果ともいえるアール・ヌーヴォー様式を目の当たりにすることによって、「図案」という新たな課題に対する意識が日本側で一挙に尖鋭化したのがこのパリ万博であった。これを機に、工藝図案は様々なレヴェルにおいて変容し始めた。図案や意匠は工藝品の表面を飾るものであるが、具体的な工藝品のあり様のなかで最初に急速に変容し始めたのが、その最も表層にあたる部分であったということになる。その変容には、後に工藝そのもののあり方をめぐって生じてくる問題を先取りするものが含まれていた。すなわち、本来、工藝品を離れて成立しないはずの工藝図案が、ジャンルとしての自立を志向し始め、同時に図案家のうちに近代の芸術家意識が芽生えるが、このいわば図案の「藝術化」とでも呼ぶべき流れは、一九〇〇（明治三三）年以降、急速に登場してくるのである。

一方、第三章は、すでに触れた民藝運動の創始者の一人、柳宗悦を中心に据えた七編の文章で構成されている。柳は、一九一〇年代から一九二〇年代にかけて、工藝のアイデンティティをめぐってつくり手たちの間で近代の意識が尖鋭化し、多様な形を取り始める頃、そのすぐ傍らで心理学から宗教哲学へ自らの歩みを続けながら、すでに工藝に並々ならぬ関心を寄せていた。ただし、早くから富本憲吉やバーナード・リーチと親交を結び、自ら陶磁器を蒐集し、朝鮮民族美術館の設立運動を推進しつつも、彼自身は工藝の専門家ではないことをはっきりと自覚していた。ところが一九二〇年代半ばから民藝運動を開始し、同時に体系的な工藝思想の構築を通じて、工藝をめぐる問題の核心にはからずも柳は飛び込むことになったのである。宗教哲学者である柳がなぜ工藝をめぐる問題にこれほど深く関わることになったのか。確かに一方で「民藝」の発見は、彼にとって宗教哲学上の最も重要な課題から切り離せない必然的な展開といえる側面を持っていた。他方で、本書の第一章と第二章で扱っている「工藝」の「近代」という観点から考えると、柳が構築した体系的な工藝思想は、日本の近代と工藝の錯綜した関係に対して、一つの解答を提出した形になっているように思われる。

もとよりそれは唯一無二の完璧な解答ではあり得ないだろう。ただ明治初期以来の「美術」や「工藝」をめぐる問題の在処をかなり正確に捉えた上での一つの真摯な解答であったことは確かである。そのようなものとして、「民藝」を中心に構築された、日本近代におけるほとんど唯一といっていい体系的な工藝をめぐる思想が誕生した経緯を歴史的な文脈のなかで検証し、その中身と意味を検討することを通じて、日本の近代と工藝の抜き差しならない関係のうちに、果たしてどのような問題が含まれていたかがより鮮明に浮かび上がってくるものと思われる。同時に、柳の工藝思想には、現在の我々にとっての課題として捉え直すことができるもの、すなわち過去の歴史上の一思想という以上に、現在なお生きた思想として引き継ぎ、新たな形で生かしていくことができるものが含まれているとも考えている。あくまでも一九二〇年代の日本という背景のなかから生まれてきた思想として、すでに古びてしまった部分があるのは事実であるにしても、また現在では完結した体系的な思想のあり方そのものが疑われているとしても、そこには未完の「工藝問題」を提起する問いかけとしての性格が多分に含まれており、現在の我々自身が切実に取り組まなければならない課題に直結する側面を持ち続けているように思われる。そしてまた彼が中心となって形成された東京駒場の日本民藝館のコレクションが、蒐集開始から八〇年以上を経て、いまなお光を失うことなく存在感を放ち続けているのも事実だからである。

冒頭でも触れたように、「工藝」は明治の初めに突如として用いられるようになった言葉である。万国博覧会に参加するために便宜的に必要とされた言葉として、当初その指し示す中身はたびたび変更された。「工藝」にはもともと明確な定義などなかったのである。そうして自然発生的にではなく、全く人為的に用いられるようになったにもかかわらず、その後広く浸透し、ごく普通に現在に至るまで用いられてきた。それはなぜか。実は「工藝」という一語は、通常考えられている以上に日本の近代に深く関わり、近代という時代を映し出す一つの鏡としての性格さえ帯びていたからではないだろうか。ところが従来、近代の藝術の「近代」たるゆえんが、その自律性、純粋性を軸として語られてきたかぎりにおいて、「工藝」は少なくとも「近代美術史」のなかで等閑視されてきた。その意味では「工藝」は明らかに「非・近代」的な領域と見なされてきたのである。が、実のところその本当の理由は、「工藝」が従来の「近代美術史」の領域よりもはるかに広大な問題群を含む領域だったことにあるのではないだろうか。本書は、そのような「非・近代」的な「工藝」の「近代」を通じて、もう一つの「近代」の一端を多少なりとも浮き彫りにしようとする試みの一つである。

《目次》

注記

一、引用文中の旧漢字は新漢字にあらためた。ただし仮名遣いについては原文のままとした。

一、固有名詞以外の「芸」は「藝」に統一した。

第一章　明治・大正の工藝図案——図案の「藝術化」をめぐって

『器物図集　巻三』と板谷波山のアール・ヌーヴォー

一　『器物図集　巻三』について

出光美術館所蔵の板谷波山のデッサン帳『器物図集　巻三』は、五七五枚の薄手の和紙に描かれたデッサンを綴ったもの（現在では保存上の理由から一枚ずつ分かれ、裏打ちが施されている）で、表紙中央に「器物図集　巻三」、左下に「虚舟庵」と墨書きされている。その大半は、花瓶や壺の輪郭に植物や動物などの図案が描き込まれており、墨による線に加えて美しく彩色が施されたものも多い。またこうした図の周囲には、様々な覚え書きが書き込まれており、そこからデッサンが描かれた年代やそのソースがわかるとともに、デッサン帳が唯一の機能を持っていたのではなく、そのなかには波山にとって少しずつ意味合いの異なるデッサンが混じり合っていることが窺える。

年記はすべてに入っているわけではないが、拾っていくと明治三〇年代から昭和三〇年代に及んでいる。そのなかで、全体の約三分の二を占め、その前後のデッサンとは明らかに区別できる特徴を示し、また波山の全デッサンのなかでも特に重要な意味を持つと考えられるのは、一九〇一（明治三四）年から一九〇五（明治三八）年にかけて集中的に描かれた一群のものである。この時期以後のデッサンは、直接彼の作品と結びつく準備段階としてのものが多くなるのに対し、一九〇一（明治三四）年から一九〇五（明治三八）年という時期は、一八九八（明治三一）年に二六歳で本格的に作陶の研究を開始して数年後にあたり、実際に制作するしないに関わらない、図案自体の研究、模索が集中的に行われている。したがって、一口にデッサンといっても、外国作品を中心とする自作以外の作品の模写、自作のための図案の構想、実際に制作する際の色彩や技法上の指示を記したもの、投稿用と思われる署名入りのものなどが混在している。

一九〇一（明治三四）年以前に描かれたデッサンを含む波山のデッサン帳としては、出光美術館所蔵の『模様集　巻二』、『模様集　巻三』、『花果粉本』、『器物図集　巻二』、個人蔵の『しみのすみか』全五冊などが現在遺されている。このうち『花果粉本』は、明治二〇年代から昭和三〇年代までの、自然をモティーフとした写生によるデッサンをまとめたものである。モティーフは草花を中心とする植物、および鳥、虫、魚など動物で、年代的には六〇年以上にわたっているが、スタイルの上での変化はみられず、ほとんど変わらぬ姿勢で身近なモティーフを丁寧に写し取っている。この『花果粉本』を除くデッサン帳は、いずれも主として日本と中国を中心とする東洋美術、工藝の名品の模写から成っている。東京美術学校時代から石川県工業学校時代にかけて、帝室博物館や骨董商などで直接目にしたもの、あるいは書物で目に止まったものから、その全体や部分が写し取られており、ときには丁寧に彩色が施されている。ここでは後の陶藝家としての歩みに直接繋がるような陶磁器の模写だけでなく、能装束をはじめとする染織品など、平面的な装飾パターンの研究も盛んに行われており、『模様集　巻二』には波山自身による友禅図案も含まれている。

一点一点を詳しく調査した結果ではないが、全体の印象としては、一九〇一（明治三四）年以前の波山の眼は、主として東洋、しかも古美術に向けられているのではないかと思われる（注1）。この時期としては当然の姿勢であろう。ところが『器物図集　巻三』には、はっきりと同時代の西洋の影響、さらに限定するならばアール・ヌーヴォーの影響が見て取れることがこれまでの研究で指摘されてきた。まず、客観的な事実として、デッサンのなかに「外国雑誌」、「『ステジオ』所載」、「アートデコレーション」などの覚え書きの付されたものがある。荒川正明氏によって指摘されているように、一八九三（明治二六）年にイギリスで創刊された『ザ・ステュディオ *The Studio*』誌や、一八九七（明治三〇）年創刊のフランスの『アルテ・デコラシオン *Art et Decoration*』誌など、ヨーロッパの装飾美術関係の雑誌に掲載された図版から花瓶などを模写しているのである（注2）。その他、アメリカの陶藝雑誌『チャイナ・デコレー

ター *China Decorator*』とそれを引き継いだ『ケラミック・ステュディオ *Keramic Studio*』誌やドイツの雑誌からの模写も含まれている。これに加え、商品陳列館や帝室博物館で直接目にしたアメリカ、フランス、スイスなどの製品や、「東京高等工業学校蔵」と記された、アメリカの美術陶器の会社ロックウッド Rookwood 製の花瓶のスケッチも見出すことができる。またソースは不明であるが、ジークフリート・ビング（通称サミュエル・ビング）と関連するコペンハーゲンのビング・アンド・グレンダール Bing and Gröhndahl 社の製品のスケッチなども含まれている。

外国製品のスケッチから波山自身の図案に目を転じると、まず明らかにアール・ヌーヴォーを想起させるS字曲線が所々に見出される。たとえば図1の図案で繰り返されている曲線は、きわめて「アール・ヌーヴォー的」である。しかし全体としては、こうした一見してアール・ヌーヴォー的なモティーフや抽象的な図案よりも、身近なモティーフや基本的に写実的で絵画的な図案が目につく。写生を通じて学んだ描写力を生かし、自然のモティーフのもつ瑞々しい生命力を図案のなかに忠実に写し取ろうとする意志が随所に感じ取れる。すでに触れた外国製品のスケッチ、およびそこから学んだ成果は、こうしたモティーフをいかに器の形と有機的に結び付け、その表面と一体化

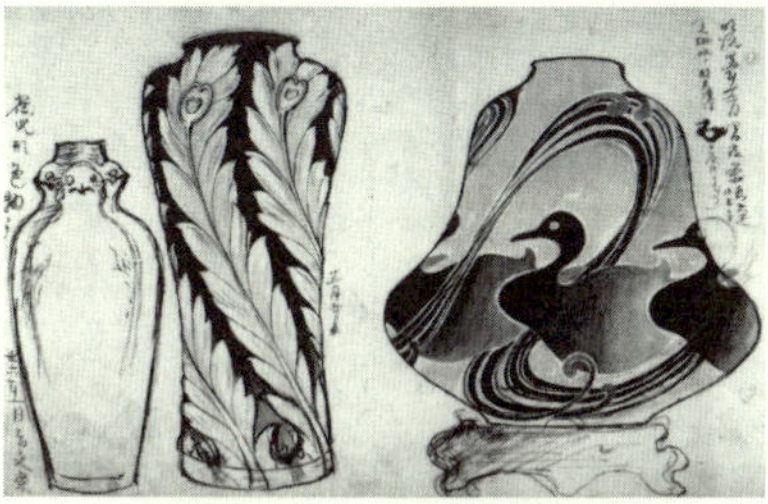

図１　板谷波山《器物図集　巻三「都鳥と光琳水」他》1900 年代

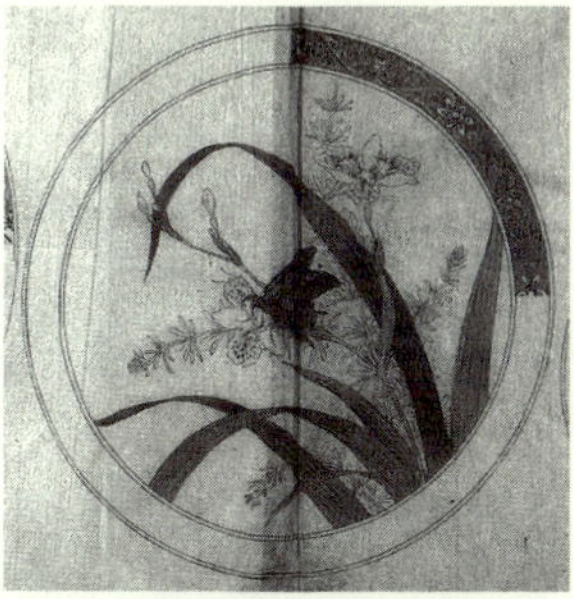

図２　起立工商会社《皿図案下絵「青筋揚羽にシャガ」》1882（明治 15）年頃

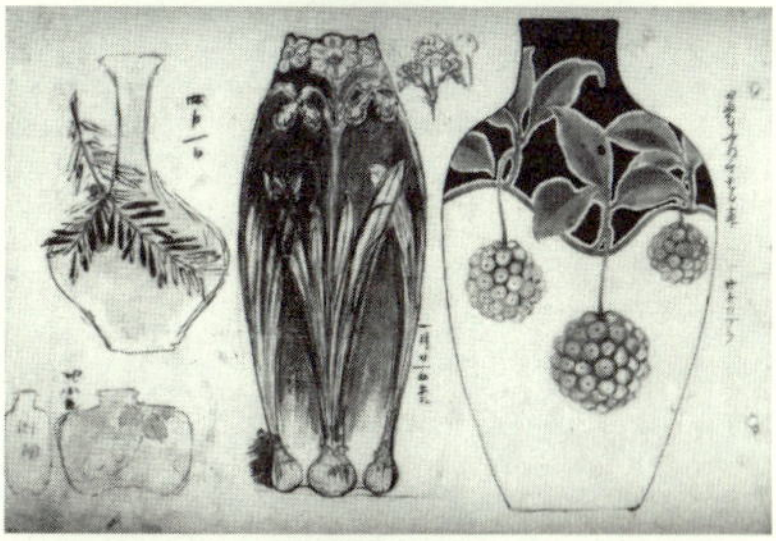

図３　板谷波山《器物図集　巻三「クロッカス」他》1900 年代

図4　板谷波山《器物図集　巻三「百合」他》1900年代

図5　エミール・ガレ《花瓶図案「ダリア」》1897–99年頃

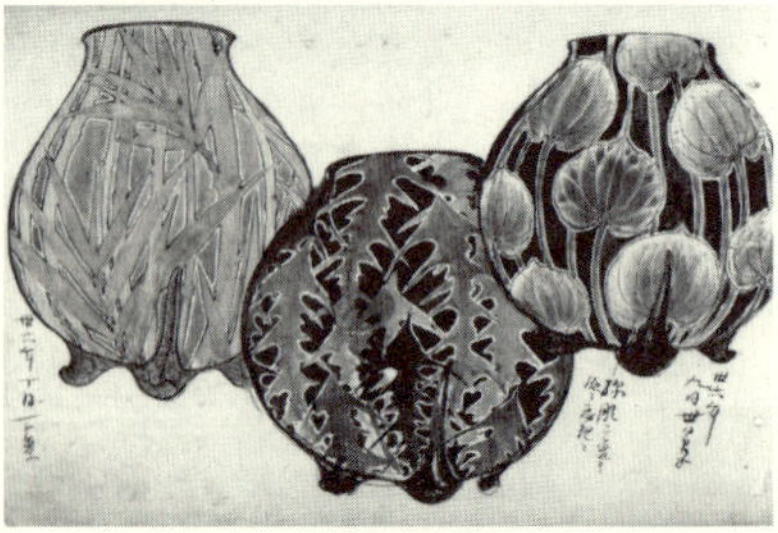

図6　板谷波山《器物図集巻三「八手」他》1900年代

した形で配するかという追求に向けられているように思われる。日本画的な自然モティーフの表現を工藝図案へ応用しようとする傾向は、明治一〇年代の起立工商会社あたりの図案〔図2〕に始まり、二〇年代に盛んに試みられたが、この日本画的な表現の延長上で、さらに器とモティーフの関係のなかに新しい図案を模索する方向である。似たような方向性は、同時代の他の工藝家の作品にもみられる。そのなかで、波山の場合注目されるのは、細部の表現に執着せず、全体の構成を重視している点であり、なかでも葉や花など部分的なモティーフの単位を、大きさや形を少しずつ変えながら、決して単純なパターンにならないやり方で繰り返している図案である。ストレートな絵画的表現でもなければ、従来のようなパターンとしての装飾文様でもなく、生き生きとした自然らしさを残しながら、工藝図案独自のあり方を波山なりに見出しつつあることを示しているように思われる。

二、三の例をみると、図3中央の図案は外国製品を直接の源とする例で、『アルテ・デコラシオン』誌に掲載された花瓶の模写に基づき、原作のアシンメトリーな構成を規則的なパターンに換え、グロテスクなほど生々しい写実主義を退けている（注3）。しかし完全に抽象化してはおらず、細部の写実性は失われていない。図4右は百合を全体に大きく配した図案で、最も写実性の強いものの一つであるが、日本美術の影響を相当に受けたフランスのガラス工藝家エミール・ガレのデッサン［図5］に驚くほど似た表現が見出される。図6の三つの図案は、いずれも葉の部分のみが一定のリズム感をもって器の表面全体に配されている。しかし装飾パターンへと抽象化されてはおらず、それぞれの葉は陰影が施され、むしろ写実的である。様式的に幅をもつアール・ヌーヴォーには、大きく分けてガレに代表される自然主義とヴァン・ド・ヴェルドに代表される抽象主義が並存しているが、この時期の波山は、少なくとも後者よりも前者への親近性がはるかに大きいようである。

二　一九〇〇（明治三三）年のパリ万国博覧会と「図案」

さて、ここまで波山のデッサン帳『器物図集　巻三』、なかでも一九〇一（明治三四）年から一九〇五（明治三八）年にかけてのデッサンをみてきたが、この数年にわたる時期が決して偶然でもなければ、波山という一人の陶藝家の生涯においてのみ特別な意味を持っているのでもないことは、一九〇〇（明治三三）年がパリ万国博覧会の開催年であることを想起すれば明らかである。

このときパリ万博を直接訪れた日本の美術関係者は、期せずしていずれも万博後の日本における図案改革運動で重要な役割を演じることになる。浅井忠、黒田清輝、福地復一、中沢岩太らであるが、彼らはアール・ヌーヴォー全盛の博覧会場で同時代のヨーロッパの装飾美術を直かに見、ほとんど同じような感想を抱くに至ったようである。たとえば浅井忠は、

図案ですか、いや、以前は図案について何の考へも持てゐなかつたですが。……処が三十三年の巴里大博覧会で、

アール・ヌーボーだの、セヽツシヨンだのといふ斬新な図案が発表せられ、我国から観覧に出かけた実業家連が大に驚いたが、我もまた非常に驚いた。尤もこの図案は西洋でも之れまで研究してゐたが、それを一堂に蒐めて発表したのは此時が初めてゞ、かく西洋人が支那、日本、朝鮮などの東洋趣味を参酌して、あれ程迄に研究してゐたとは思ひもよらなかつたのでした。それで観覧に出かけた実業家が、帰国してから俄かに図案を鼓吹する、書籍雑誌が輸入される、遂に今日の図案流行となつたのですな。（注4）

と黒田天外に語っている。周知のように、万博前にはほとんど図案に関心のなかった浅井は、この万博開催中のパリで中沢岩太に出会い、彼の要請で開校が予定されていた京都高等工藝学校に赴任を決め、これをきっかけに京都での図案改革の動きの柱となるのである。また浅井と同じく洋画界の中心であった黒田清輝も、帰国後、橋口五葉と杉浦非水という日本におけるアール・ヌーヴォーのグラフィック・デザイナーというべき二人に重大な影響を及ぼしたとされる（注5）。さらに、帰国後「福地アルヌボー君」と呼ばれた福地復一の場合、パリ滞在中に浅井とともにジークフリート・ビングのもとを訪れているが、翌一九〇一（明治三四）年に日本図案会を結成、さらに翌年にはパリから持ち帰った参考品の展覧会を開き、東京での図案改革運動の先頭に立った（注6）。

彼らに共通していたのは、まず日本の工藝が、技術はともかくデザインの点でヨーロッパのものに劣っているという認識であった。浅井の博覧会評にみられる「日本画家及び工藝家の欠点は意匠手工ともに大様なる所なく小刀細工に汲々たるに在り」（注7）はこの認識を代表するものであったといえよう。同時に興味深いことには、そうしたヨーロッパ工藝の長所が、もともと日本及び東洋美術の影響、すなわちジャポニスムの成果であるという認識も共通していた。

こうして新たな脚光を浴び始めた「図案」は、用語としては、英語のDesignの訳語として、納富介次郎が一八七三（明治六）年のウィーン万博の前後に用い始めたのが最初と一般にいわれる（注8）。納富は日本が大成功を収めたウィーン万博に陶磁器担当の技術官として関わり、視察者の一人として派遣された。万博後もヨーロッパ各地で様々な技術を学んで帰国し、金沢工業学校をはじめ全国の工業学校の創立の中心となって活躍した。納富はウィーン万博の三年後に開かれたフィラデルフィアの博覧会への参加に際して、画家に図案を依頼し、その図案に基づいて工藝家に制作させるというはっきりとした分業方式を採用したという（注9）。この方式は、やはりウィーン万博を視察した松尾儀助らが創立した起立工商会社の場合とも似ており、四条派や南画風の絵画的図案がこれ以後主流を成すことになった。しばしば指摘されているように、明治期前半の工藝品に焦点をあてた輸出振興策のなかで考え出された方式であったといえよう（注10）。

一方で図案独自の領域を確立する必要性も感じられていたようで、一八七七（明治一〇）年には大蔵省に図案調整局が置かれ、一八八〇（明治一三）年には別に製品図案協議員という制度が設けられた。また『東京芸術大学百年史』によると、東京美術学校の設立に際して、フェノロサと岡倉天心は基礎教育においても専門教育においても「デザイン」をかなり重視していたという（注11）。一八九〇（明治二三）年の規則改正で美術工藝科と入れ替わって一旦消滅した図案科は、一八九六（明治二九）年に再び設置された。またこの頃には、民間でもすでに幾つかの図案研究会が結成され、懸賞図案募集も盛んになってきていた。波山も一八九七（明治三〇）年頃から『大日本窯業協会雑誌』に図案を応募していた（注12）。こうして「美術」や「工藝」と同じく明治維新後に新たに登場した用語としての「図案」の担うべき役割には、輸出振興、産業振興の立場から、また美術教育においても強力な要請があり、様々な期待が寄せられながら、その内容は未だ確立していなかったと考えられる。パリ万博の年が迎えられたのはこうした状況のもとであった。このとき、「アール・ヌーヴォー」というきわめて特異な一つの時代様式は、日本語の「図案」という概念に非常に具体的な姿を与えてくれたのではなかろうか。一九〇二（明治三五）年の新春早々の『読売新聞』は、「デザイン時代来たらんとす」というタイトルを付けた論説を掲げ、そのなかで「此く我古代の製作も一たび仏人の意匠に触るれば、忽ち新奇の画風となる、皆意匠の力なりと言はざるべからず」（注13）と、ジャポニスムからアール・ヌーヴォーへという流れにおいて「意匠＝デザイン」が果たした役割を強調している。

確かに、「アール・ヌーヴォー」がそれほどまで、当時の日本人が必要としていた「図案」に内実を与えてくれるように感じられたのは、浅井や福地も敏感に感じ取っていたように、その形成に日本美術の影響、すなわち「ジャポニスム」が大きく関わっていたからであろう。ほんの数十年前に日本からヨーロッパに出ていった大量の工藝品や版画、屏風などが、伝統的なヨーロッパの装飾美術のなかに様々な形で浸透し、ヨーロッパ人の美意識を大きく転換させたその成果が、一挙に日本人の前に現れたのである。そのためにこそアール・ヌーヴォーは、万博を見聞した日本人の目に、単に目新しいヨーロッパの一様式としてではなく、自らの伝統をベースに「図案」という新たな課題の領域を切り開いていくための、いわば切り札とみえたはずである。一九〇〇(明治三三)年前後は、ヨーロッパの工藝にとっても、機械生産を背景にモダン・デザインへと大きく転換していく時期であった。周知のように、パリ万博で勝利を収めたはずのアール・ヌーヴォーは、この直後に直線的・幾何学的様式へと道を譲り始め、やがて装飾がその死を迎える直前に開いた最後の華ともみえるようになる。

三　波山の図案とアール・ヌーヴォー

波山はまさに上述したような時期に、作陶の専門家集団とは全く異なる背景の中から陶磁器の世界に足を踏み入れたことになる。デッサン帳を見るかぎり、波山の場合も、彼の関心が決定的に西洋、なかでもアール・ヌーヴォーを向いたきっかけがパリ万博であったことは間違いないように思われる。浅井忠や黒田清輝、福地復一など、直接にパリ万博を見聞した人々とほとんど同時的な共通項の多い反応であったといえよう。

一九〇〇(明治三三)年当時の波山は、決して図案改革の先頭に立っていたのでもなければ、またその責務にあたる立場にもなかった。しかし、明治二〇年代から『模様集』にみられるような東洋美術の意匠の研究を行い、その成果を『大日本窯業協会雑誌』に図案を投稿することによって発表していた波山は、この時点ですでに相当な図案への関心を寄せていたことは間違いない。波山は浅井らのようにパリ万博を直接見聞したのでもなく、また自らアール・ヌーヴォーについて語っているわけでもないが、様々な情報源を通じてパリ万博の報告を耳にしており、彼らと非常に近い認識に達していたのではないかと推測される。それを何より明白に示しているのが『器物図集　巻三』である。また、日本図案会とほぼ同時に創立され、ともにパリ万博後の図案改革運動の核となった大日本図案協会の正会員に波山が名を連ねている事実も見逃せない（注14）。日野永一氏の指摘によれば、大日本図案協会が一九〇一（明治三四）年から一九〇六（明治三九）年にかけて発行した雑誌『図按』には、『アルテ・デコラシオン』誌や『ザ・ステュディオ』誌から採った図版が掲載されており、当時これらの美術雑誌はかなりの数が輸入されていたはずだという（注15）。すでに触れた波山のデッサンにみられる事実とも一致する。

さて、波山の『器物図集　巻三』におけるデッサンには、アール・ヌーヴォー特有のS字曲線がしばしば登場すると同時に、モティーフを抽象化、パターン化する際の手法にもアール・ヌーヴォーの影響が見て取れる。またモティーフをいかに器の表面に配するかという問題に関して外国製品を熱心に研究していることもすでにみたとおりである。ところが、実をいえば、一見アール・ヌーヴォー風の曲線を用いた図案の横に「光琳水ト都鳥模様ヲ応用」と書かれていたりするのである［図1］。さらにこれらと同時に波山のデッサンに登場してきた写実的で絵画的なモティーフの扱いが、パリ万博に触発されたアール・ヌーヴォーの影響によるものかどうかという問題はもっと複雑である。すでに触れたように日本でも明治一〇年代から日本画的な図案の流れがあった。波山のこの時期の図案は宮川香山ら日本人の作品にも近く、数は少ないものの、波山は香山や香蘭社の作品にも注目し、デッサン帳に写している。しかし同時に、エミール・ガレのデッサンにも非常に似たものが見出されるし［図7、8］、ヨーロッパにかぎらず、ロックウッド社をはじめとするこの時期のアメリカの陶磁器にも似ている。しかも欧米におけるこうした表現は、ジャポニスムの産物であるということを思い出す必要があろう。

日本美術が一九世紀後半の西洋美術に与えた多様で広範囲に及ぶ影響の一つに「自然主義」、なかでも人間と自然とのきわめて親密な関わりを示す、身近な植物や動物の表現があった。近年開かれた「ジャポニスム展」の図録では、馬渕明子氏が論文「ジャポニスムと自然主義」の〈動植物の世界〉という章で、「さて、三次元表現、つまり立体物における日本の自然主義の影響は、平面美術におけるより、更に圧倒的であった。そこでは小動物や昆虫、植物の様々な相が、日本において愛されたように、非常に生き生きととらえられている。それらは幾何学的に装飾化されたヨーロッパの伝統的文様とは非常に異なって、恰も本物の虫や木の葉が貼りついているかのような錯覚を与える」と述べている(注16)。波山のデッサンには植物と並んで動物のモティーフが頻繁に登場する。それらは、いかにもアール・ヌーヴォー的なグロテスクなものも含め、一見西洋風にみえるが、動物モティーフの扱いに卓越した能力を発揮してきたのはむしろ日本であった(注17)。

これに関連して、『器物図集　巻三』と並んで波山とアール・ヌーヴォーとの関わりを最も端的に示すデッサン帳

図７　板谷波山《彩磁玉葱形花瓶》
1903（明治 36）年頃

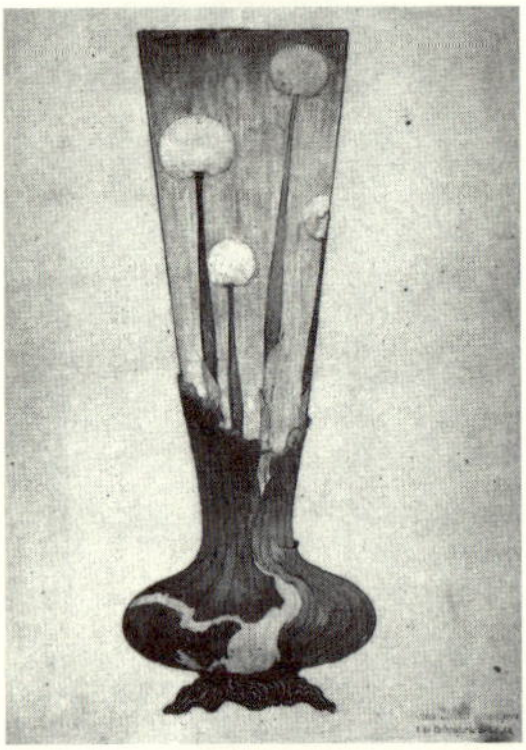

図８　エミール・ガレ《花瓶図案「玉葱」》
1898–99 年頃

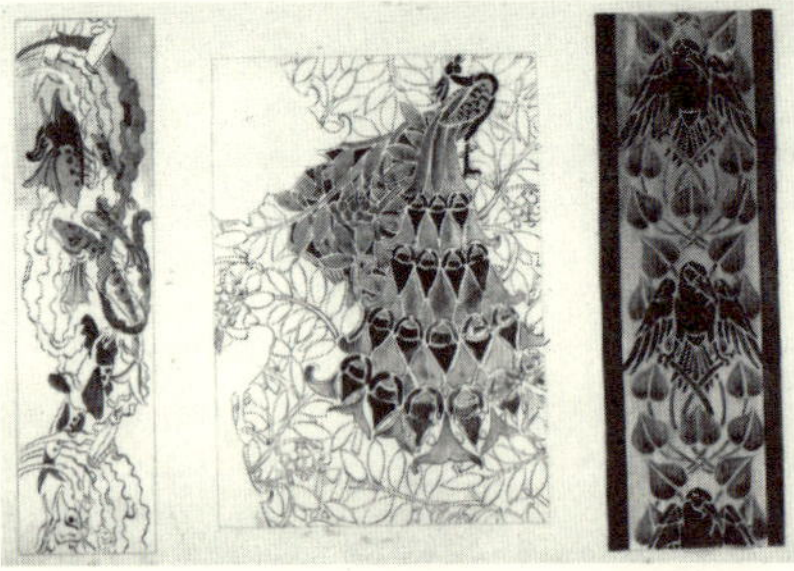

図９　板谷波山《泰西新古模様》　明治後期

『泰西新古模様』を挙げておきたい〔図9〕。すでに荒川正明氏によって紹介されているとおり、これは一八九八（明治三一）年にパリで刊行された『動物文様集 *L'Animal dans la Décoration*』（M・P・ヴェルヌイユ編）と一八九六―九七（明治二九―三〇）年に刊行された『植物とその文様化 *La Plante et ses Applications ornementales*』（ウジェーヌ・グラッセ監修）という二種類の文様集から、気に入った図案を丁寧に写し取ったものである（注18）。このうち前者は、様々な動植物が限定された空間のなかで互いに絡み合いながら、巧みに配された、きわめてアール・ヌーヴォー的な文様集であるが、序文を書いた当時のフランスの代表的デザイナー、ウジェーヌ・グラッセもまた、こうした動物モティーフの表現は「極東の職人たち」が得意としていることを指摘している（注19）。これらの文様集はそれ自体美しい豪華本であるが、加えて日本、東洋の影響を受けつつも全く異なる動植物モティーフの扱い、とりわけその巧みな平面上の文様構成に波山は相当な関心を寄せていたように思われる（注20）。

高島北海が高等森林学校に入学するためナンシーに赴いたのは一八八五（明治一八）年のことである。そこで彼はエミール・ガレをはじめとするナンシー派の藝術家たちと親交を結んだが、ガレはすでにそれ以前から日本美術にかなり強い関心を抱いていた。ガレと波山のデッサンの類似を、両者に共通する自然主義に求めるか、あるいは一種のジャポニスムの日本回帰というべき現象と捉えるかはむずかしい。しかしいずれにしても、波山にとって、パリ万博が自然主義的な表現を図案に積極的に取り入れるきっかけとなったとはいえるであろう。

四　図案と実作品

デッサンに書き込まれた丁寧な技法上の指示をみる限り、これらのデッサンに基づいて相当な数の実作品が作られたと推測される。しかし現在では同時期の作品はわずかに数点が残されているのみである。明治末以降になると、この時期の図案に基づいて作品化された例が少しづつみられる。たとえば一九一一（明治四四）年作の《彩磁金魚文花瓶》

図10　板谷波山《彩磁金魚文花瓶》1911（明治44）年頃

図11　板谷波山《葆光彩磁チューリップ文花瓶》1917（大正6）年頃

［図10］は、「明治卅七年七月廿八日案」という書き込みのある図案をかなり忠実に作品化したもので、一九一〇（明治四三）年作の《一輪生　麦》と並んで現存する波山の作品としては最もアール・ヌーヴォー的な作例と思われる。図案と比較して気づくのは、グラフィックな印象が強くなっている点である。金魚は平面的な処理によってパターン化され、曲線の規則的な繰り返しと相俟って、デッサンの墨の線が与える絵画的な印象は弱まっている。《一輪生　麦》からもやはり絵画的というよりグラフィックな印象を受ける。しかしこの二点を除くと、作品自体がはっきりとアール・ヌーヴォー的と感じられる例はほとんどないように思われる。大正半ば以降の作品では、《葆光彩磁チューリップ文花瓶》［図11］は、一九〇一（明治三四）年一月の図案に似たモティーフが見出され、曲線や全体の洋風の印象にもアール・ヌーヴォーの残響が確かに感じられる。色彩的にもフランスで活躍したアール・ヌーヴォーのデザイナー、ジョルジュ・ド・フールの作品などに近い［図12］。こうした例はほかにも見出される。しかし全体として、一九〇一（明治三四）年から一九〇五（明治三八）年頃にかけて、間違いなく盛んに行われたアール・ヌーヴォーの研究が、その後の波山の制作に果たしてどれほど生きているのか疑問に思われる部分も残る。それとも、明らかさまな影響の跡を残さないほど同化吸収されたといえるのか。その一方で、時間の横軸で考えるとき、明治期の日本における「図案」の歴史のなかで、浅井忠の京都での活動などと並んで、『器物図集　巻三』は大変興味深い位置を占めているとも思われるのである。

図12　ジョルジュ・ド・フール《氷入れ》
1902年頃

注

1 荒川正明氏の論文「板谷波山とアール・ヌーヴォー――波山芸術への一試論」（『出光美術館館報六一』、一九八八年）によると『模様集　巻二』にも「明治三二年五月三日」と書かれた外国雑誌からの模写がみられる（六二頁）。また同氏の「板谷波山デッサン『泰西新古模様』――明治三〇年代におけるアール・ヌーヴォー様式との出会い」（『出光美術館館報八四』、一九九三年）では、西欧の器物の模写は一八九二（明治二五）年に始まると指摘されている（四五頁）。しかし同氏も述べているように、本格化するのは一九〇〇（明治三三）年以降と考えられる。

2 荒川正明「板谷波山とアール・ヌーヴォー」、六三頁。

3 図案が『アルテ・デコラシオン』（一八九九年七月号）の図版に基づいていることは、荒川氏の調査によって判明した。同氏の調査によると、波山が模写している『アルテ・デコラシオン』誌は一八九七年三月の創刊号から一九〇〇年一二月号までである。このことから、これらの『アルテ・デコラシオン』誌は、一九〇〇（明治三三）年のパリ万博を訪れた誰かが持ち帰ったものとあるいは推測できるのではないだろうか。

4 黒田天外「名家歴訪録　浅井忠氏（三）」『京都日出新聞』、一九〇六年九月九日。

5 海野弘「橋口五葉」および「杉浦非水」『日本のアール・ヌーヴォー』、青土社、一九八八年（初版は一九七八年）。

6 日野永一「アール・ヌーボーと日本の図案界」『昭和五四、五五、五六年度文部省科学研究費補助金総合研究（A）研究成果報告書　アール・ヌーヴォーと日本』、一九八二年、四八―五〇頁。

7 土屋元作「巴里博覧会　浅井忠氏の説」『時事新報』、一九〇〇年八月八日。

8 榧野八束『近代日本のデザイン文化史　一八六八―一九二六』、フィルムアート社、一九九二年、五六―五七頁。および出原栄一『日

『器物図集　巻三』と板谷波山のアール・ヌーヴォー――

本のデザイン運動』、ぺりかん社、一九九二年、六二—六三頁。榧野氏によるとウィーン万博に参加する際に納富によって造語されたといい、出原氏によればフィラデルフィアの博覧会の準備を進めるなかでつくられたという。また日野永一「明治の博覧会とデザイン——美術とデザインの概念をめぐって」『科学研究費補助金研究成果報告書　芸術とデザイン』、一九八四年、八四頁も参照。

9 出原栄一、前掲書、六二—六三頁。

10 金子賢治「工藝に生かされた絵画的図案」『別冊太陽七〇　明治の装飾工芸』、平凡社、一九九〇年、一二頁。

11 『東京芸術大学百年史　東京美術学校篇　第一巻』、ぎょうせい、一九八七年、六五—六七頁。

12 荒川正明「板谷波山とアール・ヌーヴォー」、六三—六六頁。

13 『読売新聞』、一九〇二年一月四日。

14 樋田豊次郎「工芸家の自己の存在証明にかける情熱」『「図案の変貌一八六八—一九四五」展図録』、東京国立近代美術館工芸館、一九八八年、三三頁による。

15 日野永一、「アール・ヌーボーと日本の図案界」、五三頁。

16 馬淵明子「ジャポニスムと自然主義」『「ジャポニスム展」図録』、国立西洋美術館、一九八八年、三〇頁。

17 ビングが一八八八（明治二一）年から一八九一（明治二四）年にかけて発行した雑誌『藝術の日本 *Le Japon Artistique*』の第二一号（一八九〇年一月）と二二号（一八九〇年二月）にアリ・ルナンの「日本美術のなかの動物 Les Animaux dans l'art Japonais」という論文が掲載されている。

18 荒川正明「板谷波山デッサン『泰西新古模様』」。

19 佐野敬彦編著『アール・ヌーヴォー装飾文様一　動物文様集』、学習研究社、一九八四年、六八頁。

20 高野コレクションの間部時雄関係の資料のなかに、京都高等工藝学校の生徒作品として同じ『動物文様集』を模写したものが含まれている。浅井忠の弟子であった間部時雄は京都高等工藝学校卒業後、母校で教壇に立ったが、その当時の生徒作品である。一九一二（明治四五・大正元）年の年記が入っており、いずれにも武田五一のものと推測される武田印が捺されている。クリストフ・マルケ氏によると、この『動物文様集』も『植物とその文様化』も、ともに浅井忠が教材としてパリから持ち帰った可能性があるという（クリストフマルケ「巴里の浅井忠図案への目覚め」『明治美術学会誌　近代画説一』、一九九二年、二一頁）。あるいは波山の写した原本も同じである可能性も考えられる。

寺尾健一氏のご教示によると、現在福井県陶藝館に所蔵されている、福井県丹生郡に築かれた小曽原焼の山内窯（一九一三［大正二］年廃業）に由来する図案の一括資料に、板谷印のあるものと並んで、波山と浅井忠のアール・ヌーヴォー様式の図案を写したものが含まれている。波山を写したものの横に「陶器　上絵　小花瓶ニ応用サル　売行殊ニ良ナリ」と書かれており、波山や浅井忠の図案が地方の窯で研究され、製品化されていた可能性を考えさせるとともに、波山と浅井忠を結ぶ何らかの繋がりについても推測を喚ぶ。やはり寺尾氏のご教示によると、山内窯の二代伊右衛門の長男山内春樹は一九〇四（明治三七）年に石川県工業学校を卒業し、一九一一（明治四四）年には京都陶磁器絵具製造会社にいた。

武田五一とその周辺――京都の工藝界との関わりを中心に――

一　武田五一の留学

武田五一は一八七二(明治五)年に広島県深安郡福山町に生まれ、一八九四(明治二七)年に第三高等学校本科を卒業後、東京帝国大学工科大学造家学科に入学。大学院を含め、五年の在学の後、一八九九(明治三二)年七月に退学、同時に同大学の助教授に就任している。一八九七(明治三〇)年の大学卒業時に提出した卒業論文のテーマは「茶室の沿革」であり、西洋建築が主流を占める当時の建築専攻学生の選んだテーマとしてはかなり異色のものであった。この研究は大学院入学後も続けられ、ヨーロッパ留学に出発した一九〇一(明治三四)年に至るまで、『建築雑誌』に「茶室建築に就て」という論文を合計一一回にわたって執筆している。また工科大学の教職に就くと同時に東京美術学校図案科の建築装飾史および用器画法の授業を嘱託されている。当時の図案科学生の一人小場恒吉の回顧によると、当時の武田は次のようであった。

二階の建築装飾の教室で生徒としては大槻才吉君唯一人、先生もまた一人で武田という新進工学士であり、恩賜の時計組として頗る鼻息のあらい覇気に富んだ人で、今泉先生に挨拶されたことは一度もなかつた。先生は少しも気を悪くされず、まあ若い者はあんなものだと歯牙にかけられなかつた。独り大槻君は武田先生からぎゆうぎゆういぢめられたもんだ。折角日本画流の装飾を描いて居ると、先生は遠慮もなくコンパスで大きな孔をあけて

いく。まるで毛筆とコンパスの喧嘩の様なもので一長一短あり、勝敗は預かりといふ処であつた。(注1)

有職故実に明るく、書画骨董の目利きであったもう一人の図案科教授今泉雄作といかにも対照的であった様子が窺われる。茶室を論じながらも、武田五一は基本的に知識と教養において西洋かぶれしていたようである。その武田は、一九〇〇(明治三三)年六月一二日付で文部省から英、仏、独の三カ国への留学を命じられ、翌一九〇一(明治三四)年三月一一日、出発した。そして一九〇三(明治三六)年七月二七日にアメリカ経由で帰国するまで、二年余りをヨーロッパ各地に過ごしている。京都高等工藝学校教授への転任の辞令は、留学中の一九〇三(明治三六)年五月一九日に下りている。

武田五一の留学の目的は図案学研究であった。留学中の武田の足跡については、『建築雑誌』に「消息」として掲載されているほかに、現在神戸大学工学部建築学科に所蔵されている遺品中の七三冊のスクラップブックと三四冊のノート類から窺うことができる。これらの資料については、すでに同学科の足立裕司教授が調査を行っており、その成果の一端が、『神戸大学工学集報 Vol.9』の「武田五一とアール・ヌーヴォー――神戸大学所蔵遺品を中心として――」(一九八〇年)および『日本建築学会計画系論文報告集』第三五七号(一九八五年一一月)の「武田五一とアール・ヌーヴォー」としてまとめられている。したがってここでは、これら足立氏の論文、および一九八七(昭和六二)年に博物館明治村で開催された「武田五一・人と作品」展図録に収められた年譜にしたがって、武田の留学の具体的な内容を簡単に追うことにしたい。

まず、年譜によると武田の足跡は次のとおりである。

一九〇一年二月　日本を出発。
(明治三四)四月二七日　マルセイユ上陸。

四月二九日　パリ着。
五月五日　ロンドン着。
六月　カムデン・スクール・オブ・アート・アンド・サイエンスに入学。
六月二四日　カムデン・ガーデン一七番地からゴーウェル街四五番地に転居。
九月　この頃、ロンドンを発ち、ダラム、チェスター、バーミンガムなどを経てグラスゴーを訪れ、グラスゴー博などを見学。
一〇月から　在ロンドン（翌年六月まで）。
一九〇二年二月　大英博物館などで独習。
（明治三五）八月から　在パリ。
八〜九月　この頃、ストラスブール、マインツを回りベルギーへ旅行。ブリュッセル、アントワープ、ブリュージュなどを訪問。
一九〇三年一月　フォンテーヌブローを見学。
（明治三六）二月　この頃、パリを離れる。
二月二六日　アヴィニヨン、ジェノバ等を巡りローマ着。
三月一七日　ローマ発。
三月二二日　フィレンツェ着。
三月二八日　フィレンツェ発。
四月三日　ヴェネツィア滞在。
四月八〜九日　ウィーン滞在。
五月　ブダペスト訪問。

六月　ロンドン、カムデン・スクールに立ち寄り、アメリカ回りで帰国の途に就く。
七月七日　シアトル滞在。
七月二七日　帰国。

武田が比較的長期にわたって滞在したのはロンドンとパリである。ロンドンではカムデン・スクール・オブ・アート・アンド・サイエンスという美術学校に通っていたことが辰野金吾宛の書簡などから知られているが、詳しいことはわかっていない。ただ、ロンドンでのノートには、アーツ・アンド・クラフツ運動やアール・ヌーヴォー関連の事項やチャールズ・レニー・マッキントッシュを中心とするグラスゴー派についての記載があるほか、動植物や模様のスケッチがみられる。武田はロンドン滞在中にグラスゴーを訪れており、帰国後の活動からすると、この訪問がかな

図 13　武田五一《英国国民図案懸賞競技出品作品》1902（明治 35）年

図 14　チャールズ・レニー・マッキントッシュ《ポートフォリオ「芸術愛好家の家」 ホール》 1902 年刊

図 15　M.H. ベイリー・スコット《ザ・ホワイト・ハウス　居間》

図 16　武田五一《店舗計画案》　1902（明治 35）年

りの重要性を持っていたと考えられる。

足立氏の調査によれば、武田は当時グラスゴーで大々的に開催されていた博覧会を訪れ、グラスゴーで活躍中のマッキントッシュがデザインした展示スタンドなどのスケッチを残している（注2）。また、第一期工事が終わって間もないマッキントッシュ設計のグラスゴー美術学校校舎も見ている。こうしたマッキントッシュの作品との直接の接触の影響は、早くもイギリス滞在中に取り組まれた《英国国民図案懸賞競技出品作品》（皇后賞受賞）［図13］に現れており、バラを用いた細部の装飾モティーフにとりわけ顕著である。ただ全体としてはマッキントッシュ［図14］だけでなく、ベイリー・スコットをはじめとするアーツ・アンド・クラフツのインテリア［図15］をも想起させる。この頃の店舗デザインにはさらに明確にマッキントッシュの影響が現れている［図16］。

こうして同時代の建築・デザインへの関心がかなりはっきりと窺われるロンドン滞在に対し、足立氏の調査によると、パリではアール・ヌーヴォーの平面装飾への関心がわずかに窺われるだけという（注3）。さらに、それぞれ当時のフランスおよびベルギーのアール・ヌーヴォーを代表していたエクトル・ギマールやヴィクトル・オルタに関する記録は一切見出されないという。足立氏は「盛期アール・ヌーヴォーの建築に否定的にであった武田五一の論文での考え方と、残された資料の多少とが相関していて興味深い」と結論づけている（注4）。

足立氏が、武田五一が「イギリスやフランスの傾向に比べ最も気に入る傾向」を見出したとするのはウィーンである（注5）。武田は当時、ウィーン分離派館に展示されていた装飾図案をかなり模写している。彼が訪れた一九〇三（明治三六）年四月のウィーンでは、第一七回ウィーン分離派展が開催中であった。分離派館を設計したヨーゼフ・マリア・オルブリヒはすでにドイツのダルムシュタットに活動の場を移していたが、ウィーン近郊ホーエ・ヴァルテの丘には、それ以前にオルブリヒが手がけた住宅が建っており、オルブリヒからこの仕事を引き継いだヨーゼフ・ホフマン設計の住宅群もほぼ完成していた。後に詳しくみるが、武田の初期の建築の代表作である福島行信邸には、これらホーエ・ヴァルテの住宅群の影響がかなりみられる。ちなみに、この年の五月にホフマンとコロマン・モーザーが中心となってウィーン工房が設立されている。

以上、足立氏の調査に基づいて、イギリス、フランス、オーストリアでの武田五一の関心のあり方について簡単に触れたが、実は留学の辞令にはイギリス、フランス、ドイツの三カ国が挙がっていた。ところが実際にドイツに長期滞在した記録は残されていない（注6）。一方、資料から確実にウィーンに滞在したことがわかっているのは四月八〜九日の二日間のみであるが、五月にはブダペストを訪問していることなどから、ウィーンには四月から五月にかけてやや長めに滞在した可能性も考えられ、何らかの事情で留学中に主要な目的地の一つがドイツからオーストリアに変わったのではないかとも推測される。

二　グラスゴーとウィーン

武田五一が留学中に訪れた地で、滞在期間の短さにもかかわらず、注目されるのはグラスゴーとウィーンであるとひとまず結論づけられるようである。これは主として留学中のスクラップブック等の調査から浮かび上がった事実であるが、後にみるように、帰国後の武田自身の作品や、武田が啓蒙的役割を果たした京都の工藝界への彼の影響をみていく際にも、強調されてくる事実であるように思われる。そこで簡単にこの時期のグラスゴーとウィーンの工藝運動に触れておきたい。

不思議なことに、現在の時点からヨーロッパの近代工藝運動を振り返ってみるとき、武田五一の留学の時期にあたる一九〇一年から一九〇三年にかけて、最も興味深い動きが展開されたのは、ロンドンでもパリでもブリュッセルでもなければミュンヘンでもなく、グラスゴーとウィーンであったといっても恐らく間違いではないだろう。一九〇〇年に開催されたパリ万国博覧会はアール・ヌーヴォー様式の頂点であると同時にその衰退の始まりでもあり、工藝運動の最先端はすでにほかへ移り始めていたのである。加えてさらに興味深いのは、ちょうどこの時期、それ以前には接点すらなかったこの二つの都市の建築家やデザイナーの間で交流が行われていたということ、そしてその中心人物がグラスゴーの側ではチャールズ・レニー・マッキントッシュ、ウィーンの側ではヨーゼフ・ホフマンであったということである。一九〇一年から一九〇三年にかけては両者にとって非常に重要な意味を持つ時期でもあった。

チャールズ・レニー・マッキントッシュは、一八六八年にグラスゴーに生まれ、地元の建築事務所で徒弟修業をすると同時にグラスゴー美術学校の夜間クラスに学び、一八九六年には最初の大きな仕事として同美術学校の新校舎の東側半分を完成させている。美術学校を通じて知り合ったマクドナルド姉妹、ハーバート・マックネアとともに「ザ・フォー」と呼ばれるグループを結成し、建築のみならず、家具やポスターのデザインを手がけ、その活動は『ザ・ステュディオ』にも紹介されていた。すでに触れたように、一九〇一年のグラスゴーでの万国博覧会で展示スタンドのデザインを手がけているが、この頃、彼の代表的な住宅である《ウィンディヒル》を設計し、インテリアや家具のデザインもトータルに行っている。

アーツ・アンド・クラフツ運動とアール・ヌーヴォーの両方の要素を兼ね備えたマッキントッシュのデザインは、雑誌を通じてホフマンを中心とするウィーン分離派に強く働きかけた。その結果、分離派は初めて応用美術に焦点をあてた第八回分離派展に「ザ・フォー」を招待するに至っている。

ヨーゼフ・ホフマンは、マッキントッシュより二年遅く、一八七〇年にモラヴィア地方に生まれ、ウィーンの造形藝術アカデミーで建築を学んだ後、オットー・ヴァグナーのもとで建築家としての経歴を開始し、一八九七年のウィーン分離派の結成に際し、ヨーゼフ・マリア・オルブリヒとともにメンバーに加わった。

第八回分離派展は、分離派館の設計者でもあり、ウィーンのアール・ヌーヴォー様式をリードしていたオルブリヒに代わり、ホフマンが建築家、デザイナーとして分離派の主導的立場に立った最初の機会であり、ウィーンの建築・デザインが、アール・ヌーヴォーの曲線様式から直線的な様式へ展開していく重要な転換点でもあった。ちょうどそのとき、マッキントッシュを中心とする「ザ・フォー」が出品した展示室の、直線的で簡潔な統一的デザイン、および全体が醸し出す詩的な雰囲気はホフマンに大きな刺激を与えた。その意味で第八回分離派展、およびこのときのマッキントッシュとホフマンの出会いは、近代デザインの展開において一つの要の位置を占めているといっても過言ではない。

この後ホフマンは、それまでのアール・ヌーヴォーの影響を完全に脱し、幾何学的な装飾モティーフによる統一的な室内空間を実現していくことになる。ウィリアム・モリスを端緒とする「総合藝術作品」としてのインテリアの追求は、ここで一つの転換点を迎えたのである。

一九〇〇年に始まったマッキントッシュとホフマンの直接の交流は、少なくとも一九〇三年まで続いており、この年、ホフマンやコロマン・モーザーらがウィーン工房を設立するにあたり、マッキントッシュは激励の手紙を書き送っている。

パリ万国博覧会が開催された一九〇〇年ではなく、一九〇一年に初めて武田五一がヨーロッパを訪れたことは、意外に大きな意味を持っていたと推測される。グラスゴーとウィーンに特に関心を持った武田は、当時ヨーロッパの建築・デザインに起こりつつあった変化に対して、かなり敏感に、しかも的確に反応したと考えられるのである。

三　武田五一と京都高等工藝学校

留学中の一九〇三（明治三六）年五月一九日付で文部省から京都高等工藝学校教授に転任を命じられていた武田五一は、七月末に帰国、まもなく図案科主任として京都に単身赴任した。京都高等工藝学校は、一九〇二（明治三五）年三月二七日付の勅令第九八号によって文部省直轄の学校となり、東京美術学校図案科、東京工業学校工業図案科に次ぐ、日本で第三番目の図案の教育機関となった。場所は上京区吉田町、九月一〇日に入校式が行われ、翌日から授業が開始された。宮島久雄氏の調査による京都高等工藝学校の設立前史（注7）によれば、地元に工藝学校設立運動が起こったのは、これより一〇年遡り、一八九二（明治二五）年七月のことである。中心となったのは、京都の最も重要な産業の一つの担い手である染織業者たちであった。当初の「官立工業学校」設立請願運動は一八九七（明治三〇）年には「美術学校」設立請願運動へと移行するなど、様々な経緯を経るうち、一八九九（明治三二）年には美術工藝学校設立の建議が貴族院と衆議院で可決され、一九〇〇（明治三三）年四月一五日に「第三高等工業学校設立委員会」が設置された。

貴族院で学校について説明が行われた際には、「美術及学理ヲ応用スヘキ工藝即染織陶磁髹漆等ノ技術ヲ練習セシメル」と目的が規定されていたが、建議可決の直後に京都の学校関係者が出席して開かれた相談会では、結論として「科目は織物科、刺繍科、染色科、木工科、陶磁器科、金工科、漆工科、図案絵画科」とすることになっている。あくまで実用的技術習得のための実業学校の性格の色濃いこの学校に図案科が加えられたのは、設立委員の一人で初代校長となった中沢岩太によるところが大ではないかと宮島氏は指摘している。学校設立のため、ヨーロッパへの調査に出向いたのが中沢であり、中沢はこの渡欧経験を通じて、工藝における意匠、図案の重要性を強く認識したと考えられる。恐らく、洋画家の浅井忠と建築家の武田五一がこの設立されたばかりの学校の図案科教授に抜擢された背後にも、中沢の図案の重要性への認識が強く働いていたのだろう。

京都高等工藝学校は図案科に加え、色染科、機織科の三つの科で出発した。準備段階では、染織業だけでなく、地元の重要な産業であった他の工藝分野も考慮されていたものの、結局染織中心の出発であったといえる。やはり宮島氏の調査によると、図案科創設当時のカリキュラムには数学、物理といった一般科目の他に図画法、製図、美術工藝史（西洋、東洋）、染織全般に関する講義および実習、博物学、解剖、装飾計画、粘土造形、工場建築などが含まれている。しかし履修要項の担当者はいずれも空欄になっている。図案学はまだカリキュラムに見当たらないが、図案科の教授陣として、すでに浅井忠のほか、牧野克次、都鳥英喜の名が挙がっている。二年目からここに武田五一の名が加わるが、色染科教授に鶴巻鶴一が同時に着任している。

最初のカリキュラム改正は一九〇五（明治三八）年度に行われ、このとき初めて図案学が登場する。カリキュラムのうち、美術工藝史、図案学、工場建築を武田が担当、図案学は今村信と共同であった。また浅井、牧野、都鳥の三人は、やはりこのときからカリキュラムに加わった画学および実習を担当している。このほか初期の図案科には鹿子木孟郎、間部時雄ら関西美術院のメンバーが加わっており、一つの特徴となっている。

一八九九（明治三二）年に貴族院で学校設立について説明が行われた際、「美術及び学理を応用すべき工藝」という言い方がなされていた。明治前期から日本画家が工藝品の図案を描くという方法がしばしば取られていたが、一九〇〇（明治三三）年のパリ万博以後、図案界全体に改革運動の機運が高まるとともに、黒田清輝、浅井忠ら万博を訪れた洋画家の間でも図案への関心が高まってきていた。浅井忠は、万博開催中のパリで中沢岩太と出会い、京都高等工藝学校へ赴任することが決定したという。アール・ヌーヴォー全盛のパリ万博で図案の重要性をますます認識し、そのために従来の日本画家のみでなく、洋画家の力を必要とすることを感じた中沢と、ちょうど図案への関心を高め始めた浅井との出会いは、いずれにとっても幸運であったといえよう。

浅井および牧野、都鳥らが「美術及び学理」のうち「美術」の教育を担ったとすれば、建築家として専門的知識を身に付けた武田は、もう一方の「学理」の一翼を担う人材として京都に招かれたのではなかろうか。同じ図案科のなかで、浅井らが画学および実習を担当し、武田が美術工藝史、図案学、工場建築を担当するという役割分担のやり方からもこのことが窺われるように思う。いずれにしても、職人と日本画家を中心とする従来の京都の人材とは異質な人材の登用によって、工藝教育の刷新を図ろうとする中沢岩太の意思が強く働いていることは間違いない。

さて、武田五一が京都高等工藝学校で実際に何を教えていたか。この点に関する資料として、同校の後身である京都工芸繊維大学の美術工芸資料館に図案科生徒作品が残されている。それらは、卒業制作と授業での生徒実習図案の二種類を含む。前者は一九〇八（明治四一）年度から一九四一（昭和一六）年度にかけての卒業生のもので、各年度が揃っているわけではなく、実際に提出されたもののうちのごく一部である。武田五一は一九一八（大正七）年四月に名古屋高等工業学校長として転任しているため、彼が関わっているのは一九一七（大正六）年度までのものということになる。それらの卒業制作のテーマは以下のとおりである。

京都商品陳列場装飾設計（一九〇八年度）
倶楽部大食堂装飾設計（一九〇九年度）
ビリアード室の設計（一九〇九年度）
紀年橋設計（一九〇九年度）
正門（一九〇九年度）
日本式婦人居間（一九一〇年度）
湯殿（一九一一年度）
福岡地方農家離座敷兼隠居家（一九一七年度）
京都植物園（一九一七年度）

残されているのがごく一部であるため、卒業制作がすべてこれに類似したテーマで行われたかどうかはわからないが、これらをみるかぎり、武田五一自らの専門である建築設計、そのなかでも明治建築のなかで正統派であったはずの公共建築というより、小規模の、また傾向でいえば一種の娯楽に関わる施設が選ばれている点が興味深い。また、実際の設計図を見ても、建物だけでなく、その内部の装飾や家具が細部に至るまで総合的に設計されている場合が多く、建築というよりインテリアの総合的な設計が中心となっているように見受けられる。京都高等工藝学校が武田の母校である東京帝国大学工科大学のように建築家を育てる場でなかったのはいうまでもない。そうした点を考慮してか、建築と工藝の接点としてのインテリアに武田の教育の視線は向けられている。しかし同時に、ヨーロッパで実際に見聞した工藝運動の総合藝術的な側面、具体的には第二章で触れたマッキントッシュやホフマンらの総合藝術としてのインテリアが武田の脳裏にあったことは確かである。

これらの設計案には、様式でいえばクラシックやゴシックもあれば民家建築もあり、また武田五一の留学の影響を明らかに示す、アーツ・アンド・クラフツ風やマッキントッシュ風、セセッション風もある。いずれにしても見様見真似の折衷的なものという観を免れ得ないが、当時の建築界全般を考えても、学生の作品としてはごく普通の現象ではないだろうか。ただ、武田五一の指導という観点からみて興味深いのは、やはりアーツ・アンド・クラフツ、マッキントッシュ、ウィーン分離派の影響を窺わせるものである。それらは、武田自身の嗜好がかなりストレートに学生に反映されていることを示している。たとえば一九〇九(明治四二)年度の卒業生今永英世のビリアード室の設計案は、四分の三円の弧を描く開口部をもつアルコーヴなどに、すでに触れた武田自身の《英国国民図案懸賞競技出品作品》との明らかな類似が見て取れるのに加え、アーツ・アンド・クラフツ、マッキントッシュ、ウィーン分離派などのデザインが入り混じっている。

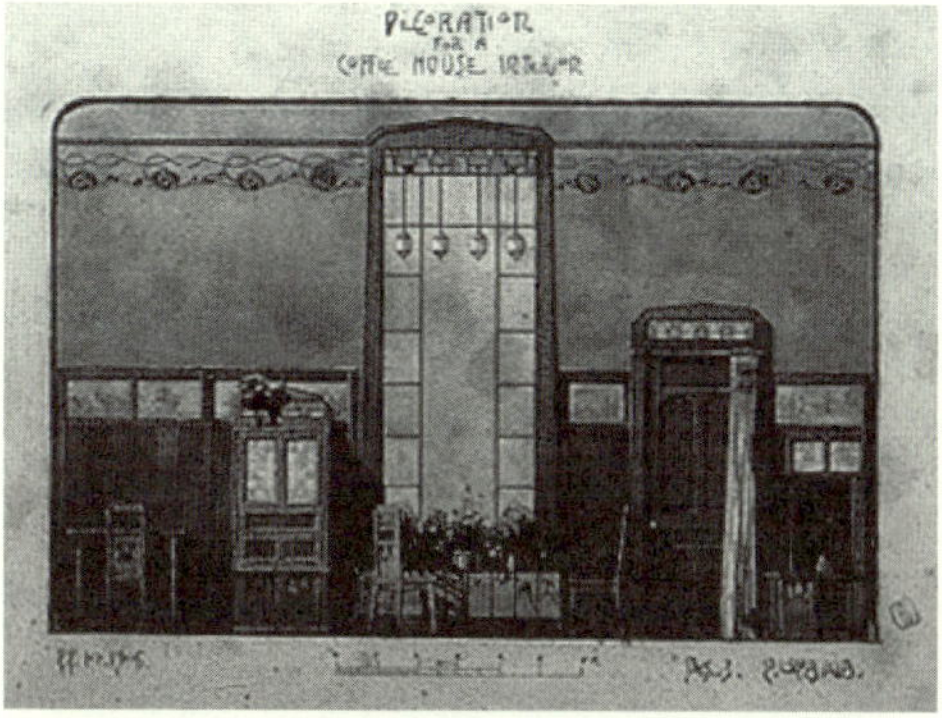

図17　小川安一郎《京都高等工藝学校図案科生徒実習図案 コーヒー・ハウスの室内装飾》1906(明治39)年

一方、生徒実習図案[図17]は一枚一枚に日付まで明記されており、一九〇六(明治三九)年から一九一一(明治四四)年のものということが、また一部には「武田」の印が捺されており、武田自身がこれらの図案に目を通していたことがわかる。卒業制作とは異なり、個々の工藝品の図案が主として課題となっている。飾り棚、書斎用机、椅子、テーブルなどの家具、照明器具、ステンドグラス、壁紙、婦人用装飾品などである。しかしながらこれらはいずれもインテリアを構成する諸要素であり、武田の頭にはやはり最終的に総合的なインテリアの設計という課題が思い描かれていたと推測できる。このほか、室内装飾の図案やモニュメントの設計案も含まれている。これら個々の工藝品の図案においては、武田五一の留学の成果がどの学生の図案にもより顕著に現れている。なかでも最も武田の指導の跡をみせているのは家具で、家具の形態から細部の装飾に至るまで、アーツ・アンド・クラフツ、マッキントッシュ、ウィーン分離派のいずれか、あるいはそれらが混淆したもので特徴づけられている。

ところで、これらはあくまでも紙の上の図案であるが、果たしてそれらは紙の上から実現に移されることがあったのだろうか。吉武東里ほか、ごく一部の卒業生が建築界で活躍したことは知られているが、図案科の卒業生全般に関して彼らが関連した職業に就いたのかどうかについては未調査である。ただ一ついえることは、武田五一による図案教育は、京都の伝統的な工藝との関連をほとんど持っていないようにみえるという点である。図案科以外に設置された色染科と機織科に関わる染織はじめ、陶磁器、漆工、金工など、高等工藝学校設立以前に想定されていた伝統的な分野とは異質なものが課題となっている。また家具やインテリアに関していえば、これら生徒作品にみられるような家具やインテリアの需要は、明治末の段階では現実にはほとんどなかったにちがいないし、また洋家具の歴史自体始まったばかりであった。すなわち、これら武田が指導した図案は机上のものであったのではないかと危惧されるのである。

武田五一自身についても、彼が二〇世紀初頭のヨーロッパに留学して得た成果を存分に駆使して実現した建築作品は、一九〇七（明治四〇）年に東京六本木に完成した福島行信邸［図18］に限られるようである。様式的にもホフマン、オルブリヒらの影響が全体から細部に至るまではっきりと現れている「総合藝術作品としての建築」である。一九三三（昭和八）年、武田の還暦を記念して出版された『武田博士作品集』の「作品解」には福島邸について次のように解説されている。

明治四十一年、大蔵省臨時建築部に於て、帝国議事堂及び諸官衙建築調査のため欧米へ差遣を命ぜられ、当時彼地で流行して居た所のセセッションを研究せられ、我国に初めてこの様式を紹介せられたものであるが、その一つの現はれが本邸宅に遺憾なく見出される。我国に於て外部に濃厚なる色タイルを用ひたのは本邸に於けるを以て嚆矢とし、壁体は小豆色、軒飾りはコバルト色、屋根は赤瓦、その他室内随所にも豊富なる多色装飾を施し、窓にも新手法によるステインド硝子を使用されて居る。

図版2の窓硝子は山水の美を巧に日本式に図案化せられしもので、以後この手法が永く流行し、各地に競つて使用されるに至つた。尚、家具調度の類にも当時の尖端的考察が廻らされ、我國住宅建築界に一期を画されたかの観がある。（注8）

ここで「明治四十一年」となっているのは二度目の留学の年であり、文脈からいえば、一回目の明治三四（一九〇二）年が正しいはずである。この解説では、武田は日本におけるセセッションの最初の紹介者として位置づけられている。

図18　武田五一《福島行信邸　外観》
1907（明治40）年

ヨーロッパの近代デザイン史の上では、マッキントッシュとともにウィーン分離派は、広義のアール・ヌーヴォーのなかで、後期の幾何学的な様式を代表しているとされるが、一九〇〇（明治三三）年のパリ万博は曲線様式が全盛であり、パリ万博以後に日本で流行したのもこの曲線を中心とするアール・ヌーヴォーであった。一方セセッションは、アール・ヌーヴォーがやや飽きられてきた大正に入る頃に、交替する形で日本で一つの流行を迎えている。雑誌『建築ト装飾』の特別号として「セセツシヨン号」が刊行されるのは一九一二（明治四五・大正元）年一〇月のことである。すでに触れたように、武田五一が訪れたのは万博開催中の一九〇〇（明治三三）年のパリではなく、万博が終わり、デザイン運動の先端が様式の上で曲線から直線に移りつつあったヨーロッパ、なかでもグラスゴーとウィーンであり、彼がそうした動きに敏感に反応した最初の日本人であったことは確かである。武田が建築家であったこともそこには恐らく関係しているだろう。

たとえば先の『建築ト装飾』の「セセツション号」に武田五一は「アール・ヌーボーとセセツション」という一文を書いているが、そのなかで両者を比較しつつ、セセッションは「其の製作材料の特性をよく活用する様に形を考案し色彩もなるべく淡泊にしてアール・ヌーボーの如く彫刻的なる心持を避けて、つとめて建築的力学的に材料を使ひこなし、其の内に形と色との調和を保つ様に工風して居る」と述べている（注9）。当時の日本の図案界が、主としてグラフィックの分野や工藝品の表面の装飾としてのみ図案の問題を捉え、アール・ヌーヴォーの曲線を取り入れたのに対し、素材との関係を考慮していたのは、建築家としての武田ならではの視点であった。実際、アール・ヌーヴォーの本家本元でも、とりわけ建築においては、一部を除き十分にこの様式がその力を発揮したとはいえなかった。

さて、福島行信邸に話を戻すと、外観にはヨーゼフ・マリア・オルブリヒとヨーゼフ・ホフマンによるホーエ・ヴァ

図19　ヨーゼフ・ホフマン《フーゴー・ヘンネベルク邸　外観》(R. フェルケルの水彩画による) 1901年

図20　武田五一《福島行信邸　ビリアード室》1907（明治40）年

図21　武田五一《福島行信邸　応接室》1907（明治40）年

ルテの住宅群［図19］からの影響が明らかに見て取れる。それらの住宅群は、いずれもウィーン分離派の藝術家（カール・モル、コロマン・モーザー）やそのパトロンたちが施主で、当時最も新しい実験的な住宅建築であった。解説にあった「濃厚な色タイル」は、ホフマンによるシュピッツァー邸の外壁に使われている。外壁の表面の粗い漆喰仕上げも同様である。一方、インテリアにはウィーンに加えてイギリスの影響が感じられる。たとえばビリアード室［図20］はマッキントッシュがミス・クランストンのティー・ルームのために設計したものを想起させ、また扉や暖炉周辺の白い塗装もマッキントッシュやホフマンら世紀末の建築家が好んで用いたものである。先に引用した『作品集』の解説で「新手法によるステインド硝子」の窓とあるのは、イギリスのウィリアム・モリスらラファエル前派の仕事を端緒として、世紀末を経てウィーン分離派に至るまで、住宅建築にも好んで用いられた系譜を取り入れたのだろう。現存する福島邸の写真をみると、具象的なモティーフを抽象化したアール・ヌーヴォー風のもの［図21］と、幾何学的な抽象形態によるウィーン分離派風のものが並存している。すでにみた京都高等工藝学校の生徒作品にステンドグラスの課題がみられたのはこの反映だろう。

全体として福島邸は、武田五一が留学中に最も関心を引かれた建築・デザインの諸要素を、その担い手であった建築家たちにとって最も重要な課題であった「総合藝術作品」という形式のうちに取り込み、当時の武田としては最大限の努力をはらって現実の建築として実現した貴重な作例と位置づけられるだろう。

四　京都の工藝界と武田五一

福島邸以後、ヨーロッパの最先端の動きをこれほど顕著な形で取り入れた建築作品は武田五一にはみられない。その点で福島邸はやや孤立した感を否めない。日本人一般の生活様式の問題として、洋風を取り入れた住宅建築が浮上してくるのは一九一〇年代後半から二〇年代にかけて、すなわち大正後半期であり、中流の住宅としての福島邸は先駆的であったと見なし得る。そこからすれば、京都高等工藝学校での武田の授業もまた、京都の工藝界の現実からかなり遊離したものであったと推察されるだろう。しかしながら、実は高等工藝学校を離れたところで、武田五一は京都の工藝界にかなり深い関わりを持っていたのである。

京都高等工藝学校が設立される以前から京都の工藝界には様々な改革の動きがあった。その中心にいたのは神坂雪佳であり、一九〇二（明治三五）年から一九〇七（明治四〇）年に亡くなるまでわずかな期間であったが、浅井忠も重要な役割を演じた。武田の活動はこの二人の影に隠れてはいるが、工藝関係の様々な組織や集まりに名を連ね、高等工藝の教授以外にも要職を歴任しており、とりわけ浅井の死後は影響力も高まっていった。

一九七〇（昭和四五）年に刊行された『京都府百年の年表8　美術工芸編』によれば、神坂雪佳がヨーロッパから帰国した品川弥二郎に東京で接し、装飾藝術に関する説を聞き、図案向上の必要性を痛感したのは一八八八（明治二一）年に遡る。この頃から京都の工藝関係の同業者の集まりなども増え始めている。そして一八九一（明治二四）年四月には京都市画学校が京都市美術学校と改称され、絵画科と工藝図案科の二科が設置されている。同年五月には高島屋が初めて図案懸賞募集を行っている（これは後に「百選会」という組織へと展開したが、武田五一はその審査員を務めた）。一八九一（明治二四）年には美術書専門の山田芸艸堂が創業し、ここから神坂雪佳らの図案集が多数刊行されている。もともと四条派の画家であった雪佳は、一八八八（明治二一）年に東京で岸光景に付いて琳派や図案の研究を始め、一八九三（明治二六）年に設立された奨美会で本格的に活動を開始、一八九六（明治二九）年に設立された京都市立工藝図案調整所の主任に就任している。武田五一と同じく一九〇一（明治三四）年に渡欧、約半年の滞在を経て帰国、以後ますます積極的に図案の仕事を手がけている。ただしヨーロッパで見聞したはずのアール・ヌーヴォーについてはあくまでも批判的であった。一九〇七（明治四〇）年には美術工藝研究会の佳美会を自ら設立している。この佳美会を通して、また一九〇〇（明治三三）年から一九二五（大正一四）年まで京都市美術工藝学校（図案調整所が一九〇〇［明治三三］年に同校の図案調整所となる）の図案指導者として、雪佳の影響力には絶大なものがあった。「近代の琳派」と位置づけられている神坂雪佳の作風は、絵画においても図案においても光悦、光琳の衣鉢を継いでおり、京都の工藝の伝統に沿ったものとして、広く支持を受けることになったのだろう。

この神坂雪佳とともに、浅井忠は一九〇三（明治三六）年に設立された遊陶園、一九〇六（明治三九）年に設立された京漆園で中心的な役割を演じている。遊陶園は陶磁器、京漆園は漆器において、図案家と工藝家が協同で図案研究を行い、それに基づいて制作した作品を販売することを目的に創設された団体である。いずれも園長は中沢岩太であったが、図案の面で指導力を発揮したのは神坂雪佳と浅井忠で、他に牧野克次や鶴巻鶴一、谷口香嶠が参加、工藝家の側からは五代清水六兵衛、杉林古香らが参加していた。さらに一九一三（大正二）年には染織を中心とした道楽園、一九二〇（大正九）年には陶磁器、蒔絵、漆器、七宝の時習園も創設されている。武田五一はこのうち遊陶園と京漆園の園友として図案に関わっていた。

遊陶園、京漆園、道楽園の京都三園（時習園設立以後は京都四園）の成果は、一九一三（大正二）年に始まった農商務省主催図案及び応用作品展（＝農展）において示されると同時に、それに先立つ一九一二（明治四五・大正元）年から毎年六月に東京の農商務省商品陳列館で開催された遊陶園と京漆園（第三回から道楽園、第一〇回から時習園も参加）の展覧会を通じて発表された。浅井忠は一九〇七（明治四〇）年に亡くなっているが、この京都三園展でも最初は浅井忠の影響が顕著であった。しかし次第に陶器などに武田五一の影響が現れ始める（注10）。その際、琳派を基調とし、杉林古香や迎田秋悦らとの合作による漆器にとりわけ質の高い作品を残した浅井に対し、武田色を鮮明にしたのが「マルホフ式」と呼ばれる図案である。

一九一三（大正二）年一〇月の『京都美術』第三〇号に「マルホフ式」という武田五一の談話が掲載されている。その冒頭で武田はこの言葉について次のように解説している。

マルホフ式なる名称は私が命けた名で其の起原は、図案の調子が墺国維也納の国立美術学校にエマニエル、マル

図22　武田五一《縮緬長襦袢　マルホッフ式図案》大正初期

図23　ウィーン工房(デザイン：カール・リーデル)《生地見本「ひなげし」》 1910-11年

ボールといふ奇才に富む青年が有て特色のある図案を作り、小は雑誌の表紙から大は博物館の建築に迄応用さるゝに至つた、この青年の教授を担当する教師がジョセフ、ホフマン氏である、そこでマルボールのマルとホフマンのホフとを合せてマルホフ式と極たのです、最初渦花模様と命じやうとしたが矢張人の耳の新なるやうにマルホフとしたのです、処が幸に世間に一の　形式として採用されましたが悲しい事には其実質は全で違つたものであります、(注11)

続いて、マルホフ式はこれに先立つ「セセッション」が実質を失ったことから新たに生み出された形式であること、原色の色使いを特色とし、また歴史的様式の模倣や自然の写生を脱し、自らの考案になる幾何学的模様を応用した形式であることを説明している。

一九八七(昭和六二)年に博物館明治村で開催された「武田五一・人と作品」展に《縮緬長襦袢「マルホッフ式図案」》(cat.no.116)［図22］と《縮緬布地「マルホッフ式図案」》(cat.no.117)が出品されている。いずれも単純明快に抽象化された植物モティーフによるパターンが隙間なく全体を埋め尽くしており、これ以前の染織図案にない童画風の模様や鮮やかな色遣いを特徴としている。武田は一九〇八(明治四一)年六月から一九〇九(明治四二)年三月にかけて九ヵ月間、再び政府の命を受けて欧米を訪問している。留学ではなく視察調査で、比較的短期間のうちに多くの国を訪れている。訪問先のうちにはオーストリアも含まれているが、武田が「エマニエル、マルボール」(正しくはヨーゼフ・エマヌエル・マルゴールド Josef Emanuel Malgold) の作品を見たのはこのときと考えられる。一九〇三〜〇四年に厳格な幾何学的様式が頂点を迎えたホフマンとウィーン工房は、この時期には再び装飾的な方向に向かいつつあり[図23]、その一端が学生であったマルゴールドの作品に現れていたのだろう。マルゴールドは後に活動の場をダルムシュタットに移しているが、どのような理由で武田が特にこのマルゴールドの作品に注目したのかはいまのところ不明である。

マルホフ式はとりわけ京都の染織界に影響を及ぼしたようである。大正期には一般の女性の装いはまだまだ和装が主流で、染織界はいかに新鮮味のある染織図案を生み出すかに努力を傾けており、友禅の業界では毎年様々な新傾向が創り出されていた。そうしたなかで武田の提唱した「マルホフ式」もいち早く取り入れられたのである。

武田五一と京都の染織界との関わりは、彼が「クロマ染」と呼ばれる染色技法の名付け親であったことからも示される。この「クロマ染」について、武田は『京都美術』第三一号に書いている(注12)。染めの技法そのものが新しいのではないが、多彩な色点の並置によって美しい調子を出すという、絵画における印象派、あるいは新印象派の技法を思わせるものであると解説している。この文章には図版が添えられているが、モノクロであるため「クロマ染」が実際にどういうものであったかははっきりしない。

さて「マルホフ式」に戻ると、「クロマ染に就て」のなかで、マルホフ式について「本年に至て市場に出た」と武田自身述べており、やはり染織界からの要望で武田が考案したものであることが窺われる(注13)。しかしすでに触れたようにマルホフ式はすぐに一人歩きを始め、武田が当初考えたものとは異なる内容のもとに世間に流布し始めていた。たとえば一九一四(大正三)年の第二回農展の褒状受賞作、水木平太郎案、木村秀雄作《「マルホーフ」式模様蒔絵重箱》や翌年の第三回農展の褒状受賞作、岡部栄作案・作、西村総左衛門東京支店出品の《アップリケー入マルホップ式刺繍卓被》など、いずれも「マルホフ式」を謳っている。このうち前者の写真をみると、武田五一自身のマルホフ式図案より、当時京都の染織品、陶磁器などに分野を問わず浸透していた「セセッション式」図案に近い。

五　おわりに

京都高等工藝学校での武田五一の指導が、やや当時の京都の工藝界の現実的な要請から遊離した、建築家としての自らの新しい理念に沿うものであったように思われるのに対し、むしろ学校を離れた直接工藝界と接触する場において、武田五一がかなり積極的な役割を果たしていたことは間違いない。当時の京都では、中沢岩太、神坂雪佳、浅井忠らすぐれた指導者と、確かな伝統的技術を身に付けながら、新しい工藝のあり方を模索する各分野の工藝家たちによる理想的な協力体制のもとに、様々な試みが行われていた。武田五一もそうした環境のなかで、次第に工藝への関心を深め、積極的に関わっていったといえるだろう。一九一三（大正二）年に始まった農展で、武田が中沢、鶴巻鶴一、雪佳らとともに京都から審査員に選ばれているのも彼の指導者としての重要性を示している。また先述したように、京都の大手の呉服店高島屋が同じ年に創設した図案募集の機構である百選会の審査員なども務めている。なかでも、雪佳や浅井がアール・ヌーヴォーの刺激を受けながらも、琳派などあくまでも旧来の伝統の上で新しい工藝を模索したのに対し、武田はセセッションを中心とするヨーロッパの近代デザインの意匠を京都の工藝界にもたらすにあたって大きな影響力を及ぼした。武田の工藝論を読むかぎり、彼の意識があくまでも工藝図案の表面的な形式の問題に留まっていた感は否めない。それは伝統的基盤が非常に強固な京都の工藝界全般を反映したものでもあり、そのなかで武田の影響力は決して小さくはなかったと考えられるのである。ただ、図案に関わった期間の短かった浅井に比べても、武田が具体的に関わった工藝作品で現存するものは少なく、また浅井の『黙語図案集』（芸艸堂、一九〇九年）のような図案集が武田に関して刊行されていないのも、具体的な活動の内容を知る材料を乏しくしている一因となっているように思われる。

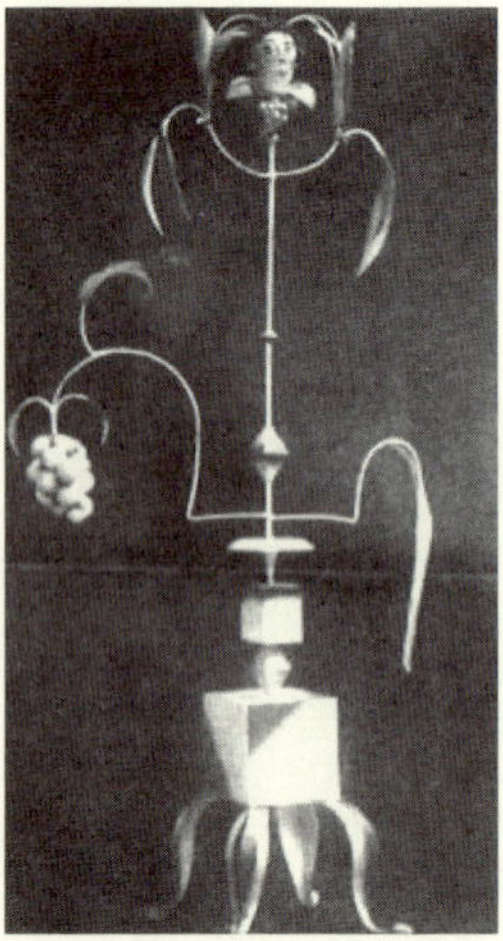

図24　《京都風俗研究会編『表現派図案集』（発行：内外出版株式会社）》　1922（大正11）年

一九二二（大正一一）年に京都風俗研究会が刊行した『表現派図案集』［図24］に武田五一は「巻頭に題す」という一文を寄せている。この図案集は、「表現派」と名づけられているが、ドイツの表現派というよりは、ダゴベルト・ペッヒェ、ホフマン、マルゴールドら後期のウィーン工房を中心とする一種幻想的な装飾的図案を紹介したものである。武田自身は序文のなかで、それらをオーストリアにおける第一次世界大戦前のセセッションに対して「ネオグロテスク」と名付け、「絵画に於ける表現派の気分を有する変態的の図案を作り之を種々の工藝品に応用して居る」と述べている（注14）。京都の工藝界で、一九一〇年前後から一九二〇年代にかけて、セセッションからマルホフ式、さらに表現派へと、ウィーン分離派およびウィーン工房の工藝、デザインに影響を受けた流れが明らかに見て取れるが、その背後に常に武田五一の影響力があったことは確かなようである。

武田五一は、浅井忠、中沢岩太、神坂雪佳、また東京の黒田清輝、福地復一らと同様、博覧会の視察や留学等で直接ヨーロッパを訪れ、そこでヨーロッパの最新の工藝を見聞し、日本の工藝の現状への危機感を抱いた最初の世代であった。彼らは帰国後それぞれに工藝の改革に関わっていったが、その内容は、工藝そのものというより、まずは「図案」の改革という課題への取り組みであった。そのなかで武田五一は、当時のヨーロッパの工藝運動の核心ともいえる「総合藝術」としての空間デザインという課題を建築家として敏感につかみ取り、自らの実践においても、また帰国後の教育活動のなかでも実現しようとした。しかしながらその試みは時期尚早の観があり、明治から大正にかけての工藝界との関わりでは、結局は彼自身も図案の問題に留まらざるを得なかったのではないだろうか。総合藝術としてのインテリア、あるいは建築の問題に本格的に取り組むことができたのは、武田より一世代以上後の藤井厚二、堀口捨己、斉藤佳三、森谷延雄らということになる。しかしながら、彼が抱いた「総合藝術」という理念は決して忘れ去られたのではなく、昭和に入ると京都家具工藝研究会での活動として実践されたのみでなく、「昭和の光悦」として京都鷹ヶ峰に工藝村を建設する構想をも抱いていたと伝えられる（注15）。

注

1 『東京芸術大学百年史　東京美術学校篇　第二巻』、ぎょうせい、一九九二年、一〇一頁。
2 足立裕司「武田五一とアール・ヌーヴォー——神戸大学所蔵遺品を中心として——」『神戸大学工学部報』Vol.9、一九八〇年、一二七頁。
3 同前、一二七頁。
4 同前、一二七—一二八頁。
5 同前、一二八頁。
6 同前、一二八頁。
7 以下、京都高等工藝学校の設立の経緯、およびその初期の授業内容と担当教官については、宮島久雄氏の独自の調査による「京都高等工藝学校設立前史」と題された論考（『関西モダンデザイン前史』、中央公論美術出版、二〇〇三年所収。なお、同書では同校における武田の図案教育についても詳しく触れられているが、初出の際には参照できなかった）、その他の成果に基づいている。また同校図案科のカリキュラムと武田五一の関わりについて論じた先行論文として緒方康二「京都高等工芸学校図案科と武田五一」『「武田五一・人と作品」展図録』博物館明治村、一九八七年、一一九—一二三頁がある。
8 『武田博士作品集』、武田博士還暦記念事業刊行会、一九三三年、一五—一六頁。
9 武田五一「アール・ヌーボーとセセッション」『建築ト装飾』特別号、一九一二年一〇月、二〇—二一頁。
10 クリストフ・マルケ「浅井忠と漆工芸——蒔絵師杉林古香との共同制作を中心に」『美術史』第一三四冊、一九九三年三月、二一四頁。
11 武田五一「マルホフ式」（談話）『京都美術』第三〇号、一九一三年一〇月、一三頁。
12 武田五一「クロマ染に就て」『京都美術』第三一号、一九一三年一一月、一三—一五頁。
13 同前、一四—一五頁。
14 武田五一「表現派図案集の巻頭に題す」『表現派図案集』、京都風俗研究会、一九二三年、一頁。
15 日野永一「武田五一の工芸活動」『「武田五一・人と作品」展図録』、博物館明治村、一九八七年、一一二頁。

明治三〇年代京都の図案集と「図案の藝術化」

ここ数年、筆者は明治三〇年代から大正期にかけての工藝図案の世界における「図案の藝術化」(注1)というべき現象に関心を抱いてきた。それらの図案が工藝図案であるということは、それはまた工藝が造形藝術の一ジャンルとなっていく過程と密接に関連しているはずであるが、図案の方に着目すると、「図案の藝術化」と「工藝の藝術化」は、その中身も異なり、時期的にもずれているのではないかという感じを筆者は抱いている。時期の点では図案における藝術化の方が工藝にむしろ先行していると考えるが、そもそも「図案」が「工藝」と切り離され、あたかも一つのジャンルであるかのように扱われるということ自体、近代の現象であり、図案制作は本来、工藝品制作に付随し、他ジャンルのように自立は不可能なはずである。そのような図案までもが純粋藝術志向、自立志向を強めていったところに、近代の「藝術」概念がもたらしたジレンマの一つが浮かび上がってくるのではないかと考えている。

明治・大正期に出版された図案集の調査をもとにした本論でも、「図案の藝術化」を一つの切り口として、明治後半から大正にかけて、図案および図案集の持つ役割や意味合いに生じた変化に焦点をあてて論じていきたいと思う。ただ、最初に断っておかなければならないと思うのは、図案集全体を俯瞰したとき、この間に図案や図案集の役割が本当に変化したかといえば、していないといった方が正しいのではないかという点である。調査した図案集をみるかぎり、大正期以後も戦前まで次々と多彩な図案集の出版が続けられているが、全体としてその意味や役割に大きな変化があったとは思われない。もちろん一口に図案集といっても多様なものが含まれており、一括りにはできないが、図案集の出版が商業的に成立するものであるかぎり、そこには一定の販路や需要層が想定されているが、そのあり方がこの間に大きく変化したとは思えない。図案集は染織業を営む人々にとってきわめて実用的な用途を持つものであると同時に、当時の最高の印刷技術を駆使した美術出版物として美的、趣味的な観点からの受容も行われていたと思われる。戦後になっても明治三〇年代に出版された古谷紅麟の図案集が再版されていることからも窺われるように(注2)、量の大小の差はあれ、少なくとも数十年にわたって変わらぬ意味と役割を担い続けていたと思われる。だとすれば、ここで扱おうとしている「図案の藝術化」というような問題は、図案集全体に関わってはおらず、ごく限られた一部の図案集に生じた一種の変異現象にすぎないということになる。いうまでもなく、そうした変化は、図案あるいは工藝の領域が、西洋近代の「藝術」概念と接触した面において生じてきた。すなわち絵画、彫刻、工藝、版画、建築など、近代において「藝術」という枠組で語られるようになったすべての領域と同じ現象を図案もまた共有していたということを意味している。ただ、絵画や彫刻その他と図案とで事情が異なっているのは、結局のところ図案に対しては「藝術」としての認知が行われなかったという点である。もちろん図案という領域が従来の美術史のなかで取り扱われることもなかった。すでに触れたように、自立し得ない領域である「図案」は、純粋化、自律化を志向する近代藝術の一員に加えられることは遂になかったといえる。

一　明治三〇年代の京都とアール・ヌーヴォー

すでに別の場所で触れたことの繰り返しになるが、明治三三（一九〇〇）年に開催されたパリ万国博覧会は日本の図案界にとって大きな節目の年であった。それぞれの受け取り方がどうあれ、日本の関係者がそこで一様に出会ったのは、「アール・ヌーヴォー」であった。この出会いが日本の図案界に呼び起こした様々な反響の全体像は、未だ明らかになっていないが、少なくとも単なるアール・ヌーヴォー様式の受容といって片付けられるようなものではなく、多彩で広範囲に及んでいる。たとえば東京では日本の輸出工藝の行方に対して深刻な危機感を抱いた人々によって、翌年に日本図案会と大日本図案協会という二つの図案研究団体が結成され、本格的な図案改革が始まっているが、京都においても同様で、アール・ヌーヴォーの反響は「図案の藝術化」とも深く関わっているように思われる。

京都ではパリ万博の前後にあたる明治三〇年代に特色あるすぐれた図案集が次々に出版されているが、その中心となる版元は山田芸艸堂と本田雲錦堂であった。その歴史については岩切信一郎氏が論じているが（注3）、芸艸堂は、明治二〇年代初頭から美術出版を本格化した田中治兵衛（文求堂）のもとで修行を積んだ山田直三郎が明治二四（一八九一）年に創業し、多色木版刷りの美術印刷による図案集の制作を本格的に開始した。雲錦堂の方は直三郎の兄弟が父から引き継ぎ、両者はライヴァルであったが、明治三九（一九〇六）年に合併して合名会社芸艸堂となった。明治三二（一八九九）年からはそれぞれに、京都の図案界の中心的存在となりつつあった神坂雪佳や後に洋画家として活躍する津田青楓など、若手を起用した図案集も出版している。このように芸艸堂等による図案集の制作、出版事業が順調に軌道に乗り、有望な若手に図案集を任せるという冒険を試みるようになった時期に、京都にもアール・ヌーヴォーの情報が入り始めたのであった。

京都におけるアール・ヌーヴォーの紹介、普及を考えるとき、明治三五（一九〇二）年に開校した京都高等工藝学校の教員として赴任した浅井忠、武田五一という二人の人物の存在、また彼らがともにヨーロッパ留学を終えたばかりであったという点は決定的であったと思われる。もちろんこの巡り合わせは偶然ではなく、浅井忠の場合にはパリ留学中に校長の中沢岩太から勧誘を受けており、武田五一の場合は高等工藝への着任を前提としての留学であったことを考えると、創立の時点で学校側にヨーロッパの図案に関する最新の知見を身に付けた人物を重要な人材として登用するという意図があったことは確かである。その最新の知見がパリ万博によって必然的にアール・ヌーヴォーを中心とするものへ方向づけられていったと思われる。すでに明らかにされているように、洋画を学ぶために留学していた浅井忠が図案に関心を持ち始めたのは、アール・ヌーヴォーを見聞きするのとほぼ同時であったし、武田五一はロンドンやパリだけでなく、グラスゴーやウィーンを訪れて後期のアール・ヌーヴォーにも関心を持ち始めている。中沢岩太にもすでにアール・ヌーヴォーに対する一定の認識があったにちがいない。二人の着任以前にも京都ですでにアール・ヌーヴォーの受容が一部で始まっていた可能性はあるが、高等工藝の開校、浅井と武田の着任によってはっきりと新しい流れが形成されたのだと思われる。それではそのような状況のもと、図案集を中心とする図案の世界にどのような変化が生じていったのだろうか（注4）。

二　津田青楓の『うづら衣』

そのなかで重要な鍵を握る人物として津田青楓の名前を最初に挙げたい。津田青楓についても、断片的ながらすでに何度か触れてきた。明治一三（一八八〇）年に華道去風流の家に生まれ、兄の西川一草亭は家業を嗣いで花道家となったが、青楓は谷口香嶠に日本画を学んだ後、高島屋の図案家として染織図案を手がけ、その頃から神坂雪佳と同じく新進の図案家として図案集を出し始めている。明治三二（一八九九）年の『華橘』、明治三二―三三（一八九九―一九〇〇）年の『華紋譜』（花の巻、楓の巻）、明治三二（一八九九）年から三四（一九〇一）年にかけて六冊刊行された『青もみぢ』、明治三三―三四（一九〇〇―〇一）年に七巻刊行された『図案集』（以上、本田雲錦堂）、明治三六（一九〇三）年に三巻刊行された『うづら衣』、明治三七（一九〇四）年の『染織図案』四巻と『ナツ艸』（以上、山田芸艸堂）と次々に続いているが、そのなかで一つの転機と考えられるのが明治三六（一九〇三）年の『うづら衣』三巻である。最終巻にあたる第三巻の最初に「うづら衣三巻を出すに就て思う儘を記す」と題して、青楓自身が次のように書いている。

軍隊に入てから考へがすつかり変わつて図案の工藝的の物でない事が分ると同時に図案家は過去の様式画で云へば旧来の流派を一々学んで世人の要求次第にどんな物でもやると云様な事ではいかないそんな物は悉くすてゝ仕舞て自己は自己の図案を作らねばならんと云事が適切に感じられてきたつまり今迄やつておつた事は一も間に合

わない事に成て改めて一年生からやらねばならん事に成つたのだ

ここで青楓が述べていることの意味および『うづら衣』の位置づけについては、拙稿「日本のアール・ヌーヴォー再考」（注5）ですでに触れており、繰り返しになるが、もともと画家志望の青楓が、生計を立てるための手段として慣習に従い漫然と描いてきた図案を反省し、「自己の図案を作らねばならん」という自覚を抱いて制作に望んだ初めての成果が『うづら衣』に収められた図案であった［口絵1、図25］。「こふ成ると写生が必要で図案は元来想化を尚ぶ物だとしても初めはどうしても写生からやらねばならんそんな考からして兵営付近のいなかを材料にして写生図案がやつて見度い様になり日曜の十二時間を利用して久し振で筆を採つたのが即今度のうづら衣である」というように、青楓にしてみれば、従来のように過去の図案を下敷きにしたアレンジということを避け、戸外での写生から出発して「自己の図案を作」ろうと懸命に試みたはずであったが、最初の二巻が売れず、五巻の予定が三巻で終わることになり、「今後の著書は矢張以前の様な職人的図案を少くも半分は加へる事にしてやつて行かふと思ふ何と云つても食はずに働く事は出来ない」という顛末に終わった。

図25　津田青楓《図案集『うづら衣』（発行：山田芸艸堂）》
1903（明治36）年刊

「今後の著書は矢張以前の様な職人的図案を少くも半分は加へる事にしてやつて行かふ」と青楓は言うが、『うづら衣』の図案はそれ以前の「職人的図案」に比べ何が違っていたのだろうか。『うづら衣』に至るまでの自らの仕事ぶりについて青楓は、「僕のこれ迄やつておつた事を考へると全く他動的で自己の感想を主眼として図案を作ると云様な事は夢にも考へなかつた皆世間の嗜好に依つた物許りで云はゞ他人の図案を作つておつたのである」、その結果として「藤原時

図26　津田青楓《図案集『青もみぢ』（発行：本田雲錦堂》1899~1901（明治32~34）年刊

代の図案もあれば元禄調の図案もある支那や希臘を模倣した物もあり西洋を焼直した物もある」と述べている。当時の染織図案の世界では、顧客の多様な好みや用途に合わせて、できる限り幅広い選択肢を用意するのはごく当たり前のやり方であっただろう。実際、『うづら衣』以前の彼の図案は、『華紋譜』にみるような比較的小さいパターンの繰り返し文様、あるいは『青もみぢ』［図26］における四条派風の絵画的意匠や琳派風のやや装飾的なものが多い。これらはいずれも、高島屋での津田青楓の仕事と直接関連する染織図案として考案されたのだろう。

一方『うづら衣』では、「僕の愛している宇治川の周囲にある畑、ヤブ、森、山、宿場、水車、ハネツルベ、ウリ、ナスビ、スギナ、ゲンなどをモデルとして」と述べているように、当時青楓は兵役に就いていたが、所属する部隊が駐屯していた兵営付近の身近でありふれた風景や草花をモティーフにしている。青楓の言のとおり「写生」に忠実であろうとしているせいか、モティーフの構成は絵画風なものが多く、それを図案化する手法にも、これまでの青楓の図案にみる四条派風の絵画的意匠や同一文様の繰り返しといった型を抜け出そうとする工夫が確かに見て取れる。また、多くの図案でアール・ヌーヴォーの影響を思わせる思い切った単純化・抽象化も試みられている。全体として未だ試みの段階に留まっており、明確な個性を感じさせるには至っていないものの、絵画的表現のうちに自然の風景や草花に対する青楓独自の視点も感じられ、従来の匿名的図案とは確かに異質に思われる。

明治三二（一八九九）年以来、青楓が立て続けに図案集を出していることからすれば、青楓の従来の図案はむしろ好評だったと考えるべきだろう。他に資料のない現時点で、青楓の失敗の客観的原因は定かではないが、少なくとも、実景の「写生」に基づいて図案にオリジナリティや個性を追求するという青楓の試みは、実際の染織品や工藝品への応用可能を至上命令とする図案集にとってはむしろマイナスでしかなかった状況が『うづら衣』を通して浮かび上がってくるように思われる。「職人的図案」を離れ、「自己の図案を作らねばならぬ」という制作態度を以て青楓が初めて試みた「図案の藝術化」は、当初から大きなジレンマを抱えていたようである。

三　『小美術』と浅井忠

『うづら衣』での青楓の試みはたとえ失敗に終わったにせよ、次へのステップになり得たようである。というのは、翌明治三七（一九〇四）年四月に青楓と兄の西川一草亭、漆工家の浅野古香（後の杉林古香）の三人によって図案研究の月刊雑誌『小美術』が創刊されるからである。『小美術』もまた芸艸堂から発行された。こうした雑誌の発刊が当時、芸艸堂のなかでどのように位置づけられていたのか、現段階でははっきりとはいえないが、同じく芸艸堂から神坂雪佳による『ちく佐』［図36］が明治三二（一八九九）年から三三（一九〇〇）年にかけて毎月一回発行されていることからいえば、月刊の『小美術』が芸艸堂から発行されたとしても不思議ではない。『ちく佐』には毎号三点新しい図案が紹介された。しかし月刊という発行のスタイルは同じでも、『ちく佐』と『小美術』の性格の違いは明白である。『ちく佐』が一種の図案の頒布会のような性格を持っているとすれば、創刊号の扉に「小美術ハ因循姑息なる今の図案界に真率の研究を積みて大ゐに斬新の趣味を鼓吹せんとする小美術界機関誌なり。小美術界ハ吾揺籃の友と吾実弟との会合となる」という一草亭の名による「序」を掲げ、毎号創作図案と同時に同人による評論や浅井忠の批評（浅井と知り合って以後に限られるが）が同じ比重で掲載された『小美術』は、明らかに文藝雑誌を意識しており、美術専門、工藝専門の雑誌すらほとんどなかった当時としては非常に画期的なものである。第一号に同じく一草亭による「図案家の職人主義を排す」が掲載されており、趣旨からみると、青楓による『うづら衣』の試みを引き継ぎ発展することが発刊の目的であったと思われる（注6）。

『小美術』には毎号数点の図案が発表されている。そのほとんどが一草亭、青楓、古香の三人による［図27］。個々の図案を『うづら衣』と比較すると、『うづら衣』の図案が絵画風、写生風を残しているのに対して全体に様式化、単純化が際立っているのが特徴で、その点にアール・ヌーヴォーの影響がはっきりと見て取れるのではないだろうか。すでに指摘されているように、彼らがこれ以前からアール・ヌーヴォーの研究を始めていたことは、『小美術』の表紙タイトルや扉、小見出し、序などにアール・ヌーヴォー風の意匠が用いられていることや、明治三六（一九〇三）年の年記のある古香の写生帖にドイツのユーゲントシュティルの代表的なデザイナー、オットー・エックマンによるタペストリー《五羽の白鳥》［図28］をはじめ、同時代のヨーロッパの美術雑誌（たとえばウィーン美術工藝学校の校誌 *Die Fläche*）から写したスケッチが多数含まれていることから明らかである（注7）。実は『小美術』の図案のなかにもエックマンの《五羽の白鳥》からの影響関係の明らかな例が含まれている。一巻二号の一草亭による《鴨》［図27b］と題された図案がそれで、縦長の画面を蛇行する川とそこに浮かぶ水鳥という構図がほぼエックマンから採られている。もう一点、一巻四号の古香の《新樹》にも影響が窺われ、彼らがかなり直接的な形でアール・ヌーヴォーから刺激を受けていたことが見て取れる（注8）。

ただ、ここでもう一歩踏み込んで考えたいのは、その一方でエックマンの《五羽の白鳥》のなかにジャポニスムからアール・ヌーヴォーへという流れを読み取るとするならば、たとえば《伊勢物語八橋図》（東京国立博物館蔵）［図29］に代表されるような画面構成がエックマンその人に入り込んでいる可能性はないだろうか、という点である。サミュ

図27a　浅野古香《『小美術』1巻5号（発行：山田芸艸堂）「朝顔」》1904（明治37）年刊

図28　オットー・エックマン《タペストリー「五羽の白鳥」》1897年

エル・ビングが発行していたジャポニスムを象徴する雑誌『藝術の日本』にルイ・ゴンスが「光琳」というエッセイを寄せているように、北斎には及ばないとしても、世紀末のヨーロッパで光琳は日本の代表的藝術家としてすでにぬきんでた地位を占めていた。さらにいえば、古香や一草亭がエックマンに着目する際に、光琳を同時に思い浮かべていたということは果たしてあり得るだろうか。少なくとも谷口香嶠による『光琳画譜』が芸艸堂から明治二四(一八九一)年に刊行されている。先に触れたとおり香嶠は青楓の師であり、『小美術』の顧問でもあったことを思えばあり得ないことではないだろう。すでに紹介されているように、一草亭は「図案家としての尾形光琳」を『小美術』の一巻五号に執筆してもいる。

こうしたことと関連して興味深いのは、『小美術』グループに対する浅井忠の関わり方である。浅井忠は、一草亭の《鴨》が発表された二号の次の号で初めて『小美術』に登場する。この号に青楓による「黙語先生を訪ふ」という長文の訪問記が掲載されているのである。青楓ら三人は『小美術』への助言を得るべく、明治三七(一九〇四)年四月一一日に初めて浅井忠の自宅を訪問した。浅井は三人の活動におおむね好意的で、「大ゐに騒がなくちやいかぬ」と、図案改革への三人の試みを鼓舞し、西洋の雑誌を色々見せてくれたという。話のなかでもアール・ヌーヴォーはじめ、西洋の図案界のことが中心の話題にのぼったようであるが、アール・ヌーヴォーについてすでに一定の知識を得ていた三人は、パリで直接見聞きしてきた浅井からその実状を知りたかったのではないだろうか。ところが、その浅井の

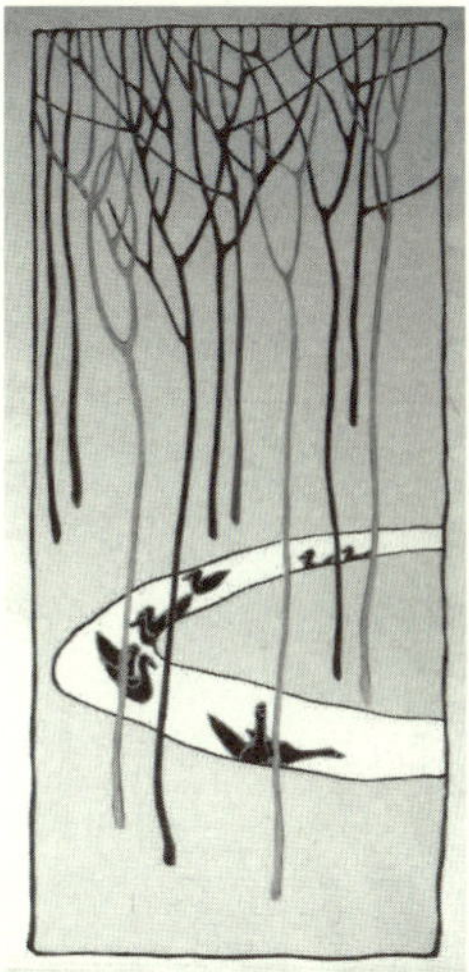
図 27b　西川一草亭《『小美術』1 巻 2 号（発行：山田芸艸堂）「鴨」》 1904（明治 37）年刊

図 29　尾形光琳《伊勢物語八橋図》江戸時代（18 世紀前半）

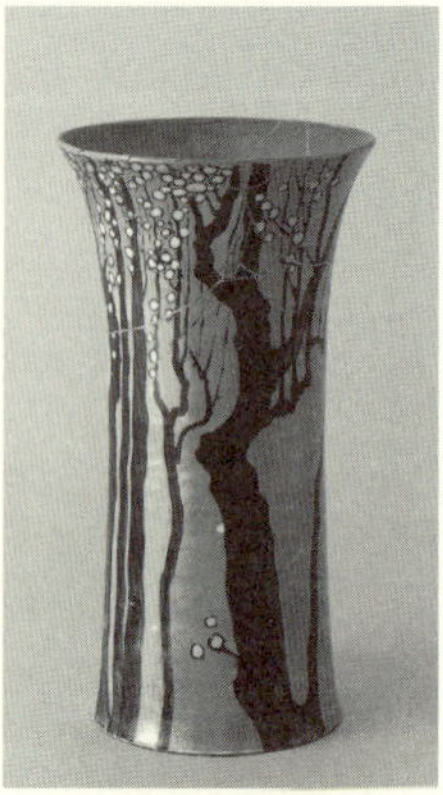

図30　浅井忠（図案・絵付）《梅花図筒形花瓶》 1902–07（明治35–40）年頃

口から唐突に出てきたのは光琳の名であった。古香が自作の蒔絵巻煙草入れを持参し、浅井に見せ「こんな突飛な物許りやつて居るのです」と言ったのに対し、浅井が「光淋《ママ》なんかゝら見るとこらまだ突飛ぢやない、光淋《ママ》の蒔絵は実に突飛の極ですナア」と答えたというのである。指摘されているように、浅井忠は在仏中にすでに文政九（一八二六）年刊行の酒井抱一編『光琳百図』を所持していた（注9）。つまり浅井はアール・ヌーヴォーに出会うとほぼ同時に、アール・ヌーヴォーを通じて光琳（さらには光悦、大津絵、浮世絵など）を再発見したのであり、そのことは、やはり『小美術』一巻四号に掲載された浅井の談話「図案の線に就て」や、《梅花図筒形花瓶》［図30］に応用された図案ほか『黙語図案集』［図31］に遺された浅井の図案に様々な形で見て取ることができる。浅井訪問以後に登場する一草亭の「図案家としての尾形光琳」が示すように、浅井の一言によってアール・ヌーヴォーに向けられていた三人の関心が、彼らにとってなじみ深い光琳らに引き戻されたであろうし、やがて光悦、光琳の蒔絵作品の再来を思わせる浅井と古香の合作［図32］に繋がっていったのであろうと推測される。

浅井忠と『小美術』の三人の出会いは、後者にとってきわめて重要な意味を持っていたと思われるが、このエピソードからは、図案をめぐる両者の意識のずれを読み取ることもできるだろう。ずれはこれだけに留まらない。京都の工藝界のあり様を身をもって知っている一草亭らと、京都においては部外者ながら最初から特別な地位に就いた浅井との立場の違いは、両者の間にさらに大きな意識のずれを介在させていたと思われる。この訪問以後、浅井は『小美術』に談話や図案の批評を寄せているが、『小美術』のメンバーが、雑誌の発行を通じて図案家の職人主義的な制作態度を変えること、すなわち「図案」と呼ばれるようになった領域の根本的なあり方の変革を求めていたのに対し、浅井の助言や批評は、あくまで図案制作の手法上の問題に限定されている点に、そうしたギャップははっきりと現れている。浅井訪問の際、光琳の造形の突飛さを指摘する浅井に対し、青楓は「光淋《ママ》なんかゞ描くと奇妙な物でも梅なら梅に許してくれるが僕等が描くと世間の奴が許さぬので困る」と答えている。青楓たちにしてみれば、浅井もまた当時の京都において光琳と同じような扱いを受けていると感じられたのではなかろうか。実際、見方によっては、『うづら衣』や『小美術』の図案より、琳派や大津絵を積極的に取り入れようとしている浅井の図案の方が、むしろアール・ヌーヴォーに近く、西洋的であると感じられる。にもかかわらず、浅井の死後『黙語図案集』によってその図案における仕事は顕彰され、浅井は「明治の光悦」とさえ呼ばれた。一方、青楓の『うづら衣』は（本人の言によれば）失敗に終わり、次にみるように『小美術』は芸艸堂や世間の望むところとのギャップが次第に調整不可能に陥り、終刊に至った。これをみるかぎり、青楓たちのように京都の工藝界の内部から正面切って変革を起こすことのむずかしさは、浅井忠が感じたそれの比ではなかったと思われる。彼らにとっての問題は、図案の様式以上に、図案を取り巻く「職人主義」というあり方そのものだからで、アール・ヌーヴォーも光琳も即図案改革の特効薬とはなり得ないことも身に沁みて感じていたにちがいない。

図 31　浅井忠《『黙語図案集』（発行：芸艸堂）「雨中狐」》 1909（明治 42）年

図 32　浅井忠（図案）、杉林古香（制作）《鶏梅蒔絵文庫》 1906（明治 39）年

『小美術』の一巻五号、六号誌上の一連の文章は、結局『小美術』も『うづら衣』の二の舞となったことを示している。彼らを取り巻いていたのは「小美術の図案に就て或は単調に過るとか、千遍一律なりとか、西洋模倣にて日本固有の趣味を失ひたかとか、絵画に近しとか応用出来ずとか色々の批評を耳に致候のみならず」（西川一草亭「筆洗」『小美術』一―五、明治三七年八月？）という状況で、芸艸堂からも内容についての注文がつき始めた。これに対して「吾等又聊信ずる

処あり当分此まゝ推し行きて日本固有の趣味（世間の所謂）も西陣向きも変化ある物（世間の所謂）も応用の出来る物も（世間の所謂）作らざる考に有之候……頑固に単調を守るつもりにて候」（同上）と宣言するが、最終的に六号に「小美術を葬るの辞」（『小美術』一―六　明治三七年一二月）を掲げて終刊に至るのである。皮肉ではなく、彼らの主張が悲憤慷慨の調子を帯びれば帯びるほど、どこかドンキホーテ的に響かざるを得ないほど、「世間」が考える図案と彼らのそれとはずれてしまっていた。『うづら衣』の場合と同じく、失敗の原因は、過去の様々な様式を引用しつつ多様なヴァリエーションを提供するのではなく、「単調」といわれるほど独自の新しい様式を確立しようとしたこと、すなわち「職人主義」の否定そのものにあったといえるのではないだろうか。図案集も図案も明治三〇年代の京都ではあくまでも実用的なものでなければならず、そのためには、光琳や浅井忠という一部の特別な存在を除き、図案家個人の「自己の図案」である必要はみじんもない、むしろその逆ということである。芸艸堂や「世間」の側に立てば、図案でありながら「応用的」であることすら拒否しようとする青楓らの図案こそ非常識というべきだっただろう。

四　神坂雪佳と「図案家」の自覚——『海路』から『百々世草』へ

津田青楓は晩年に著した自伝『老画家の一生』で、図案家として出発した前後を回想し、「芸艸堂で発行されてゐた神坂雪佳といふ人の出すものは皆美しいものだつた」と語っている（注10）。西川一草亭がいうところの「関西図案界の二大流派」のうち、「高等工藝校の趣味」の中心が浅井忠とすれば、もう一方の「美術工藝学校調子」の中心的存在が神坂雪佳であった（注11）。そのどちらでもない図案を目指した津田青楓もさすがに雪佳の図案は認めていたらしい。「高等工藝校の趣味」が浅井忠、武田五一を中心としてアール・ヌーヴォーやセセッションの吸収に熱心であったのに対し、雪佳はアール・ヌーヴォーに対して批判的であった。雪佳自身もパリ万博の翌年にヨーロッパを訪れ、グラスゴー博覧会を視察しているが、帰国後、『図按』二号で次のように語っている。

曲線応用とは誰が附したる訳名かは知らざれども仏国にては然か言わずアルヌボー即ち新美術と称し居れり。我藤原鎌倉時代の製品は凡て曲線応用にして今更珍しくする程の事にあらず。唯今のいわゆる曲線応用即新美術は真の美術と称すべきにあらず。倫敦あたりにて何がな人目を牽くべき物を作らんとて作り出したるを新奇を好む欧州人の常として忽ち仏国に移り独逸に移りオーストリアに広まるに至りしなり（注12）。

図 33　神坂雪佳《図案集『染織図案　海路』（発行：山田芸艸堂）》 1902（明治 35）年刊

雪佳のアール・ヌーヴォーへの評価は非常に手厳しく、自分自身は「最初より新美術の厭うべきに嘔吐を催す程なれど」とし、ヨーロッパでもすでに流行を過ぎた取るに足りぬものであることを強調している。そしてパリを訪れる前には注文に応じて「新美術」を応用したこともあるが、それは本心からではなく、「今後も余は新美術を応用するの意志なし」と断言している。この言のとおり、京都の工藝を知り尽くしていたであろう雪佳にとって、ジャポニスムの影響がそこここに見て取れるアール・ヌーヴォーが珍しくもなく、取るに足りないというのは、負け惜しみではなく本音であったといってよいだろう。ただ、だからといって雪佳がアール・ヌーヴォーにライヴァル心を燃やしたことなどなかったと言い切ってよいだろうか。アール・ヌーヴォーに出会ってさらっと受け流すというのではなく、むしろ敵意を剥き出しにしているところをみると、雪佳にとっても少なくともアール・ヌーヴォーは無視できぬ存在となっていたのではないかという疑問が湧く。

帰国後まもなく、雪佳はヨーロッパへの往復の船上で描き留めたスケッチをもとに、無限に生成変化する波の形象を図案化した図案集『染織図案　海路』（明治三五年）［図33］を芸艸堂から出している。はしがきによれば、そのとき描き留めた「波頭の形象」の数は百あまり、そのなかに「自から新たなるもの少なしとせず」であったので、染織はじめ工藝に実地に応用される目的でまとめたという。イギリスのデザイナー、ルイス・F・デイは『装飾の中の自然』(一八九八年)で光琳波を挿図に取り上げ、日本の波の表現について「それは非常に変化に富んでおり、他のものよりずっと水が動きを持っている。さらに日本の藝術家は、波の先端やしぶきの表現に気をつかっている」と述べている(注13)。こうした伝統文様にさらなる単純化と新鮮な色遣いを加え、新たな生命を吹き込んだものが『海路』である。「はしがき」で雪佳自身、「今や我が藝術は百事泰西に雄を争うに当たり、図案文様のこと、亦大いに世の注意を惹き、彼地に在りては、独立せる一藝術となせるが如く、我亦進みて之れが発達を促さざる可からず、図案文様は実に是れ諸般工藝の美をなす根本要素たり」とも述べている。やはり『海路』誕生の背後に、アール・ヌーヴォーの影響というより、アール・ヌーヴォーへの対抗意識が強烈に働いており、雪佳における近代の「図案家」としての自覚を促したのではないだろうか。芸艸堂からもすでに森雄山の『波紋集』が明治三二(一八九九)年に刊行されているが、あらゆる工藝品に登場し、すでにヴァリエーションが出尽くしたかのような波の意匠にいかに新鮮味を出すかが雪佳の腕の見せ所であろうが、『海路』の場合、簡潔な形態と色面のコントラストを駆使して波を明快に表現した点、またその色遣いに特に新しさが見て取れるように思われる。彼自身にとっても自信作だったのではないだろうか。雪佳の図案集にしては珍しい「はしがき」で述べているように、ヨーロッパで図案が「独立せる一藝術」となりつつあるという実感を雪佳が自ら得たという点だけでも、雪佳にとって渡欧は、そしてまたアール・ヌーヴォーは実は大きな意味を持っていたのではないだろうか。

こうした図案家としての自覚が、以後『滑稽図案』(明治三六年)、『蝶千種』(明治三七年)[図37]等を経て『百々世草』(明治四二―四三年)[口絵2、図34]へと続く雪佳の図案集を貫いているように思われるが、とりわけ彼の代表作であり、芸艸堂の図案集のなかでも際立った質の高さを誇る『百々世草』は、芸艸堂が擁する多色木版刷りの高度な技術と相俟って「近代の琳派」と呼ばれる雪佳の本領が遺憾なく発揮されている。『海路』や『蝶千種』は、波あるいは蝶という単一のモティーフを素材にそのヴァリエーションの豊富さを見せる図案集であるが、『百々世草』はモティーフ自体もヴァラエティーに富み、一つ一つ丁寧に構想を練った様子が窺われ、図案としては未曾有のエネルギーが費やされたことがわかる。『海路』では明言されていた、実際の工藝へ応用する目的などはむしろ度外視されているのではないかと思うほど、小画面ながら、構図、モティーフの処理と配置、色遣いなどに冴えをみせ、図案というより一点一点が独立した絵画作品と言い得るような高い密度を誇っている。どのような媒体にしろ、雪佳がこれほどの独創性を発揮した作品はほかになく、真の代表作であろう。基本的に注文や需要を前提として制作するという職人的な制作態度を守っていた雪佳が、ここでは近代の図案家としての自覚に立ち、自らの自由な表現の場として図案集の仕事を積極的に位置づけていたように感じられる。だとすれば、これもまた「図案の藝術化」と呼び得るのではないだろうか。

もちろんその方向性は津田青楓たちとは随分異なっている。雪佳の場合、青楓たちと違い、「図案の藝術化」即「自己の図案」の確立ではなく、職人主義も否定すべきものではなかった。後者にとってすでに西洋型の藝術家が理想型となっていたのに対し、雪佳にとっては、画家であり図案家であり工藝家でありプロデューサーでもある光悦や光琳こそが偉大な藝術家であり、彼らすぐれた先達の貴重な遺産をいかに受け継ぐかが問題であった。『百々世草』では、いわゆる「琳派」を代表するモティーフにさらに大胆なデフォルメの面白さを加えたものから、光悦から光琳へ引き継がれた造形感覚をベースに雪佳独自のモティーフの解釈やアレンジを加えたものまで、琳派の造形言語は雪佳自身のほとんど一部となっている。もちろん青楓たちにも琳派は重要であった。ただ、そこから「自己の図案」を確立することを第一義と考えるかどうかで両者の道は大きく分かれたと思う。その結果もまた、『百々世草』が版を重ね、図案集としても成功を収めているのは、『小美術』とはいかにも対照的であった。京都の工藝を育んだ風土にしっかりと根ざしていたのは雪佳が辿った「藝術化」の道であり、それは光悦や光琳の伝統に正しく回帰することのうちに見出されたのである。

図34　神坂雪佳《図案集『百々世草』(発行：芸艸堂)》 1909~10（明治42~43）年刊

五　「図案の藝術化」と図案集――木版技法の意味と変容

先に引いた『うづら衣』巻三の最初に付された文章の中で、津田青楓は自らの図案に関する考えの変化について次のように述べている。

図案は絵画と違つて元来応用的の物であるから中には工藝的に解釈して図案は藝術ではなからふと云疑を起す者も有るが図案は決して工藝的の物でないから図案家は世間の嗜好とか当時の流行とかそう云事に頓着する必要はない矢張画家のやる様な工合に自己の思想に重きを置いて自己の感想を現はした図案を作る事に勉めておればよいのだ
処が僕のこれ迄やつておつた事を考へると全く他動的で自己の感想を主眼として図案を作ると云様な事は夢にも思へなかつた皆世間の嗜好に依つた物許りで云はゞ他人の図案を作つておつたのである

たびたび青楓の『うづら衣』に言及しているが、図案が「工藝的」であることを否定し、「藝術」を志向する意志が最初にはっきりと表明された場は図案集であったことを、ここであらためて確認しておきたい。これに続く『小美術』も、いわゆる図案集とは性格を異にするとはいえ、やはり芸艸堂から発行され、その図版部分は同じく多色木版刷りで美しく仕上げられていたし、神坂雪佳が図案家としての独創性を何より発揮したのもまた図案集であった。すなわち図案集こそ明治三〇年代の京都における「図案の藝術化」の舞台であったということだが、逆に考えると、図案集という媒体が存在したから「図案の藝術化」が成立し得たということを意味しないだろうか。なぜなら、近代になって登場した図案集という媒体が、一種の自己表現の手段とみなされたとき、本来は工藝品に応用されるべき図案が、工藝品とは別個の領域となる可能性が開けたからである。工藝品への応用という本来の意図とは別に、図案集の存在そのものが、図案もまた他のジャンル同様、独立した一つの藝術分野として自立可能であるという展望を、たとえ一部であっても生み出したということはないだろうか。しかしながら、明治三〇年代の図案集は、あくまでも実用目的を第一とする商業的出版物として制作され、刊行されていた（注14）。その意味で完全に純粋化、自律化することはあり得なかった。それでは、図案が藝術の一ジャンルとして完全に自立することがそれ以後あり得たのか、あり得たとすればそれはどのような形をとるのか、それは大正期以後の富本憲吉の活動に一つの典型が示されている。これについては別に論じているので（注15）、ここでは触れないことにしたい。ただこれと関連して、図案集に用いられた木版という技法、表現手段の問題について最後に触れておきたい。

芸艸堂の多くの図案集において、江戸期以来の多色木版刷りの技法が用いられ、その美的な性格を決定づけている。あえて極言すれば、その高度な技術に支えられた版の表現としての洗練や完成度の高さがなかったなら、神坂雪佳や『小美術』グループによる、あのような図案集を通しての活動の展開があり得たのか疑問にさえ思われる。その意味で、少なくとも明治・大正期の図案集における「図案の藝術化」という問題は、木版という技法をぬきにしては考えられないのである。もっとも、浮世絵版画の持つ造形性や美的な性格を、同時代の日本人が眺めていたのとは別の視点から発見したのはジャポニスムと呼ばれる現象に関わった欧米の人々であり、この発見からアール・ヌーヴォーへと至る流れのなかで木版技法の果たした役割の大きさについては、既存の研究によってすでに証明済みである。そうした木版画の美的・造形的な魅力が、何らかの形でアール・ヌーヴォーを通過した図案家たちによって再認識されることにより、木版技法ははからずも「図案の藝術化」という現象に欠かせない役割を担ったことは間違いない。図案集という媒体と、木版技法によって実現される美的水準の高さがあったからこそ、工藝とは別に図案が一つの領域として「藝術化」を志向し得る土台が生まれたのではないかと思われるのである。

これに対して大正四（一九一五）年、富本憲吉は私家版と思われる形で木版による模様集を出版した［図35］（注16）。

図35　富本憲吉《『富本憲吉模様集第一』（発行：美術店田中屋）》
1915（大正4）年刊

それは自刻自摺という創作版画と同じ手法で制作された。このことは、版画の世界において雑誌『月映』に集まった画家たちが、自刻自摺という手法を通じて近代の自立したジャンルとして版画の領域を大きく変貌させていく過程と奇しくも並行している。明治三〇年代の図案集は、明らかに図案家の自己表現の場としての側面を持つ一方で、芸艸堂に蓄積された分業を前提とする職人的技術に大きく支えられていた。自刻自摺の富本の模様集では、職人的技術と対照的なアマチュアリズムが前面に出ており、大正期の版画と同じく図案集の性格も大きく変貌を遂げている。富本がこのことにどこまで自覚的であったかわからないが、木版制作のあり方を変えることによって図案そのもののあり方を変えようとしたことは、「図案の藝術化」の次の段階を示唆しているといえよう。ただ、絵画や彫刻と同様、自立が可能であった版画の場合とは異なり、そのような図案集の可能性の追求は、富本を除けば河合卯之助、藤井達吉らの一時期に限られており、そこに「図案の藝術化」のジレンマと限界もはっきりと示されていた。

注

1 「図案の藝術化」という言葉そのものがキーワードとして用いられた例として、大正三（一九一四）年一〇月号の『文章世界』に発表された小宮豊隆の評論「図案の藝術化」を挙げることができる。さらに古い用例があるかどうか現在のところ不明であるが、この言葉に象徴されるような意識は、本論で論じているように、少なくとも明治三〇年代にまで遡ることができる。

2　芸艸堂から刊行された古谷紅麟の『松津く志』（明治三八年）、『梅津く志』（明治三九年）、『竹津く志』（明治三九年）は、昭和六三（一九八八）年に同じく芸艸堂から再版されている。
3　岩切信一郎「明治期の美術出版・印刷から見た図案集――芸艸堂の出版を中心に」樋田豊次郎・横溝廣子編『明治・大正図案集の研究』、国書刊行会、二〇〇四年、一五九―一六九頁。
4　本論文の前提となっている明治三〇年代の京都の図案界の状況を概観する資料としては、『「浅井忠の図案」展図録』（佐倉市立美術館他、二〇〇三年）がある。本論文は、この図録に収録されている作品図版や各論文、資料紹介などの成果に大きく負っている。
5　土田真紀「日本のアール・ヌーヴォー再考」『アール・ヌーヴォー展図録』、読売新聞社、二〇〇一年、二一八―二二五頁。本書所収。
6　筆者は、『小美術』の図版部分を集めて編集した『小美術図譜』（刊行年不明、芸艸堂）は実見したが、『小美術』そのものは実見していない。したがって、『小美術』の内容に関しては、前掲『「浅井忠の図案」展図録』所載の前川公秀「『小美術』解題」をはじめ、先行する諸論文に多くを負っている。
7　佐藤敬二「杉林古香・人と作品」『「浅井忠の図案」展図録』、一一五頁。
8　注7の佐藤氏の論文で指摘されているように、古香は《五羽の白鳥》の意匠を模写している（一一五頁）。
9　クリストフ・マルケ「巴里の浅井忠――「図案」へのめざめ――」『近代画説』一、一九九二年一一月、三三頁。
10　津田青楓『老画家の一生』、中央公論美術出版、一九六三年、一〇二頁。
11　西川一草亭「筆洗」『小美術』一―六、一九〇四年一二月。この中で一草亭は『小美術』の図案を「関西図案界の二大流派とも見る可き、美術工藝校調子にも非ず。高等工藝校の趣味にもあらざる、別様の趣味と、観察とを有して」と位置づけている。
12　神坂雪佳「神坂雪佳氏の意匠工藝談」『図按』第二号、一九〇二年二月。
13　Lewis F.Day,*Nature in Ornament*,B.T.Batsford;London,1892.
14　雪佳の個々の図案集については、比嘉明子氏が「神坂雪佳と古谷紅麟の図案集」（『明治・大正図案集の研究――近代に生かされた江戸のデザイン』、国書刊行会、二〇〇四年、一一七―一四七頁）で詳しく紹介されているが、そのなかでも触れられているように、価格に注目すると『百々世草』の販売価格は三冊で二四円、雪佳の図案集のなかでも最も高価であった。ちなみに『海路』は三円五〇銭、『蝶千種』は四円、津田青楓の『華紋譜』は各巻一円二〇銭である。『百々世草』が芸艸堂の図案集のなかでも特別な豪華本であったことは確かであり、おそらく芸艸堂としても、実用性よりも図案集としての完成度を重視した藝術性の強い図案集として出版したと思われるが、かといって実用的図案集と藝術的図案集が最初から明確に区別されていた形跡もないようである。

15 土田真紀「『模様』の近代――『富本憲吉模様集』の意味」『民族藝術』vol.19、二〇〇三年三月、一三四―一四三頁。本書所収。

16 大正四（一九一五）年一月に刊行された『富本憲吉模様集　第一』で、当時、富本と非常に関係の深かった東京京橋の美術店田中屋の経営者田中喜作が発行人となって、七〇部限定で発行された。

「図案」の手触り――神坂雪佳と図案集『百々世草』

京都と千葉県佐倉で二〇〇四（平成一六）年秋に開催された「神坂雪佳展」で、初めて神坂雪佳の代表的な図案集である『百々世草』（明治四二―四三年）［図34］の原画を見た。雪佳がそれら小画面の一つ一つに注ぎ込んだ精魂を直かに伝える作品群は、原画であるがゆえに百年近くの間、人目に触れることなく今日まで遺されてきた。世に出た木版摺りの『百々世草』以上に美しいそれらを見ていると、近代の一時期、重要な役割を担った「図案」あるいは「図案家」とは何だったのか、という問いを問わずにいられないような気持ちになった。けれどもこれらの言葉そのものが今日ではすでに聞き慣れない部類に属している。百年前には盛んに用いられていた「図案」あるいは「図案家」をあえて現代の言葉に移し替えるとするなら、「デザイン」あるいは「デザイナー」とするほかないのだろう。確かに雪佳の果たした役割は基本的にデザイナーと呼んで差し支えないのかもしれないが、そこにどうしても違和感が残るのもまた確かである。

京都に生まれ、早くに四条派の画家に学んだ神坂雪佳が、当時、京都の工藝界の指導にあたっていた岸光景に師事し、図案家の道を歩み始めたのは明治二〇年代であった。一八七三（明治六）年のウィーン万国博覧会に正式参加して以来、明治政府主導のもと、輸出産業の主力をなす工藝品とその制作者である工藝職人、そして欧米への市場拡大の鍵を握る図案家が担う役割への期待が高まっていた時期である。一方で、長い間、美術工藝の世界に君臨し続けてきた京都では、政権交代とそれに伴う社会の変化によって工藝産業そのものが危機に曝されていた。そうした世の流れのなか、図案家の道を選択した雪佳は、次々と図案関係の要職に就き、京都の工藝界で重要な役割を担うことになる。同時にこの頃から、京都で出版業を営む田中文求堂、山田芸艸堂らによって盛んになった、多色木版摺りによる図案集にも雪佳は携わり始めた。一八九〇（明治二三）年の『都乃面影』、一八九二（明治二五）年から月刊で発行された『精華』など、当初は江戸期の雛形本を思わせる意匠集という趣であったが、一八九九（明治三二）年から一九〇〇（明治三三）年にかけての『ちく佐』［図36］あたりから、図案一つ一つが独立した絵画のように構想され、画集のような性格を強めていった。また、各分野の一流の工藝家たちに図案を提供し、積極的に共同制作を行ったり、彼らと協力して次々に研究会を組織するなど、急激な近代化の波に曝される京都の工藝界を維持発展させるべく、八面六臂の活躍ぶりで尽力している。

そうした多彩な活動のなかでも、雪佳が特に個人的な思い入れをもって積極的に関わったのが一九一三（大正二）年に組織された「光悦会」であった。雪佳は岸光景の影響下に、早くから本阿弥光悦、尾形光琳らの仕事に深い敬愛の念を抱いていた。とりわけ、洛北鷹ヶ峰に一族を率いて晩年移り住んだ光悦に理想の藝術家像を見出していたようで、会の重要な事業の一つであった「光悦村」の再興に力を尽くしている。史実はどうあれ、雪佳にとっての光悦村は、すぐれた指導者のもと一流の職人が集まり、一種の総合藝術を生み出していた「藝術家村」であり、《光悦村》と題された絵画に自らその様子を描いている。周知のように、光悦、光琳、加えて俵屋宗達、尾形乾山らは、豊かな財力を背景に、京都の工藝を育んできた宮廷文化の流れを汲み取り、明快かつ純感覚的な造形的世界へと換骨奪胎し、近世都市文化の担い手である上層町衆の生活文化のなかに根づかせた。京都の工藝界から図案家雪佳に期待された役割は実に多様であったが、雪佳本人が望んでいたのは、変貌を遂げつつある近代の京都において、彼ら先人が遺した貴重な遺産の真の継承者となることであったのではないだろうか。そこに京都の工藝の行く末を見据えたかったのだと思われる。

そのせいか、輸出工藝全盛の時期に図案家として活躍しながら、輸出工藝にも、また同時代の西洋のデザイン運動にも雪佳はあまり関心を示していない。一九〇一（明治三四）年にはスコットランドのグラスゴーで開催中の国際博覧会の視察のためにヨーロッパを訪れたものの、雪佳はその後特に輸出工藝に力を入れるわけでもなく、また京都の工藝にも無視できない影響を及ぼしつつあったアール・ヌーヴォーに対しても、批判的というよりほとんど無関心に近い態度を表面上貫いている。ただし、その取るに足りないと確信したアール・ヌーヴォーに出会うことによって、図案家としての使命に対する自覚を、雪佳が以前にもまして強烈に呼び覚まされた可能性はある。たとえば、帰国直後に手がけた図案集『海路』は、アール・ヌーヴォーに触発された雪佳の一つの挑戦的な試みといえないだろうか。雪佳自身の「はしがき」によれば、ヨーロッパへの船上で描き留めた波のスケッチをもとに制作したというが、そこに収められた百近くの波濤文様は、思い切った形の単純化と新鮮な色遣いによって、青海波や光琳波などに代表される伝統意匠に近代的な感覚をもたらしている。長い歴史を持つ基本的な文様を図案家の腕によっていかに近代化できるか、雪佳が自らの意志で取り組んだ意欲的な仕事であるように思われる。続く『蝶千種』[図37]もまたしかりである。

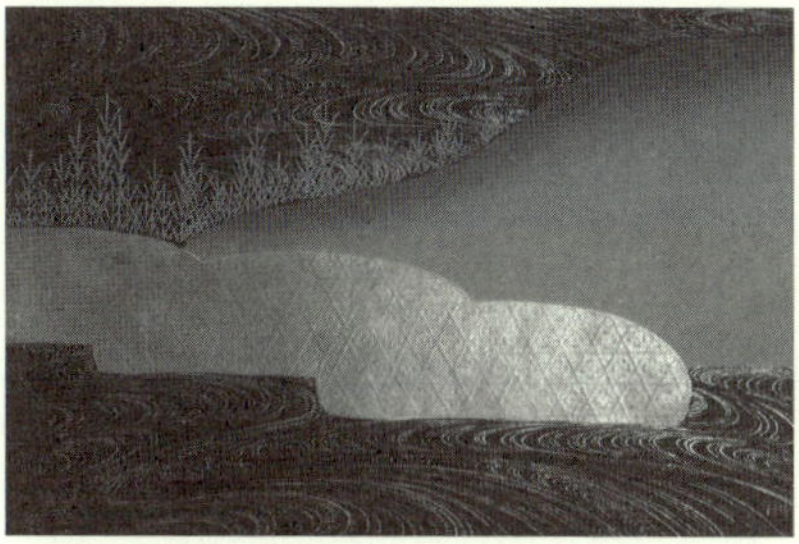

図36　神坂雪佳《図案集『ちく佐』(発行：山田芸艸堂)》 1899~1900（明治32~33）年刊

図37　神坂雪佳《図案集『蝶千種』(発行：山田芸艸堂)》 1904（明治37）年刊

　こうした図案集は、当時としては新しいジャンルの商業的出版物として、誰もが入手可能であり、染織品を中心に種々の工藝品に応用されることを前提としていた。冒頭で触れた雪佳の代表作『百々世草』もその一つであるが、ここに至って雪佳は、『ちく佐』での試みをさらに深め、従来の図案集の役割をはるかに越える図案集を目指しているかに思われる。柔らかな輪郭線で描かれた応挙風の狗、一面に咲き誇るかきつばた、ゆったりと区切られた田圃の真ん中にたたずむ大原女など、『百々世草』に登場する図案は、雪月花、謡曲、王朝物語など、一途に「伝統的」な主題を追い求めているようにみえる。それらをモティーフに図案を構成していく手法は、光悦、宗達、光琳を出発点に、雪佳ならではの機知や趣向を駆使した新しさが随所に見て取れ、そこにこそ雪佳の独創性が最も発揮されているのだが、一見して近代性を感じさせるものでは決してない。むしろ、ここにおいて図案は、一種の文化の記憶装置として何より位置づけられているのではないかと思われるのである。工藝品の意匠や文様という、変化を重ねながらも一筋の命脈を繋いできた一つの文化が、雪佳の時代には未だ生活のなかに生き続けていた。しかし同時に、急激な近代化を目の当たりにして危機感もまた切実であっただろう。そのなかで図案家としての雪佳が取り組まなければならなかったのは、光悦たちのように一部の高級文化サークルのためではなく、様々な需要に応じる万人向けの仕事である。図案集という新しい媒体は、より多くの受け手に届く複製手段として有効であったが、そこにおいても、和歌における本歌取りにも似た手法を通じて蘇らせることにより、光悦や光琳の意匠の持つ明快な美しさと人々の感覚に直かに訴える力が、ますます真価を発揮し得ることを雪佳は確信していたと思われる。

それにしても和紙に木版で摺られた図案の美しさは見事であり、雪佳の原画のもつ微妙な味わいを伝えるだけの技術の高さを誇っている。雪佳の生前には、未だ図案家と職人、使い手が密接な人間関係を結びつつ、日常のなかで質の高い工藝品が生まれ、用いられる環境が失われていなかったことは、彼にとって何より幸いであった。図案を生かす職人の手仕事から生まれる確かな手触り、そしてその手触りを日々の生活のなかで受け止める人々の存在が、それらの意匠が単なる文化の死んだ記号として弄ばれることを阻止し、生活の場に確かに繋ぎ止めていたからである。一旦は忘れられた雪佳の仕事とともに、長い間世に埋もれてきた原画を蘇らせたのも、複製手段とはいえ、版を彫り、摺るという手仕事の過程を通して図案一つ一つに吹き込まれた生命なのではなかろうか。それらが放つ香り高さに、いまごろようやく我々は気づきつつあるのかもしれない。

「日本のアール・ヌーヴォー」再考

洋画家の浅井忠が図案を考案し、京都の蒔絵師杉林古香が制作した《牽牛花蒔絵手箱》〔口絵3〕は、同工の《鶏梅蒔絵文庫》〔図32〕と並んで、恐らくアール・ヌーヴォーの刺激のもとに日本で制作され、今日まで伝えられた最も美しい作品であろう。これが制作された一九〇九（明治四二）年にはすでに浅井はこの世を去っており、杉林古香も四年後にわずか三二歳で亡くなっている。共に長生きし、共同制作を続けていたなら、我々はもっと多くの美しい作品を目にすることができたかもしれない。それはそれとして、この手箱はアール・ヌーヴォーの影響下に制作されたにしてはあまりにも琳派風である。浅井忠は一九〇〇（明治三三）年のパリ万国博覧会でアール・ヌーヴォーの成果を認識することを通じて、図案に本格的な関心を抱き、一九〇二（明治三五）年には京都高等工藝学校の教授に就任、京都ではイギリスの美術雑誌『ザ・ステュディオ』にならって雑誌の出版を計画したり、遊陶園と京漆園という二つの工藝研究団体を組織して、熱心に活動を行った。そのなかで「日本画や日本の模様の影響のもとに奇抜な線をつくりだしたアール・ヌーヴォーが、自分と同じような手法から由来したという思いに、彼は意を強くし……光悦や光琳の大胆な線や、やまと絵の装飾的な線、そして浮世絵（とくに鳥居派の役者絵）の人物を様式化した線、粗野で武骨な大津絵の線、そしてまた暗示的な中国絵画の線」に、日本および中国美術の価値を新たに発見したのである（注1）。その詳しい経緯についてはここでは触れないが、一九世紀後半に大量に欧米に紹介された日本の美術工藝品がアール・ヌーヴォーの成立に何らかの影響を及ぼし、次いでそのアール・ヌーヴォーからの刺激によって、この光悦や光琳の再来かと思うような手箱が生み出されたという、不思議といえば不思議な、しかし一方で必然的にも思われる巡り合わせをまずは確認しておきたい。

ところで、この美しい手箱は、アール・ヌーヴォーの数多の工藝品がそうであるように、果たして「モダニティー」(注2)を、すなわち「近代」という新しい時代に見合う「新しさ」を造形として表現しているだろうか。浅井の死後にまとめられた『黙語図案集』(芸艸堂、一九〇九年)〔図31〕にみるように、浅井忠の図案にもいかにもアール・ヌーヴォーの借り物という感じのする図案はある。しかしここにはもはや借り物のアール・ヌーヴォーはみられない。浅井忠がアール・ヌーヴォーから受け取った刺激はその後の図案研究を通じて咀嚼され、古香が習得した蒔絵の技術と相俟って、アール・ヌーヴォーとは異なる独自の作品に結実した。しかしその分、アール・ヌーヴォー様式に濃厚に含まれていたはずの「近代」はすっぽり抜け落ちている。これに比べれば、まだまだ借り物という感じの強い、藤島武二による雑誌『明星』のカットや与謝野晶子の歌集『みだれ髪』の表紙の方が、かえってはるかに「近代」を感じさせるのではないだろうか。

数年後、夏目漱石の門下生であった小宮豊隆が浅井忠の図案について次のように批評したとき、彼が言いたかったのも恐らくこのこと、つまり浅井の図案には「近代」が感じられないという点だったのではないだろうか。

> 明治になつて此装飾藝術の上に改革を施さうとした、第一の人は、私の知れる限りに於て、恐らく浅井黙語氏であつたらうと思ふ。惜しいかな氏は、本当に改革の実を挙げることも出来ないうちに亡くなられた。……黙語氏は図案を藝術化せむと試みた。図案の藝術化は、藝術家が誠意と虚心とを以つて「自然」を凝視し、其凝視から得たものを誠意と虚心とを以つて表現することによつてのみ完成せられる。黙語氏が先づ心を用ゐたのも、同じく此一点にあつたらしい。『黙語図案集』を繙けば、我等は其処に最も多くの「自然」の写生を発見する。……然し私は黙語氏の図案を以つて完全な藝術化の実を挙げたものであると見ることが出来ない、例へば光琳によつて創造られた藝術の様に『黙語図案集』の図案は、様式に於て拓道的《バーンブレッヘンド》のものでなければ内容に於て優秀

なものでないのである。黙語氏の様式は、決して新しい様式であるとは云はれ得ない。寧ろ古きを温ねて彼是の長所をとり来り、併せて一丸とした様式である。故に其結果として感じに穏かな、感じはあるが、新らし様式が持つを常とする様な大胆な率直な自由な感じに欠けている。（注3）

「図案の藝術化」を表題とするこの小宮の批評は、浅井忠の図案の本質を見事に言い当てているように思われる。浅井忠の図案は折衷的であって、真の意味で「新しい様式」ではないというのが彼の言い分である。小宮はすぐれた装飾藝術の例として、古代エジプト美術、ロシアの農民藝術、そして光琳を挙げ、それらにあって浅井に欠けているのは、「自己」を挙げて「自然」に没入するという姿勢であるという。小宮が、浅井忠とアール・ヌーヴォーを比較するのではなく、むしろアール・ヌーヴォーそのものに影響を与えた農民藝術や光琳と比較しているのも興味深いといえば興味深いが、その一方で、たとえば彼が「藝術家が誠意と虚心とを以つて『自然』を凝視し、其凝視から得たものを誠意と虚心とを以つて表現すること」と言うとき、アール・ヌーヴォーの代表的なデザイナーの一人、ヴァン・ド・ヴェルドの次のような回想を連想させる。

凍り付くように寒い日にのみ海は静かに輝いて広がっていた。そんな日に私はスケッチブックとパステルを持って海岸に下り、曳いていく波が砂に残した線のアラベスクをスケッチした。これ以前にすでにクノッケ近くの砂丘で、これによく似た形象、すなわち風が砂の上につかの間描き出す、独創的で洗練された抽象的装飾に夢中になったことがあった。私が絵画を捨てたときも、線の魔力は去らず、初めて装飾をデザインしたとき、その原初的な力のダイナミックな戯れから線が生じた。（注4）

たまたまヴァン・ド・ヴェルドを引用したが、エミール・ガレもウジェーヌ・グラッセもチャールズ・レニー・マッキントッシュもアントニオ・ガウディもヴィクトル・オルタも、独創的な仕事を遺したアール・ヌーヴォーの藝術家やデザイナーはすべて「自然」に対してこうした姿勢で臨んだといっても間違いではないだろう。いまさら繰り返すまでもないほど、アール・ヌーヴォーにおいて「自然」は最大のインスピレーションの源であった。

問題はその「自然」と装飾との関係であるが、この点に関して、小宮の批判は、結局浅井忠はついに自然そのものの凝視から直かに装飾を生み出すことなく終わったという点を突いている。それでは、近代の日本において、自然そのものを源泉として、自覚的に新しい装飾藝術を創造した最初の人物は誰だったのだろうか。まず考えられるのは、この時期としては非常に珍しく、ほとんど独学に近い形で技術を習得し、陶工となった板谷波山である。アール・ヌーヴォーの受容が始まる一九〇〇（明治三三）年以前から、波山が自然のモティーフの写生を通して図案の研究を熱心に行っていたことは、遺された写生帳が物語っている。同時に彼の写生帳には、日本および中国の工藝作品の模写に加え、一九〇〇（明治三三）年頃から『アルテ・デコラシオン』や『ザ・ステュディオ』など同時代の欧米の雑誌に紹介されたアール・ヌーヴォー様式の陶磁器の研究の跡を見て取ることができる［図1、3、4、6］。彼の実作品もまた、写生の成果がアール・ヌーヴォーからの影響や中国陶磁の要素と混淆しており［図7、10、11］、浅井の図案とちょうど同じ意味において「折衷的」といえるだろう。

浅井忠がまだ存命であった一九〇三（明治三六）年に京都の山田芸艸堂から発行された『うづら衣』［口絵1、図25］と題された図案集に、その著者が書き記した次の文章のなかに、少なくとも既成の工藝図案に頼らず、自力で新しい図案を生み出そうとする切実な思いを聞き取ることができるように思う。

模倣の不都合な事は軍隊に入る迄も気が付ておつたが様式の混雑している事は大した不都合とも思はなかつた。むしろ図案としてはこふ云色々ナ調子があるのも適当かと思ふておつた位である。軍隊に入てから考へがすつかり変つて図案の工藝的の物でない事が分ると同時に図案家は過去の様式画で云へば旧来の流派を一々学んで世人の要求次第にどんな物でもやると云様な事ではいかない。そんな物は悉くすてゝ仕舞て自己は自己の図案を作らねばならんと云事が適切に感じられてきた。つまり今迄やつておつた事は一も間に合わない事に成て改めて一年生からやらねばならん事に成つたのだ。こふ成ると写生が必要で図案は元来想化を尚ぶ物だとしても初めはどうしても写生からやらねばならん。そんな考からして兵営付近のいなかを材料にして写生図案がやつて見度い様になり日曜の十二時間を利用して久し振で筆を採つたのが即今度のうづら衣である。扨て実景に臨んで筆を採て見ると夫をどう図案にしたらよいか殆んど分らぬ事もあり又図案になる部分も極めて少いたまく適当な材料を見つかると自分の筆が夫を現はす丈けの変化に乏いので失敗する。成功する物は十に一もむつかしい位であるが兎に角やり方が自分では珍敷ので日曜日は欠かさず筆をとつて……（注5）

著者は、後に洋画家となって二科会の創立に参加、一時は河上肇に共鳴してプロレタリア運動にも身を投じた津田青楓である。この当時、津田は生計をたてるためにやむを得ず染織図案の仕事に従事していた。それまで注文に応じて「藤原時代の図案もあれば元禄調の図案もある支那やギリシャを模倣した物もあり西洋を焼直した物もある」という風に図案の制作を行っていた津田が、初めてこうした意識でもって制作した図案集が『うづら衣』であった。

この『うづら衣』は、「宇治川の周囲にある畑、ヤブ、森、山、宿場、水車、ハネツルベ、ウリ、ナスビ、スギナ、ゲンなど」、当時駐屯していた兵営付近の身近な風景や草花をモティーフに青楓が創作した図案から成る［口絵1、図25］。比較的写生に忠実な図案もみられるかと思うと、明らかにアール・ヌーヴォーの影響を示す、単純化したモティーフを太い輪郭線で表現し、大胆な構成を試みた図案もあり、多様な傾向を含んでいるところにかえって津田の苦心の跡が感じられるものの、本人が意図したような「自己の図案」としての際立った特徴は持ち得ていないといわざるを得ない。本人もそのことを自覚していたのか、「僕が図案の上に一かど悟入でもした様な積りでかいて見た写生図案も見事失敗して予定の数にも満たないで余儀なく完了する事に成た」という。また現実にも売れ行きが芳しくなく、五巻の予定が三巻で終わることになり、「今後の著書は矢張以前の様な職人的図案を少くも半分は加へる事にしてやつて行かふと思ふ。何と云つても食はずに働く事は出来ない」と、先の文章は最後に挫折感を吐露して終わっている。

この挫折感とは裏腹に、津田青楓は『うづら衣』以降も新しい図案の模索を諦めたわけではなく、翌年には兄で花道の去風流の家元である西川一草亭、そして冒頭に触れた《牽牛花蒔絵手箱》の制作者である浅野（杉林）古香とともに「図案家の職人主義を排斥して図案家も又一の美術家であると云ふ事を自覚せしむる」ことを目指して小美術会を結成し、『小美術』という図案研究のための雑誌を創刊している。そして間もなくこの『小美術』を携えて三人で初めて浅井忠を訪問している。以後、三人は浅井を図案の師と仰ぐことになる。

『うづら衣』の制作にあたり、津田青楓が既成の工藝図案を忘れて自然の写生から出発したことを疑っているわけではない。図案家として近代的な「自我」意識に目覚めた彼の真摯な姿勢は、確かに工藝の世界における新しい時代の到来を予告するものかもしれない。しかしながら、それでは『うづら衣』、あるいは『小美術』、あるいはこの時期の他の津田の図案集が「近代」の様式を生み出しているかといえば、答えは「否」であろう。京都という土地の圧倒的な伝統の厚みが彼らに強く働いているようにも思われるし、『うづら衣』ではまだ十分形となり得なかった試みが、ひょっとすると彼らが浅井忠に会ったことで、逆に光琳の方に引き寄せられたのかもしれない。『ナツ艸』（山田芸艸堂、一九〇四年）や古香と合作の『落柿』（山田芸艸堂、一九〇六年）［図38］など、『うづら衣』以降の津田の図案集はその可能性を考えさせる。いずれにしても、《牽牛花蒔絵手箱》が美しいように、それらが近代の数多い図案集のなかでも美しい図案集であることは間違いない。

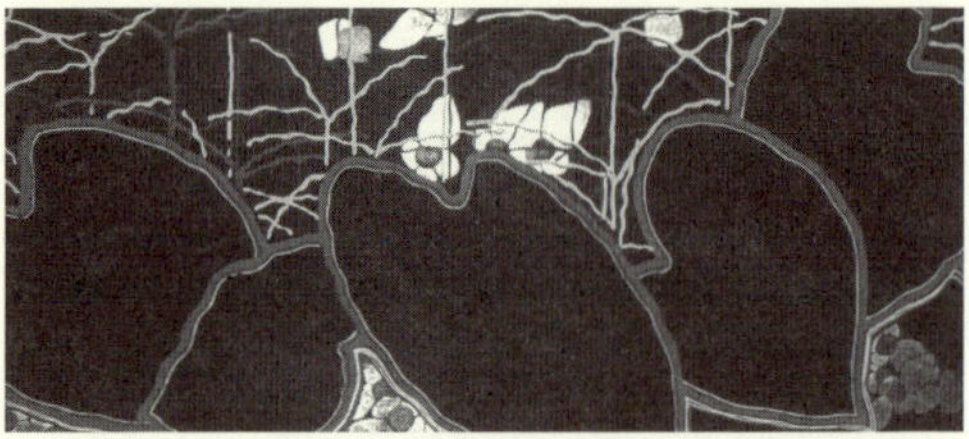

図38　津田青楓、浅野古香《図案集『落柿』（発行：芸艸堂）》1906（明治39）年刊

『小美術』は、まもなく津田青楓が応召して満州に出征したため六号で廃刊となった。関西美術院では浅井忠に洋

画を学んだ津田は、一九〇七(明治四〇)年には洋画の勉強のためパリに留学する。そしてこの年には浅井、一九一三(大正二)年には古香が相次いで亡くなるのである。帰国後、津田は洋画家として活動すると同時に、図案というよりは工藝の仕事に力を注いでいる。この大正に入ってからの津田青楓に触れる前に、高村光太郎の弟で鋳金家として活躍した高村豊周の次の回想を引用しておきたい。

明治四五年から大正の初めにかけて……日本の新しい工藝の運動の発生といおうか、新興工藝の胎動といおうか、全体にもやもやしていたものが、だんだん固まるようになってきた。富本憲吉がイギリスから帰ってきた。富本さんの帰朝は日本の新しい工藝の啓蒙にとっても、また私に新しいものの見方を教えてくれたことからいっても、非常に意味の深いことであった。……富本憲吉のほかに、新興工藝の啓蒙期に忘れられない恩人は藤井達吉と津田青楓である。(注6)

先ほどから何度か繰り返してきた、最初に「近代」の自覚的な表現としての新しい図案そして工藝を生み出したのは誰か、という問いの答えは、ここで高村のいう「新興工藝の啓蒙期に忘れられない恩人」たち、すなわち富本、藤井、留学から戻った津田らであるというのが筆者自身の考えである。まさにその意味において、ちょうど日本でアール・ヌーヴォーの流行が下火となった時期に登場してきたこの「新興工藝」も、実はアール・ヌーヴォーと無縁ではないのではないかという点を以下に検討してみたい。

「明治四五年から大正の初め」、もう少し広げれば一九一〇年代の工藝は、従来の美術史であまり取り上げられることはなかった。藤井達吉や津田青楓は、結局美術史の本流からはずれていった一種のディレッタントのように扱われ、論じられる機会は少なく、近代を代表する陶藝家として位置づけられている富本憲吉についても、初期の活動の重要性が広く認められるようになったのは最近のことであろう。しかし、高村の言葉が単に彼一人の感想ではないことが、あった。

近年、徐々に明らかになりつつあるように思う。なかでも重要な役割を果たしたのは、高村もいうように富本憲吉であった。

東京美術学校図案科を出てイギリスに留学、途中エジプト、インドにも旅行し、一九一〇（明治四三）年に帰国、翌年から故郷の奈良県安堵村に戻った富本は、誰に習うこともなく手織り機で布を織り、刺繍を手がけ、木版を彫り、自ら窯を築いて楽焼にも取り組んでいる。一方で、後に「模様から模様をつくらず」としてよく知られることになる姿勢のもとに、何千点という図案のためのスケッチを行い、それらの作品やスケッチを『美術新報』主催の展覧会や個展を通じて次々と発表した。当時、工藝の分野でこうした先例はなく、全く型破りであったが、富本は一九〇九（明治四二）年に来日し、親しい友人となっていたバーナード・リーチとともにこうした活動を続け、ほぼ同じ頃、藤井達吉、津田青楓らも期せずして同様の活動を始めているのである。

彼らに共通していたのは、一つには、津田青楓の『うづら衣』の序文に先取りされていた「自然」に対する姿勢である。次のような富本の文章を読むとき、留学から戻った彼が、かつての津田青楓と同じ姿勢を取ったことがわかる。

去年春以来私は如何も古い模様に囚はれて困ると思ひ出しました。……全く古い模様を忘れて、野草の美しさを無心で見つめて、古い模様につかまれずに、自分の模様を拵へ様とアセリました。……それ以来、私は一切画室では模様を考へない事にきめて、野外へスケッチブックを持ち出して、模様を描いて居ます。（注7）

「図案」ではなくあえて「模様」というところにも富本の強烈な自意識は感じ取れる。あるいはまた藤井達吉も大正の初め頃から草花のスケッチを熱心に行っていたが、後の著書で、

自然を観つめる、言ひ換えれば、自然を愛するといふこと、それよりほかにどんな道がありませうか。私の頭が

古いのかも知れませんが、私はそれを唯一無二の道だと心得て居るものであります。ひとり図案といはず、総ての藝術のそれが根本態度ではないかとさへ信じて居るものであります。（注8）

と述べている。

この富本や藤井と『うづら衣』の津田は、「自然」に対する姿勢において何ら異なるところがない。けれども実際の彼らの図案の方は『うづら衣』とは確かに異なっており、小宮豊隆のいう「新らし様式が持つを常とする様な大胆な率直な自由な感じ」があるといっていいと思う（注9）。結論からいえば、この違いを生み出しているもの、すなわち富本たちの新しさの核にあるのは「プリミティヴィズム」である。富本の「模様」はこの点を最も鮮明に表わしている。彼は一九一二（明治四五・大正元）年から一九（大正八）年に戸外で描いた模様スケッチのうち自選による七二点を後に『富本憲吉模様集　第一冊』としてまとめているが、ペンとインク、ときには鉛筆を用いて、できるかぎり簡素な線描でモティーフを捉えており、一言でいって「プリミティヴ」である〔図44、46〜50〕。モティーフの写生から出発し、「様式化」することによって図案へと転化するということが、アール・ヌーヴォーの受容以後、図案制作の一つの方法として普及していたようであるが、富本はこの様式化の過程を拒否し、モティーフから即「模様」へ、すなわち「自然」から「模様」へ最短距離で至ろうとしている。この直接性とそこから得られる生命感こそが彼の模様の命であり、自然の姿は震えるような素描の線に託される。それらは、一見稚拙ともいえる模様らしくない模様である点において、まさに新しい模様なのである。

富本の模様における「プリミティヴィズム」は、工藝家としての「アマチュアリズム」という姿勢と密接に関係しているが、富本にかぎらず、一九一〇年代の工藝家において、自然に対する姿勢に劣らず重要な姿勢はこの「アマチュアリズム」であった。第一に、彼らはみなほとんど専門家となる訓練を経ずに、陶磁器、染織、刺繍、七宝など、多様な素材や手法を自ら手がけている。自家生産の織物などは別として、常に玄人集団が担ってきた工藝の世界で、当

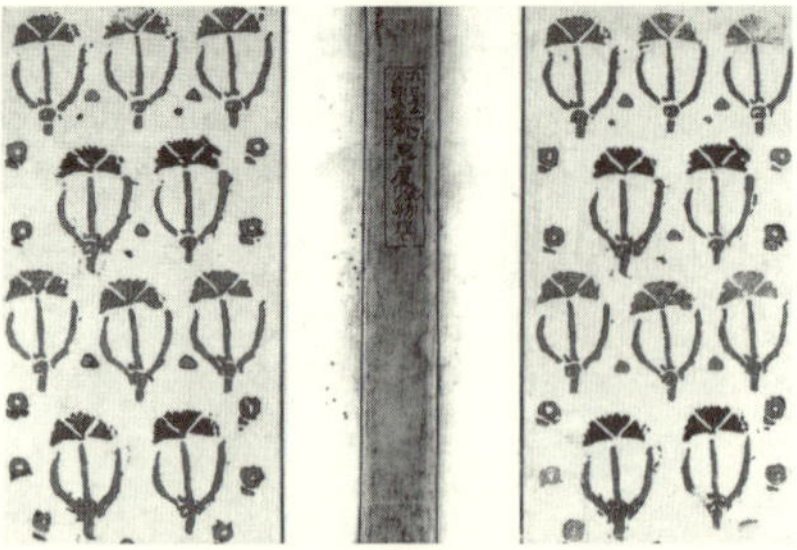

図39　富本憲吉《木下杢太郎著『和泉屋染物店』（発行：東雲堂書店）装幀》
1912（明治45・大正元）年刊

図40　富本憲吉《楽焼鳥文エジプト古陶写深鉢》
1913（大正2）年

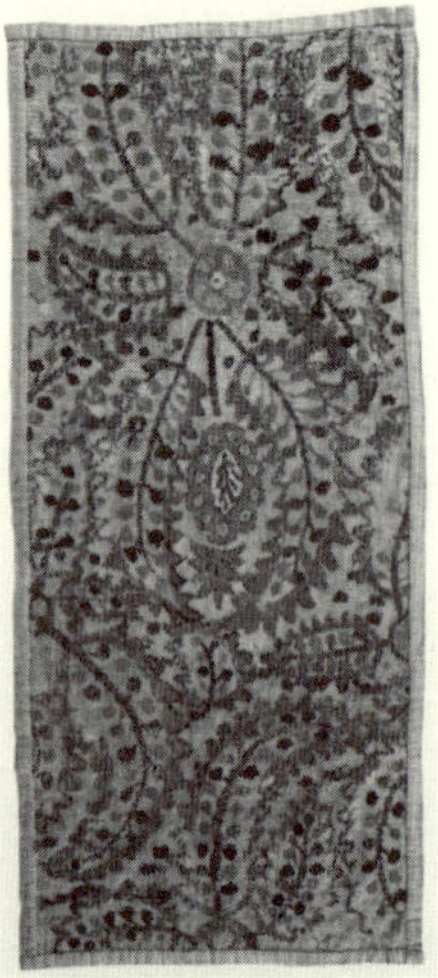

図41　津田青楓《刺繍壁掛》
1913（大正2）年

時としてはきわめて異例というか、そのような例は皆無だったはずである。必然的にこの時期の彼らの作品は素人的である。その点で、自らをあくまでも図案家として位置づけ、京都の陶工や漆工ら、専門家集団と共同制作を行った浅井忠や、素人から出発しながら、陶磁器の分野に限定して技術的完成度の高い作品を当初から目指した板谷波山とは決定的に違っているのである。

具体的な作品の上でいうと、彼らの「アマチュアリズム」は、既存の工藝技法の枠を逸脱した素材や手法の選択と組み合わせ、様式における「プリミティヴィズム」として主張されている。たとえば富本は模様のスケッチをもとに自ら木版を彫って模様集を制作した（『富本憲吉模様集　巻一』、美術店田中屋、一九一五年）［図35］。ちょうど恩地孝四郎らが『月映』を創刊して自刻自摺の木版画を制作し始めた頃である。簡素な線描が木版に刻むことによってさらに単純化され、素描のもつ直接性は失われるものの、プリミティヴな味わいはかえって強まっている。同じく木版の手法を生かした装幀［図39］や包装紙、模様を陶器に移し替えた楽焼［口絵6、図40］や手描きの更紗模様の帯、刺繍のタペストリーなどにも、富本のプリミティヴィズムははっきりと示されている［図54］。刺繍は木版や楽焼とともにアマチュアリズムの実践に適していたのか、藤井達吉や津田青楓も手がけており、目の粗い厚地の木綿や麻、別珍の生地を用いて太い輪郭線で縁取ったりと、図案、素材、技法ともに思い切った手法が試みられている〔図41、58〕。これらに近いものといえば、ウィリアム・モリスおよびアーツ・アンド・クラフツ運動の刺繍作品やヨーロッパの民俗的な刺繍である。一方、藤井達吉のこの時期の中心的な仕事は、木彫や七宝、象嵌の手法を駆使した手箱や盆、屏風などである〔図42〕。それらは、藤井が強く琳派を意識していることを窺わせる一方で、写生によるモティーフの研究成果を生かし、ときには油彩画を思わせるような表現や色遣いを行っている。素材、技法両面での大胆な試みは、ある意味で光悦の精神そのものを引き継ごうとしたともいえるが、たとえば彼の《木彫芥子文飾箱》〔図57〕を浅井忠と杉林古香による《牽牛花蒔絵手箱》と比較したとき、後者の洗練に対して前者の実験的な性格が一層際立ってみえる。

図42　藤井達吉《草花文盆》（10点組）
1916（大正5）年頃

　しかしながら、これらの作品の明らかな素人的性格が、その一見無謀ともいえる活動の単なる結果ではなく、近代の工藝家としての自覚に基づく一つの戦略でもあったことを知るには、富本がウィリアム・モリスについて語る視点のあり方や、またすでに一度プロフェッショナルな染織図案の世界に身を置いていた津田青楓が、この時期になぜ敢えてアマチュア的な活動を行ったかということを考えてみる必要がある。富本はイギリスで触れたウィリアム・モリスの仕事を次のように捉えていた。

> 誰もコウ云ふ事の心付かぬ時代に、只美しい良いものを造ると云ふだけの目的だけを目あてに今迄の悪い習慣を打ち破つてやつた勇気と、自分を信用して居た点だけでも実に感服の外ありません。（注10）

英国で近代のステインドグラスを研究し様とする者が一日も名を忘るる事のできぬモリスが少しの技術上の経験で自分だけの趣味一つを土台として独学で研究して非常に良い結果を得たと云ふ事は注意す可き事であります。（注11）

人の手を借らず誰れにも教わらずに一人で織れる様になる迄、凡ての細部に渡つた解剖や試作（多く織り方に）に費いやした時間と労力を考へると、私の此の人を尊敬する念に一層の光を放つ様に思はれます。（注12）

富本はモリス商会から売り出された壁紙やチンツやカーペット、あるいはケルムスコット・プレスから刊行された書物にみられる高度な技法的探求を十分知っていたはずであるが、その上で彼がモリスから学んだのは、古い習慣を打ち破るためにはまず「アマチュアリズム」から出発しなければならないこと、既成の技術よりもまずは自分の「趣味」に全幅の信頼を置くことであった。

また津田青楓は「職人主義の図案家を排す」という文章を雑誌に発表するとともに（注13）、織物に関連して次のように書いている。

大抵の藝術の革命が起る時は其技巧は甚だ幼稚なものですが、其幼稚な技巧の内に盛られた内生命の方が返つて溢れる様な力を以ているものです、それが段々時日が推移して行くに従つて内に盛られたものがいつの間にか消えて技巧ばかりが段々精巧に成つて行くのが常態の様です。（注14）

それぞれに「アマチュアリズム」の可能性を語るなかに、工藝における「近代」の自覚が最も鮮明に表明されているように思われるのである。彼らの共通の敵は、明治以来、実質的に日本の工藝界の中心を占めてきた輸出工藝であり、当面の目標として重要であったのは、『小美術』がすでに目指していながら、完全にはなし得なかった「職人主義を排する」ことであった。実際、津田青楓自身、それまで完全に捨てることのできなかった「職人主義」をこのときにはようやく脱することができたのであって、「近代」の自覚とそれに見合う表現がともに成立するために、「アマチュアリズム」がその鍵を握る必然性が存在したのである。一方でこの「アマチュアリズム」を支えていたのが「藝術家としての図案家」、あるいは「藝術家としての工藝家」という『うづら衣』の津田青楓以来の意識であることも付言しておきたい。

さて、日本の工藝の「近代」にとって姿勢としての「アマチュアリズム」が鍵を握っていたとして、一九一〇年代の日本の工藝家たちは、「自然」以外に造形活動の具体的な源泉をどこに求めたのだろうか。富本の場合、源泉はイギリス留学中に足繁く通ったサウス・ケンジントン博物館、すなわち現在のヴィクトリア・アンド・アルバート美術館の展示に遡ることができる。

> 絵と更紗の貴重さを同等のものと云ふ事は、ロンドン市南ケンジントン博物館で、その考へで列べてある列品によつて、初めて私の頭にたしかに起つた考へであります。（注15）

明らかにこの考えこそ富本のすべての活動の出発点であった。そのサウス・ケンジントン博物館で、富本は一六、七世紀のペルシャのタイルや刺繍、カーペット、古代エジプトの顎飾りや織物、古代ペルーの瓶や染織品、ヨーロッパ中世のタペストリーや刺繍などに惹かれてスケッチし［図43］、一つの陶器の模様が中国からインド、さらにはペルシャへと伝えられるうちに崩れていく様子に面白みを感じ、さらには「徳川頃のオリモノとか錦とか云ふ標本風に、一つの箱に列べられたもの」を見出して日本の織物の価値を再発見する（注

図43　富本憲吉《工藝品スケッチ（『美術新報』1912年4月号より）》
1908–09（明治41–42）年

16)。国家規模での産業振興と植民地拡大の時代に、大英帝国の首都に建設されたこの博物館の本来の目的が何であろうと、富本個人にとってとりあえず重要であったのは、ここでの展示が純粋美術と工藝を区別せず、「凡ての美術品に態度をかへない処」(注17)であり、そこに展示された世界中の多種多様な工藝作品が富本の視野を一挙に広げ、明治末の日本の工藝界を強固に覆う輸出工藝を中心とする技巧主義と職人主義の息苦しさから解放してくれたことであった。

博物館における具体的な研究の成果は、富本の楽焼にたとえば反映されることになる。富本は、リーチが六世尾形乾山から楽焼の技法を学ぶ際に通訳をつとめ、やがて自らも楽焼を始めた。実際に彼らが制作したのは、いわゆる「楽焼」というより、中国の民窯、ペルシャ陶器、南欧のマジョリカ、イギリスのトフトウェアなど、楽焼に似た性質をもつ世界各地の陶器の要素を自由に取り込んだ、いわば「無国籍」の陶器であった［口絵6、図56］。この頃、リーチは富本の作品を「彼の最も善き図案、絵画、陶器等は、確かに相異なつて居る所の、英国、或は埃及、或は印度、或は支那、或は朝鮮と日本との要素を真に能く結合して、或一個の新しき創作物として居るのである」(注18)と評している。歴史的な源泉に対するこうした新しい視点、新しい姿勢を身に付けるとともに、同時に多様なジャンルに取り組むきっかけとしても、ウィリアム・モリスの仕事に加え、サウス・ケンジントン博物館という存在は、富本にとって決定的な役割を果したと考えられる。

実際、サウス・ケンジントン博物館で身に付けた視点は、帰国後の富本に様々な形で反映されている。たとえば一九一二(明治四五・大正元)年に東京上野で開催されていた拓殖博覧会を富本はリーチとともに見学に行き、その見学記を『美術新報』誌上に発表しているが、彼らは特に朝鮮の李王家博物館所蔵の陶磁器、台湾の先住民族の染織品やアイヌの工藝品に強い印象を受けたのであった(注19)。フォーク・アートへの関心も早くから芽生えており(注20)、やがて富本はフォーク・アート的なものを「民間藝術」(注21)、リーチは「農民藝術」とそれぞれ呼んで重要視するようになっている。また富本は「百姓家の話」という文章を書き、ヴァナキュラーな(土地固有の)建築への関心を呼び覚まそうともしている（注22）。歴史的な源泉に対する「普遍主義」ともいえる姿勢や作品の一種「無国籍」のような性格、フォーク・アートへの関心は津田青楓や藤井達吉にも見て取ることができる。

自然。ウィリアム・モリス。博物館と博覧会。そして植民地の文化やフォーク・アートなど、従来の文化の価値体系のなかで周辺、またはその外に位置づけられてきた文化への関心、およびこの関心と背中合わせの土着の文化の再発見。これらがすべてアール・ヌーヴォーの重要な源泉であり装置であったことは、二〇〇〇（平成一二）年にロンドンのヴィクトリア・アンド・アルバート美術館で開催された大規模な「アール・ヌーヴォー展」ですでに検証済みであるが、それら源泉から汲み取ったものを自在に取捨選択して混淆し、「近代」の造形のために役立てるという基本的な姿勢をも含めて、一九一〇年代の日本の工藝は、アール・ヌーヴォーと無縁というには、様々な点においてあまりにも似通っているのである。しかしながら、時間的ずれを含む一種の平行関係ともいえるようなこの関係は、それに先立つ「様式」としてのアール・ヌーヴォーの受容とは異なり、彼ら自身のなかで明確に意識されたものではなかっただろう。逆にいえば、浅井忠から富本憲吉へ世代が移る間に、日本の社会そのものの近代化の進行と相俟って、工藝においてもそれだけ「近代化」が、図案の様式という表層から奥に向かって浸透し始めたということであろうか。アール・ヌーヴォーの重要な源泉の一つが日本の輸出工藝や浮世絵版画であったことをもう一度ここで想起するなら、皮肉にも、それらを否定して新しい工藝の旗手たらんとした富本たちに、アール・ヌーヴォーと同じ源泉が大いに役立ったということであり、彼らが敵視した「職人主義」による輸出工藝品と彼ら自身が実践した「アマチュアリズム」の産物との関係は、アール・ヌーヴォーを一つの軸に考えるとき、奇妙にねじれていると言わなければならない。

海野弘氏の『日本のアール・ヌーヴォー』（美術出版社、一九七八年）以来、二十年以上が経つが、工藝の分野に関しては、「様式」としてのアール・ヌーヴォーの受容の研究も未だ充分になされたとは言い難い。それにもかかわらず、ここで日本の近代とアール・ヌーヴォーという問題を、「様式」中心にではなく、別の方向から検討してみたいと思ったのは、そこから浮かび上がるこうした奇妙なねじれや、アール・ヌーヴォーを一つの軸とすることそのものから生じてくるずれといったものによって、どこまでも複雑に入り組んでいる日本の工藝の「近代」が多少なりともみえてくるような気がしたからである。「日本のアール・ヌーヴォー」という一つの括り方には、「日本のアール・ヌーヴォー」が果たして「実在」するかどうか、ということ以上の問題が含まれているとはいえないだろうか。

注

1 クリストフ・マルケ「浅井忠と『図案』」『日本美術全集 第二四巻 近代の美術Ⅳ建築とデザイン』、講談社、一九九二年、一七九頁。
2 ポール・グリーンハルジュ「アール・ヌーヴォー 一八九〇—一九一四」『「アール・ヌーヴォー展」図録』読売新聞社、二〇〇一年、九—二一頁。
3 小宮豊隆「図案の藝術化」『文章世界』一九一四年一〇月号、二五九—六〇頁。
4 Henry van de Velde, *Geschichte meines Lebens*, München, 1986(1st ed., 1962), pp.67-8.
5 津田青楓「うづら衣三巻を出すに就て思ふ儘を記す」『うづら衣』、山田芸艸堂、一九〇三年。
6 高村豊周『自画像』、中央公論美術出版、一九六八年、一二五頁。
7 富本憲吉「模様雑感」（談）『美術新報』一九一四年一〇月号、八—九頁。
8 藤井達吉「図案についての言葉」『美術工藝の手ほどき』、博文館、一九三〇年、一八頁。
9 小宮の「図案の藝術化」は一九一四（大正三）年に『文章世界』に発表されている（注3を参照）。文中で特に富本、津田、藤井らの作品には触れていないが、小宮は彼らの作品を念頭に置いていると考えられる。
10 富本憲吉「ウイリアム・モリスの話（上）」『美術新報』一九一二年二月号、一六頁。
11 同前、一九頁。
12 富本憲吉「ウイリアム・モリスの話（下）」『美術新報』一九一二年三月号、二四頁。
13 津田青楓「職人主義の図案家を排す（小宮豊隆君に読んで貰う為めに）」『藝美』一—四、一九一四年九月、一—七頁。

14　津田青楓「織物の話」『美術新報』一九一四年一二月号、九頁。
15　富本憲吉「工藝品に関する私記より（上）」『美術新報』一九一二年四月号、八頁。
16　同前、八―一四頁。
17　同前、九頁。
18　バーナード・リーチ「『アイノコ』の真意義」式場隆三郎編『バーナード・リーチ』、建設社、一九三四年、九八頁。初出は『美術』一巻六号、一九一七年四月。
19　富本憲吉「拓殖博覧会の一日」『美術新報』一九一二年一二月号、一九―二一頁。
20　「ダッチや北独逸、ロシアあたりの中世紀のもので麦酒を飲むコップや皿に面白いものが沢山ある様です。雑誌ステウデオの増刊で北欧の百姓の美術品を集めたものに面白い例が沢山ある様です。東京博物館の新らしい建物の陶器の室の角の方に丼鉢の大きいスペイン製と云ふ古いものが一つあります。北欧のマック（Mug）も一寸此れに類した楽焼きの様なものが多い様です。」（富本憲吉「工藝品に関する私記より（上）」、一一―一二頁）。
21　「私の見た所百姓等は立派な美術家であります。特に彼れ等の社会に殆むど国から国へ伝へられた様な形で残つて居る歌謡、舞踏、織物、染物類から小道具、柵、箱類等を造る木工に至る迄、捨てる事の出来ぬ面白みを持つたものが多い事は誰れも知つて居られる事でしよう。私は此れ等のものを全体に『民間藝術』と云ふ名をつけて、常に注意と尊敬を払つて参りました。それ等のうち彼れ等の住宅は最も力を籠められた主要な藝術品であると考えます。」（富本憲吉「百姓家の話」『藝美』一―一、一九一四年五月、七頁。）
22　注21を参照。

「模様」の近代――『富本憲吉模様集』の意味

工藝図案は工藝作品の下絵として、あるいはその意匠の考案を目的として制作される。そのため一般には自立したジャンルとは見なされず、近代美術史のなかでもほとんど光のあたることのない領域であった。同時にモダン・デザインの展開を中心としたデザイン史の文脈でもこれまで語られることは少なかった。ところが近年、輸出工藝の振興を目的に明治初期に設立された起立工商会社の図案調査およびその成果に基づく出版、一九八八（昭和六三）年に東京国立近代美術館工芸館で開催された「図案の変貌」展などに始まり、近代における「工藝」概念成立への関心の深まりとともに、たとえば洋画家浅井忠研究においても図案の活動に光があてられたり、あるいはまた明治・大正期の図案集に関する共同研究が行われるなど、少しずつ研究が進められてきている（注1）。実際、ここに試みに明治初期、明治後期、大正初期という三つの時期の工藝図案を並置してみるとするなら、そこに見て取れる振幅の大きさを通して、「工藝」という概念自体が大きな揺れを孕みながら次第に成立してくる数十年間において、工藝図案そのものが決して看過できない存在であったことが垣間見えてくるように思われる。

明治初期の図案の代表としては、たとえば一連の起立工商会社による日本画風の図案［図2］ほか、輸出工藝品の各産地のための図案を挙げることができる（注2）。いずれも一八七三（明治六）年のウィーン万国博覧会参加を契機とする明治政府の輸出振興政策に従って考案されたもので、精密な設計図のような細密な描写を特徴とし、欧米に対して職人の高度な手技と同時に「日本」を示すにふさわしい様々な意匠が盛り込まれている。これに対して、明治中期の図案として取り上げたのは、この頃創業した京都の代表的な出版社山田芸艸堂から発行された一連の図案集からである。山田芸艸堂は京都で需要の高い染織図案を主として扱っており、多色木版による高度な印刷技術の粋を駆使して、極彩色の図案集を次々に手がけ、それらは時に実用的目的を越えた図案作品集という性格を帯びている。ここに挙げた『落柿』（一九〇六年）［図38］は画家津田青楓と漆工家浅野（杉林）古香の合作によるが、他に神坂雪佳、古谷紅麟ら日本画家が活躍している。アール・ヌーヴォーからの刺激と、それに触発された琳派への傾倒が混じり合い、木版の技法を生かした平面性と輪郭線の強調、友禅を思わせる色彩による装飾性豊かな図案を生み出した。この『落柿』のわずか数年後、大正初期には富本憲吉が工藝図案の分野に登場する。イギリス留学から帰国後まもなく制作活動を始めた富本は、陶器に絵付けするための「模様」（注3）を多数描いた。図44はその一つ、やぶじらみという野草をモティーフとしており、後に詳述する『富本憲吉模様集』に収められている。明治前期、後期の図案に比べると拍子抜けがするほど簡素で素っ気なく、「図案」というよりは「素描」に近い。しかしこうした手法の延長上に《竹林月夜》［図48］のような富本を代表する模様の系譜が誕生している。

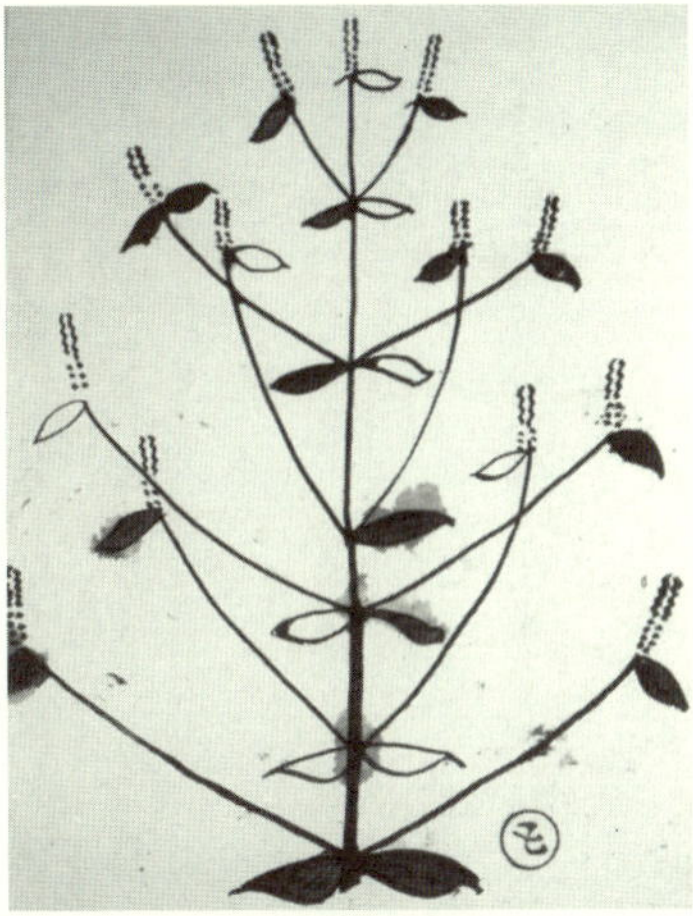

図44　富本憲吉《『富本憲吉模様集』（私家版）「やぶじらみ」》
1923–27（大正12–昭和2）年刊

以上の選択は恣意的にみえるかもしれず、また時代全体を代表しているともいえないが、わずか三、四十年ほどの間に工藝図案がいかに大きく移り変わったか、少なくともその振幅を示してはいると思われる。その揺れの大きさは単に様式的な展開として把握できる性質のものではない。むしろ工藝図案において何が求められ、何が問題とされているかがそれぞれに大きく異なるのであって、そこには日本社会の「近代化」の様相が密接に関わっている。いずれの時期をとっても、工藝図案そのものに関係者の並々ならぬエネルギーが注がれており、工藝作品の下絵という位置づけをはるかに越えるような何ものかが籠められているといっても過言ではない。このうち富本憲吉の「模様」については、富本を一人の陶藝家として論じる際に欠かせない一部分として、すでに多くが語られ論じられてきているが、ここでは近代に登場した工藝図案という領域が提起する問題を考える際に、それらがどのような位置を占めているのかという観点からあらためて光をあててみたい。

富本憲吉の「模様」に関しては、「模様から模様をつくらず」という本人の言があまりにもよく知られており、近代陶藝家の草分けとしての富本の姿勢を代表する言葉としてしばしば取り上げられてきた。この言葉そのものの登場は一九二七年に遡るようであるが(注4)、すでに一九一四(大正三)年一〇月発行の『美術新報』に富本の談話をまとめた記事として掲載された「模様雑感」において、考え方としてははっきりと表明されていた。

去年春以来私は如何も古い模様に囚はれて困ると思ひ出しました。……春から夏にかけて一枚の模様も出来ず、モウ一切美術家となることはよそうかと思つた位苦み抜きました。全く古い模様を忘れて、野草の美しさを無心で見つめて、古い模様につかまれずに、自分の模様を拵へ様とアセリました。……それ以来、私は一切画室では模様を考へない事にきめて、野外へスケツチブツクを持ち出して、模様を描いて居ます。(注5)

さらに近年公刊された『南薫造宛富本憲吉書簡(大和美術史料 第三集)』(奈良県立美術館、一九九九年)所収の富本の書簡を辿っていくと、一九一三(大正二)年一一月六日付の手紙(七四―七七頁)にこれよりもはるかに詳しく切実な調子で、模様に関する当時の考えと決意が綴られている。この手紙はやはり「模様雑感」という表題のもとに二百字詰め原稿用紙一四枚に書かれ、一四枚目の南宛ての文面のなかで「十二月号の新報か現代洋画かへ出したいと思ふて書きて見たが」と書いている。この時すでに富本の模様に対する基本姿勢はできあがっていた。

「模様」に関わる部分を中心にこの時期までの富本の活動に触れておくと、一九一〇(明治四三)年四月に約一年半のイギリス留学から帰国した富本は、翌年生地の奈良県安堵村に帰り、まもなく水彩、エッチング、木版、楽焼、染織、刺繍、革細工など様々な手法による作品の制作を開始し、雑誌『美術新報』や『白樺』主催の展覧会に出品し始めた。そのうち一九一二（明治四五・大正元）年三月の「美術新報主催第三回美術展覧会」には工藝品とともに留学中のスケッチ類を展示したが、これは、ロンドンのサウス・ケンジントン博物館（現在のヴィクトリア・アンド・アルバート美術館）をはじめ、建築調査の助手として訪れたエジプトおよびインドで、富本が関心を抱いた種々の工藝品を描き留めたものであった［図43］（注6）。ジャンル、国、時代を問わず多彩な工藝品をスケッチするなかで、しばしば細部の意匠が取り上げられており、東京美術学校図案科出身の富本が、留学中から特に「模様」に興味を引かれる傾向があったことを示している。同時にそれらの工藝品、およびイギリスで間近に接したウィリアム・モリスの仕事は（注7）、帰国後の富本の活動の原点となり、とりわけモリスに触発されたアマチュアリズムの実践とともに、初期の多彩な創作活動のなかにストレートに生かされている。楽焼、手描き更紗、刺繍、模様のいずれをとっても、様々な影響源を窺わせる折衷的手法をむしろ積極的に駆使しながら、素人であることをものともしない初発のエネルギーに溢れている。「模様」の制作と発表はそのなかの重要な一部として位置づけられており、留学中のスケッチに続いて、一九一三（大正二）年秋からは自作の「模様」を積極的に展覧会に出品しており、すでに重要な表現手段とみなしていたことが窺われる（注8）。

いずれにしても、南薫造宛の書簡を読むかぎり、当時の東京を中心とする美術界の状況や安堵村での家族との生活に強い不満を抱き、イギリスに戻ることとさえ考えながらも、初期の富本の活動は素朴な創ることの喜びに溢れているように思われる。そのなかで最初の深刻な制作上の行き詰まりともいえるような段階に達したのが模様に関してであった。過去のすぐれた工藝品とその模様への素直な共感の延長上にある仕事から、具体的には「模様雑感」で語っているような「如何も古い模様に囚はれて困る」、「春から夏にかけて一枚の模様も出来ず」というような状況に陥ったのである。富本自身の回想によると、箱根で一夏をリーチと過ごした帰途、「今までのすべてを忘れ……自然から

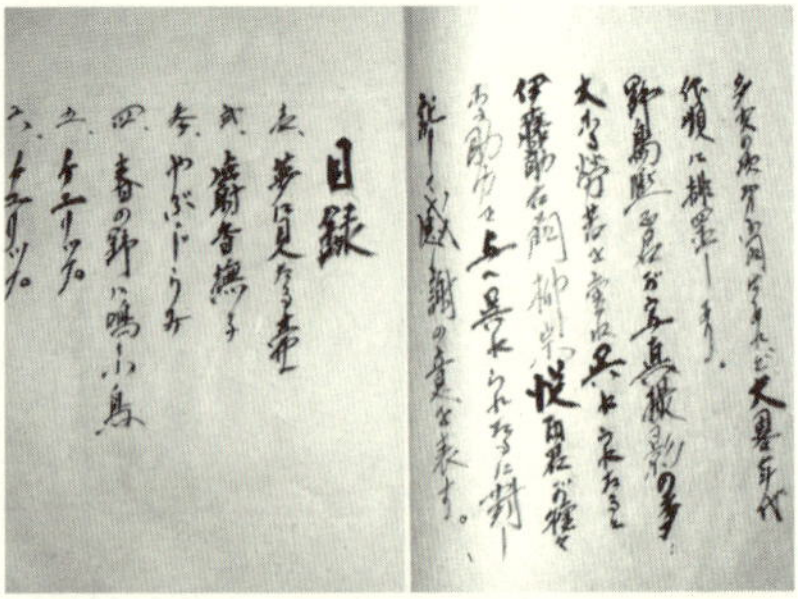

図45　《『富本憲吉模様集』(私家版)「第一冊附録」》

直接とり扱ったものの外陶器には模様をつけない……という覚悟がきまった」（注9）という。これは一九一三（大正二）年の夏のことである。『富本憲吉模様集』に収録された模様に記された最も早い年記は一九一二（明治四五・大正元）年であり、また同年一一月二六日付の南宛の書簡に「無知な東京人の模様の力を大和から考へる毎に、その上に自分の模様に対する力を輝やかす事に訳ない事に思へる。只自分は何う云ふ方法でそれをやるのか一切知らない」（前掲書、五八頁）とあり、この頃から一九一四（大正三）年にかけて「模様」に関する意識が次第に深まり、それまでの折衷的な手法を排して、模様もまた完全な創作でなければならないという意識を持つに至ったと推測される。もちろんこの時期は同時に、友人バーナード・リーチに触発されて富本もまた楽焼に手を染め、安堵に独力で窯を築き、その作品によって生計を立てるという切実な状況に置かれていたときでもあった。したがって一方で陶器づくりの技術的な側面に関わる様々な困難も抱えていたはずであるが、富本が自己の創作という点で最初に直面した課題はむしろ「模様」であり、後に「実に狭い個人の細い谷間が深く遠く山頂に向かって登る道をおそい足取りで進んで行ったに似ている四十年間」（注10）と語っているように、陶器づくりに関してははるかにゆっくりとした時間の進行が必要であった。

一九一三（大正二）年以後一九二〇年代にかけて模様への集中的な関心が持続しており、この間に何百枚、何千枚の素描を描いたというのも決して誇張ではないと思われるが、その成果として生まれたのがすでに触れた『富本憲吉模様集』であった。『富本憲吉模様集』は文化生活研究会から一九二七（昭和二）年二月に刊行されているが、実はこの普及版よりも先に、富本は二十部限定の特装本の制作に取り掛かっていた。最終的には三冊から成り、木箱に収められたが、制作は第一冊から順に始められ、富本の手書きによる二つ折りの和紙を綴った冊子が第一冊附録として模様集に付されているが［図45］、その序文の末尾には「千九百弐拾参年七月　大和国安堵村にて　富本憲吉」とある。この第一冊には一九一三（大正二）年から一九一九（大正八）年夏までの模様（一点だけ「一九一二」という年記をもつものが含まれる）七二点が収録されており、五十葉の上質の厚地の和紙に一点一点模様の写真が貼り込まれている。写真撮影は、富本と親しく、パトロンでもあった写真家野島熙正（康三）が担当した。続いて第二冊が一九二六（大正一五・昭和元）年、第三冊が一九二七（昭和二）年に制作され、それぞれ一九一九（大正八）年夏以降一九二一（大正一〇）年秋までの六〇点、さらにそれ以降一九二五（大正一四）年一二月までの六〇点が収められた（注11）。二〇部は身近な人々らに頒布され、附録には全員の名が記されている（注12）。この二〇部限定の特装本は、十数年間の模様探求の跡を残す記録としても、あるいは作品集としても、豪華本という以上に膨大な手間暇をかけて丁寧に造られており、明治後期の図案集などと比較してもここに注がれたエネルギーは並み外れている（注13）。後になるほど富本のなかで「模様」の占める位置は陶器づくり全体の一部分として相対化されていくように思われるが、一九一〇年代から一九二〇年代半ばまでは、「絵は絵の世界、彫刻は彫刻の世界、模様も亦それ特別な世界」（注14）と語るほど、「模様」そのものを独自の創作的領

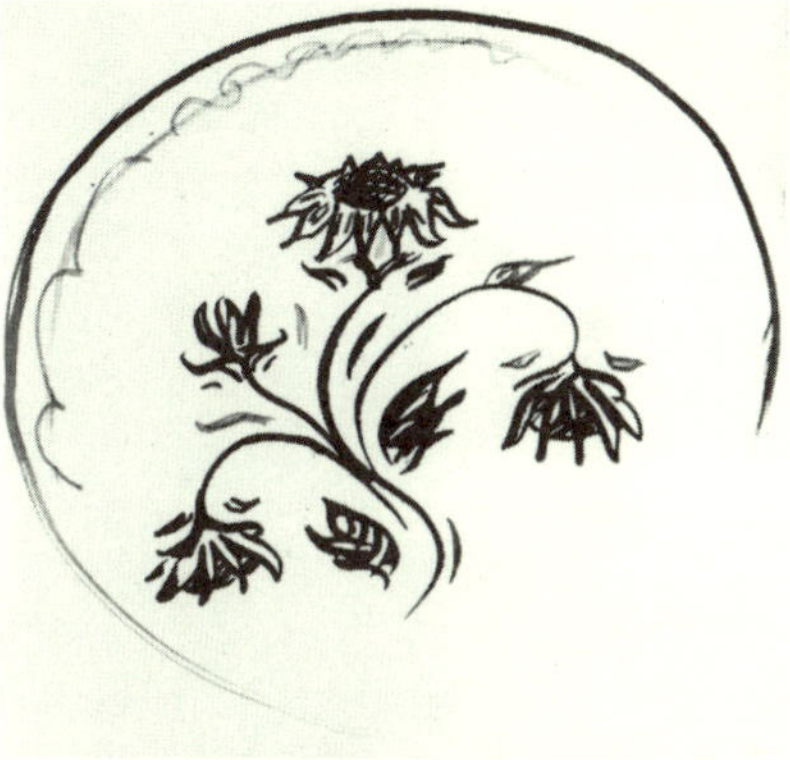

図 46　《『富本憲吉模様集』(私家版)「松虫草」》

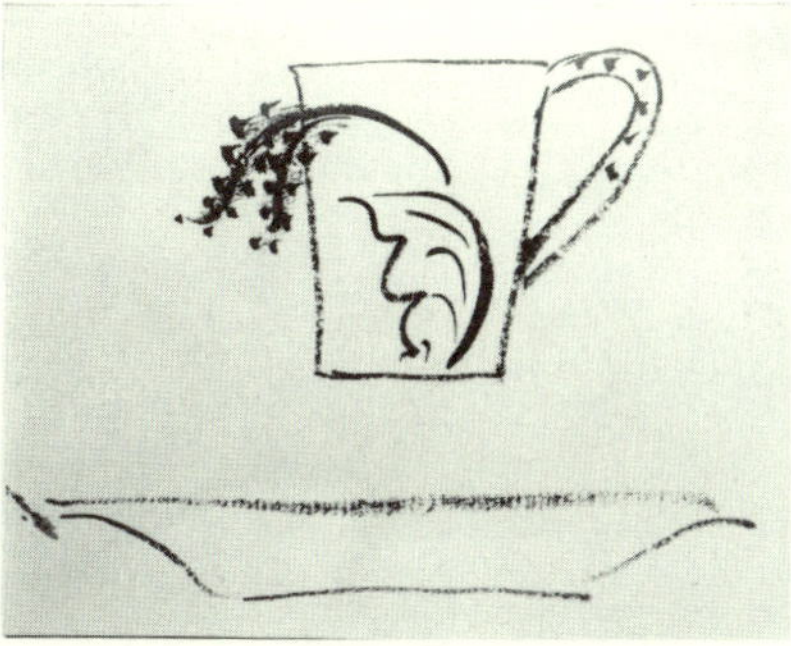

図 47　《『富本憲吉模様集』(私家版)「蓼」》

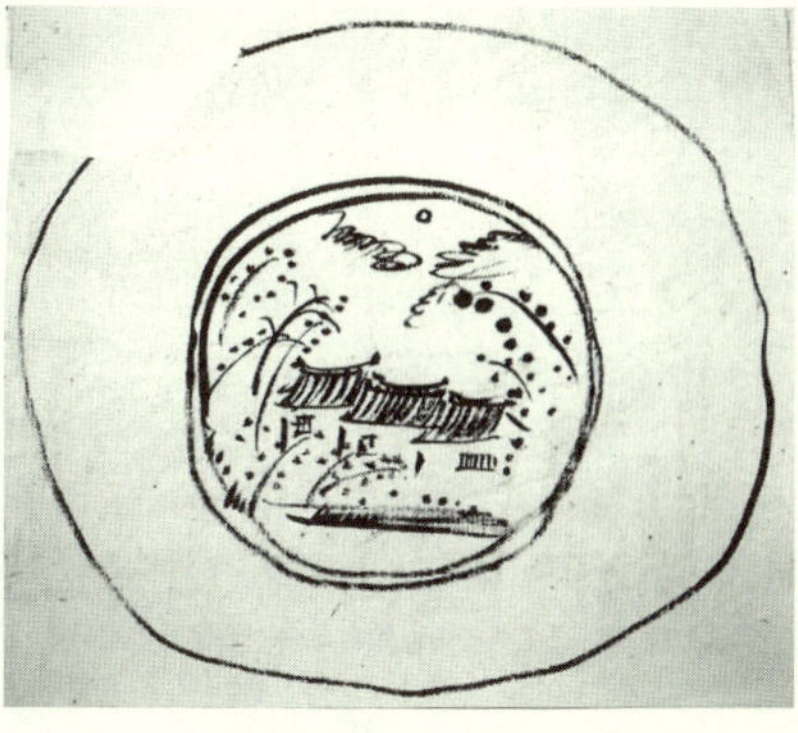

図 48　《『富本憲吉模様集』(私家版)「竹林月夜」》

域にまで引き上げて考えていたことは確かである。ここでは『模様集』に収められた全一九二点の中から六点を選び、富本が考えていた「模様」の具体的な姿を探る手懸かりとしたい。

一、第一冊一六番「松虫草」〔図46〕『美術新報』掲載の「模様雑感」に添えられた図の一つで、一九一四（大正三）年の作と思われる。太い簡潔な線で描かれた初期のペン画による模様の特徴をよく示している。S字状の茎を中心に上向き、下向き二つずつの花、それに葉が配されている。皿の輪郭を示す曲線も含め、線と線が響き合い、画面全体が動きに満ちている。

二、第一冊二三番甲「蓼」〔図47〕模様集に全部で蓼の素描は一五点ある。富本自身の解説によると、オオケタデという丈も高く花の房も大きい蓼で、その風情に惹かれ苗を工房の庭に移植したという。ここではカップ・アンド・ソーサー用の模様として描かれているが、実際の陶器にもよく用いられている。茎の曲線、葉の波状の曲線、点で表された花から成り、富本の模様のなかでも最も単純化されたものの一つである。

三、第一冊三六番「竹林月夜」〔図48〕富本の風景模様のなかで最もよく知られ、富本自身も最晩年まで用いた《竹林月夜》の最初のヴァージョンで、一九一六（大正五）年一二月の作と考えられる。後のものが筆で描かれているのに対し、ここではペンを用いている。安堵村の風景で、滞在中のリーチと競って描いたと回想している。三つの蔵を中心に左右に竹林、上方に満月と雲を配した詩的な風景であるが、すべて簡潔な曲線と点によって表現され、軽快なリズムを生んでいる。

四、第一冊三〇番甲「葡萄と羽虫」〔図49〕、四七番乙「野葡萄の葉」〔図50〕《竹林月夜》とともに名高い《野葡萄》は、奈良県山辺郡波多野村に写生旅行に出かけた際にできたと富本自身が語っている。一九一九（大正八）年九月のことである。ビンボウヅルという本来の名を嫌って自身でこう命名したという。この二点は同時にできたと考えられ、ともに鉛筆書きであるが、一方は走り書きのような勢いがあり、他方は丁寧に葉の形と蔓の巻き具合を写すというようにむしろ対照的で、富本が同時に多様な表現法を試みていたことを窺わせる。

五、第三冊一〇一番「柳」〔図51〕一九二一（大正一〇）年の作と思われる。この「柳」ほか、第三冊の模様はほとんど筆と墨で描かれている。風になびく柳の木を皿の中央に配しており、幹、枝ともに流れるような素速い筆致で表わされ、画面全体が風に揺さぶられているような生動感に溢れている。一九二三（大正一二）年四、五、六月発行の『白樺』の表紙にこのヴァリエーションが用いられた（注16）。

古い模様の呪縛から逃れる方法として、富本は野外で模様を考えることを徹底して実践しようとした。普及版の『模様集』の序にも「多くは陶器を造る目的のために戸外に於て造られたるものなり」と記しており、単に戸外で実物から写生を行ったというだけでなく、これらの模様そのものが野外において造り出されたと考えられる（注17）。また多くの場合、「戸外」といっても自身の生活範囲を指しており（注18）、わずかな人物および文字文以外、モティーフは

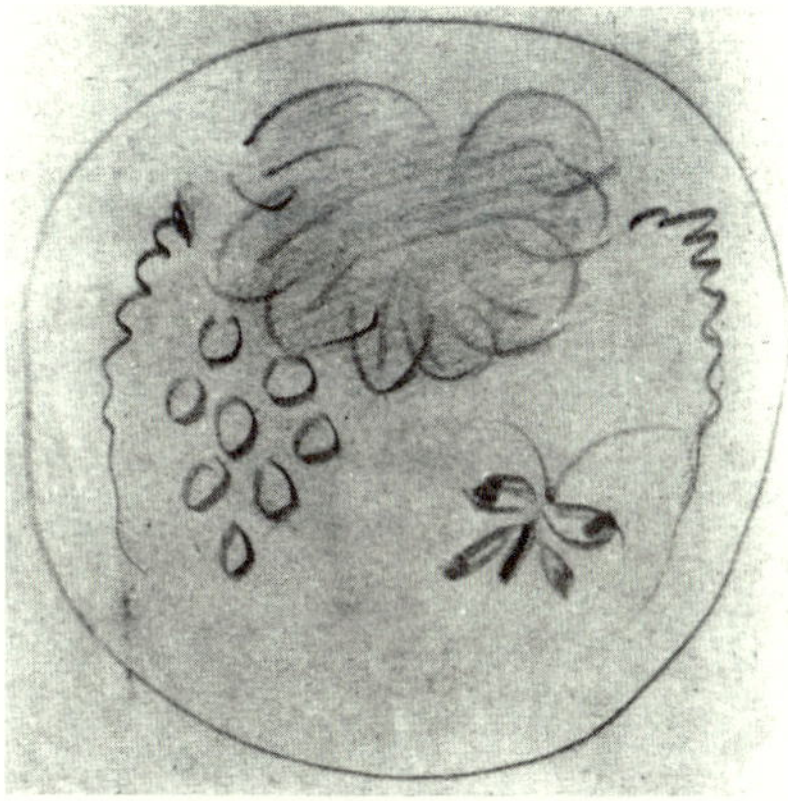

図49　《『富本憲吉模様集』(私家版)「葡萄と羽虫」》

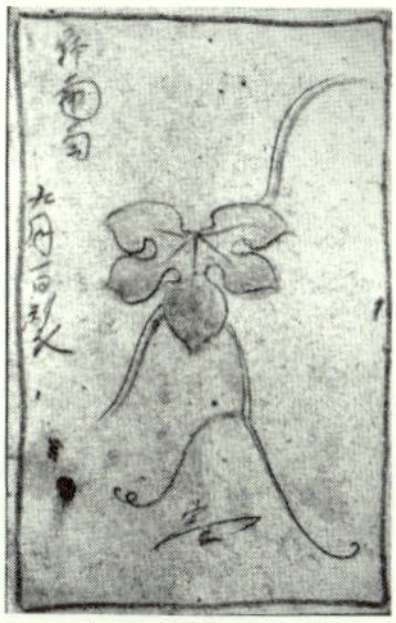

図50　《『富本憲吉模様集』(私家版)「野葡萄の葉」》

図51　《『富本憲吉模様集』(私家版)「柳」》

徹底して身近な花木、野草、鳥、昆虫、風景に限られている。なかでも、富本の模様としてよく知られている野葡萄、薊など比較しても、模様として平凡で目立った特徴がないと思われる蓼を数多く取り上げている点は興味深い。ところで、図案制作のため野外で写生を行うという姿勢には先例がないわけではなかった。画家を志しながら生計をたてるために染織図案を描いていた津田青楓は、一九〇三（明治三六）年に『うづら衣』［口絵1、図25］という自らの図案集の序文で次のように述べている。

軍隊に入てから考へがすつかり変つて図案の工藝的でない事が分ると同時に図案家は過去の様式画で云へば旧来の流派を一々学んで世人の要求次第にどんな物でもやると云様な事ではいかない。そんな物は悉くすてゝ仕舞て自己は自己の図案を作らねばならんと云事が適切に感じられてきた。……こう成ると写生が必要で図案は元来想化を尚ぶ物だとしても初めはどうしても写生からやらねばならん。そんな考からして兵営付近のいなかを材料にして写生図案がやつて見度い様になり日曜の十二時間を利用して久し振で筆を採つたのが即今度のうづら衣である。（注19）

この時、津田もまた京都宇治川付近の野草や風景をモティーフに選んだ。この頃、彼は兄で花道家の西川一草亭、浅野古香とともに図案研究のための雑誌『小美術』［図27］を発行し、「図案家の職人主義を排す」ことを掲げていた（注20）。過去の模倣や借用を当たり前の手法と考える職人主義に対置されるのは、藝術家として「自己の図案」をつくるという制作態度である。津田のグループから富本へと細々と続くこうした態度をもって、日本近代の工藝が意識の上で新たな段階を迎えたのは確かである。彼らによって、明治初期以来、国内外において主として産業振興のための戦略を担ってきた工藝図案が、「創造」という近代の藝術家の領域に踏み込んだのである。それは「オリジナリティ」それ自体に最高の価値を認める（付加的な価値ではなく）ことにほかならない。この意識の転換は「職人から藝術家へ」

という日本近代の藝術の展開をめぐる一般的図式が工藝においても典型的に遂行されたことを示しているにすぎないのかもしれない。がしかし、意識の点でほぼ同じ地点にいたとしても、明治末の津田の図案と大正初めの富本の「模様」との間で、「図案」という概念に明らかに一種の断層が生じている。結論を先にいえば、わずか数年の間に富本の「模様」は「近代」のさらなる内側へ決定的な一歩を踏み出してしまったのではないだろうか（注21）。

すでに触れたように富本の「模様」はほとんど「素描」に近い。富本自身も『模様集』の序文でそれらを「素描」と呼んでいるが、富本の「模様」を富本以前の「図案」の概念から（『うづら衣』の津田青楓からも）大きく隔てているのは、この「素描」に近いものが「模様」としてそのまま完成形であるというその点である。恐らく当時これに近い図案を描いていたのはリーチ、そして彼らに影響を受けた数人であろう（注22）。津田青楓も確かに図案の創作のために野外での写生の重要性を痛感し、それを実践した。ただ、「図案は元来想化を尚ぶ物だとしても初めはどうしても写生かららやらねばならん」というように、写生から図案が成立するには彼の言葉でいう「想化」の過程が必要なのである。写生はあくまで出発点にすぎず、最終的に完成した図案には写生の跡よりも彼が私淑した浅井忠、アール・ヌーヴォーや琳派という先例が色濃い影を落としている。この「想化」は、当時の図案教育において広く行われていた「便化」という言葉を想起させる。たとえば、津田の洋画の師でもあった浅井忠は、京都高等工藝学校図案科に在職中に著した『新編自在画臨本』という教科書のなかで、写生をもとに図案を制作する実例を示しているが（注23）、同校の生徒作品をみても、まず写生を行い、次いで様式化 conventionalize の過程を経て図案を創作するという方法が実践されている（注24）。この方法が一般に「便化」と呼ばれていた。これに対して富本が実践しようとしているのはいわば「素描即模様」としての図案である。

「便化」という手法に対する富本の批判は手厳しい。

模様をつくらむとて、絵画と異りたる何事か変化したる線条と色彩を施さざるべからずとなす人あり。この方法は便化と名付けられあるいは模様化と呼ばる。……写生せられたる雞の臀尾は拡げられ捩らる。かれ等は実に自然の背信者にして、また神を知らざるの徒なり。かれ等の模様とは、そはただ自然の奇形のみ。（注25）

富本は過去の図案の模倣や借用だけでなく、写生に基づく既成の手法をもはっきりと否定した。「便化」は彼の眼には自然の無意味な変形でしかなかった。ということは単に実物写生ということが富本にとって重要だったわけではないのである。むしろ重要なのは、自然を自然のままに模様化すること、すなわち実物そのものから一気に必要最小限の要素を取り出し、道具がペンであれ、鉛筆であれ、筆であれ、生き生きとした筆致によって描き切ることなのである。風景模様として名高い《竹林月夜》に代表されるように、ときには南画を思わせる詩的な情緒、あるいはユーモラスな表情を喚起しつつ、モティーフそのものの扱いは即物的と呼んでいいほど直接性を特徴としている。その点では、ありふれたモティーフを機知や構成の妙を発揮していかに図案に転換するかに苦心している明治三〇年代の津田青楓らとも対照的で、富本が探っていたのは、作為をできるかぎり排し、思い切った単純化のみによって模様としての用件をいかに充たすことができるかであった。そうしたある種のプリミティヴィズムと同時に、大きく変貌したのは線の性質、役割である。「図案の線は矢張り光琳、光悦なぞのそふこせつかない、大手な、ぬんめりした線がよいので夫に次で大和絵、浮世絵なぞの惣じて柔い方の線が適当である」（注26）と語った浅井忠の影響下に、装飾的な画面を形成する柔らかな輪郭線を好んだ津田らに対し、富本の場合、ペンと鉛筆の素描的な線から墨の南画的な線へと技法が移り変わっても、線はすなわち対象を捉えようとする富本の手の動きそのものとして模様を形づくっている。モティーフから模様への距離は最短でなければならないのであり、手法の簡潔さにおいて際立っている。

「絵と模様の差」をこそ重要と考えながら（注27）、リーチとともに富本が立っていたのは従来の工藝や図案とは異なる地平であり、むしろその手法は限りなく画家に近いものであった。エッチングやペン画の手法をやきものに持ち込もうと試みたリーチ［図61］は、自らを「ギリシャとローマの文化を継承したイタリア・ルネサンスに根をもつ背景から出てきたデッサン画家」、富本を「大まかにいえば同時代の中国文明の南画の影響を受けたデッサン画家」と呼んでいる（注28）。彼らはともに『白樺』を中心とする圏内にあり、意識の上で画家や彫刻家と同じ地平に立ち、自らの活動を他のジャンルから区別していなかった。確かに「素描」としてみるならむしろ同世代の画家たちに近いのであって、その点で、工藝の文脈を離れて大正期の藝術全般のなかで富本の「模様」の意義を考えてみると、ウィリアム・ブレークを思わせる、当時の文脈で「表現主義」と呼んでもいいような素描やエッチングを制作したリーチ同様、富本の素描即模様という姿勢も、「生の藝術」をめぐる論争、あるいは後期印象派の受容という背景のなかで位置づけられないだろうか。

山脇信徳の絵画《停車場の朝》（一九〇九年）をきっかけに始まり、富本と親しいリーチや高村光太郎も直接的に関わった「絵画の約束」論争に代表されるように、大正初期の藝術論の中心的テーマは、藝術を通じていかに自己の「内的生命」の表出をはかるかということであった。『白樺』やフュウザン会などを中心に、ゴッホ、ゴーギャン、セザンヌらいわゆる「後印象派 post impressionists」の受容がこの文脈で行われたが、ゴッホについて「技巧によつて画く事は遂に彼の知らざる所であつた。只赤裸々なる感覚によつて自然の奥底に帰り、彼自らの生命がそこに融合した時にのみ彼は初めて筆をとつた」（注29）と語るような藝術観の流れに富本とリーチが棹さす形の活動を展開したことは、彼らの位置からすればごく自然であろう（注30）。富本は先述の論争に関して南宛ての書簡（一九一二年一月一二日付）で、木下杢太郎よりも武者小路実篤に「道理が有る様に思はれる」とし、自らも「出来れば模様を絵や彫刻と同じ様に自分のライフと結び付けて考へてみたい」（注31）、あるいは「十年間にかいた数百枚の原図から模様として本当の生命を持つものが何枚あらう」（注32）など、模様にとって重要な要素として「ライフ」あるいは「生命」という言葉をしばしば用いている。ここに素描即模様という富本の姿勢が登場する必然性が浮かび上がってくるように思われる。同時代の美術家たちが、絵画においてはゴッホやゴーギャンに、彫刻においてはロダンに、版画においては自刻自摺という手法にそれぞれ見出そうとしたのと同じもの、要するに自然を媒介とした自己の生命の表出を通じて「近代（現代)」そのものを表現することを「模様」という領域において実践しようとしていたのが富本ではないだろうか(注33)。その点で富本の「模様」を貫く意識は同時代の美術一般に通じている。しかしここでさらに問題にしたいのは、それでいてなお富本を通じて浮かび上がってくる「模様」という領域独自の「近代」である。

確かに富本ほど絶えず意識的に「近代」に自らの位置を定め、模倣や借用という形で過去の作品に囚われてはならないというルールに潔癖であろうとした工藝家は稀であっただろう。ところが、富本が完全に過去のものから自由でありえたかといえば、逆に富本ほどそれらの持つ力に呪縛された作家もいなかったのではないだろうか。たとえば「窯辺雑記」という文章のなかで、富本は「標本」として手元に置いていた陶器の一つ一つに触れているが、そのうちの一点「柳山水小丼鉢」について、次のような解説を加えている。

成化年製と銘ある磁器に呉州で風景を内外に書いたものである。火度が高くなければ出すことの出来ない呉州の彩や釉の光り、素地の堅さ、また模様の現す柳、遠山、船と人等みな私の好むところである。風景を模様として陶器を造る時にこの丼から受けた教訓を有難く思ふ。別に、幼時死んだ父が日常愛用のものであつた理由から一層これに親しみを持つ。(注34)

古い工藝品、特に中国や朝鮮の染付への強い愛着を、「私の十二歳までしかいなかった父が毎夕竹製の机に南京の皿を列べて少量の酒を飲みながら幼い私の頭のなかに古染付というものを強く植えつけておいて死んでいったらしい」(注35)と、富本は幼年時代に遡る一種の「刷り込み」として説明している。創作活動の初期には豊かなインスピレーションの源であった古い工藝品の魅力が、模様の創作にとって強力な呪縛として作用して以来、努めてそこから離れようとしたにもかかわらず、それらは富本が自らの仕事を評価する際にも彼の脳裏から離れることはなかったようである。

たとえば『富本憲吉模様集』を制作していた頃、富本は次のように書いている。

去年から今年にかけて発行の途中にある自分の模様集の原稿を選り出す時、自分の模様を造る力の足りないのを情けなく思ふ。十年間にかいた数百枚の原図から模様として本当の生命を持つものが何枚あらう。五十銭で買つた支那製茶碗にかかれた蘭模様がやすやすとその奥義をつかんでゐるのに、自分のものは、その最初の第一門をさえ通つていない。しかし別の考へがそれを打ち消す、この立派な出来上がつた模様は独りの力で出来たのではなく永い時代、今よりはよい時代に多数の人の力によつて出来たものであると。(注36)

こう自問しつつ、かつて造った模様の多くを富本は容赦なく切り捨て、さらに後年になると、その残ったなかから「今もなお命あつて使い得るもの、二、三十図と思はれる……然しこれを古名作の一点と比較するなら、私の全部はあとなく消えて、一点の古作品がかがやき渡るのをおぼえる」(注37)と述べている。戦後まで用い続けた模様ということになるとさらに少なく、一九五七(昭和三二)年の『富本憲吉模様選集』では「大和時代」の模様として《野葡萄》、《曲る道》ほかわずか一四図が取り上げられているにすぎない。富本は「古名作」に、あるいはそのすぐれた「模様力」が生き続けている雑器に、指標とすべき一つの水準を置いていたからこそ、自らの模様に対して容赦ない態度をとらざるを得なかったのだと思われる。

特定の個人とは無関係に生まれ、長く受け継がれるうちに変化し、それにもかかわらず生命力を失うことなく無数の器に描かれ続けてきた「模様」の優秀さ。それらは匿名的な多くの職人によって造られ、受け継がれてきたものである。個人の力による無限の創造の可能性という近代藝術特有の夢を脅かす、こうした一種の集団的な創造力は、「模様——いい模様は容易に転写し得るということが一つの要件のように思われます」(注38)というような、繰り返しの使用に耐える「模様」を個人の力で生むことのむずかしさにすでに気づき始めていた富本にとって、簡単に「伝統」

と名づけてすませられる問題ではなかった。むしろ過去から連綿と続く「職人」の側から「藝術家」を名乗る近代人に鋭く突きつけられた問いとして受け止めたのである。ウィリアム・モリスが社会そのものに原因を求め、中世主義から社会主義へという道筋において解決を見出そうとしたこの問いに対し、富本はあくまでも「藝術家」として個人による創造の可能性を探る道を選んだ。その意味で富本は正真正銘のモダニストであり、モダニストとしての潔癖さから近代と近代以前との間に誰よりも深い溝を見出さざるを得なかったのだと思われる。名高い富本の「模様から模様をつくらず」という決意の奥には、個人による模様の「創造」がいかに困難かをめぐる自身の果てしない葛藤が常に潜んでいたように思われるのである。

模様探求においてある地点まで富本と歩んだリーチがイギリスに去った後、富本の孤立感は深まっていったが、「模様」に関して富本と同じ問いに気づいた人物がほかにいるとすれば、それは柳宗悦であったのではないだろうか。富本と柳の関係については別考のテーマとしなければならないが、一九一〇年代から富本ともリーチとも親しく、私家本の自著『陶磁器の美』で二人の作品を紹介し、『富本憲吉模様集』の推薦文をも書いている柳宗悦は（注39）、「民藝」思想を展開していくなかで「模様」の問題を次のように考えていた。

美しい多くの陶画は、寧ろ激しい労働や、単調な反復や、仕事の単純化や、それ等のことに由来するのである。それに材料の性質や工程の順序に関係することが深いのである。要するに陶画の美は、工藝的な性質に依るものであつて、個人的な美術性に立脚するものではない。たとへ個人の作でも、工藝的な性質に深まらずば充分な美を示すことは出来ない。優れた陶画はどこまでも工藝的な性質のものだと云ふことを忘れてはならない。（注40）

柳はリーチと富本の模様における仕事を高く評価していたが、それでもなお富本について次のように述べている。

明治この方窯藝界で陶画らしい陶画を描いたのは富本である。他人の追随を許さない幾つかの染付を残した。富本が陶工としてその名を残す時が来たら、やはり乾山に於てと同じやうにその陶画に於てゞあらうと思ふ。だが富本は同時に多くの模様を紙に描いた。それ等の絵画と、彼の陶画とを比べてみよう。富本の所謂「模様」は、紙に描いたものゝ方が一段と上であること、木米の場合と変るところがない。……だが富本は何より画家なのである。（注41）

柳は富本の模様が陶器の上よりも紙の上においてすぐれていることを鋭くも指摘しているが、「模様」と「絵画」の違いを作家として身をもって感じてきたのが富本であった。富本批判ともとれるこの文章を富本が眼にする機会があったのかどうか定かではないが、あったとすれば、「模様を学習しあるいは造り出す場合、絵画あるいは彫刻の純正美術的眼をもつてまたは純正美術の篩を通ずることなく、最初より模様は単一に模様的眼と手をもつて描き出されねばならぬ。私の如き多年の習性によりてあまりにも絵画的分子を持ち過ぎるのではなかろうか」（注42）と自ら書いている富本にとっては、他人に指摘されるまでもなく、同時に柳の発言はいかにも高みに立った批評家然とした言葉に響いたかもしれない。

一方で富本は「陶器雑感」と題した文章のなかで、「古い優作を考えることなしに繰り返すことによってのみよき工藝品が生まれる」というに近い「下手物論の筆者の意見なり運動」は、「恐らく困難極まる仕事ではあるが古いものを消化し吸収しその上に新味を出し創意あるものとしようと日夜苦心している人々には」「そのあやまりであることはよくわかっていたことだと思う」と柳の民藝思想を厳しく批判している（注43）。柳自身も折々に認めているように、一九一〇年代から二〇年代にかけて柳の思想形成に多くのインスピレーションを与えてきたのは富本、リーチら身近な作家たちであったが、一九三〇年代には富本と柳の距離は相当に開いていた。にもかかわらず、少なくとも「模様」という領域が近代藝術に投げかける問いをこうした次元で共有していたのは富本と柳だけであったかもしれないのである。

近代以前には、小袖の雛形本のようなデザイン・ソースとしての出版物はあったにしても、工藝図案そのものが脚光を浴びるようなことは恐らくなかったにちがいない。ところが、明治前期の輸出工藝振興策における現実的課題の担い手として、図案および図案家は次第に重要性を帯びるようになり、明治後期には作り手の意識の上で明確に「藝術」への帰属を志向するようになった。その意味では図案という領域の出現そのものがきわめて近代的な出来事であったということになるが、その過程を通じてその領域に包み込まれた錯綜と矛盾を（注44）、自らに直接関わる問いとして最後まで引き受けたのは富本ただ一人であったように思われる。少なくとも富本以後、工藝図案という領域が独自の現代的意義を失ってしまったのは確かであろう。

注

1　起立工商会社の図案については樋田豊次郎編著『明治の輸出工芸図案——起立工商会社工芸下図集』、京都書院、一九八七年が出版された。浅井忠については二〇〇〇（平成一二）年に「浅井忠の図案展」（佐倉市立美術館、愛媛県立美術館）が開催されたほか、クリストフ・マルケ氏、前川公秀氏らの著書、論文がある。また平成一一—一三年度に科学研究費補助金・基盤研究（B）（1）による共同研究「明治・大正期における図案集の研究——世紀末デザインの移植とその意味」（研究代表者　樋田豊次郎）が行われ、その研究成果報告書（論文編および〈図案集総目録〉、東京国立近代美術館、二〇〇二年三月）が刊行されている。

2　『「図案の変貌」展図録』（東京国立近代美術館、一九八八年）所載のcat.no.1-4,8-13等を参照。

3　富本は初期から「図案」ではなく「模様」という言葉を好んで用いている。特にその理由を説明してはいないが、たとえば初期の文章では、図案一般を指す場合には「図案」も用いており、自らの仕事を従来の図案とは区別したいという意識が明らかに働いていると思われる。ただし、晩年に書かれた「わが陶器造り」と題した未定稿（『富本憲吉著作集』、五月書房、一九八一年所収）をはじめ、後半になると逆に「図案」という言葉を用いている。

4 山本茂雄「模様から模様を造らず三考」『現代の眼』（東京国立近代美術館ニュース）四四三、一九九一年一〇月。

5 富本憲吉「模様雑感」（談）『美術新報』一九一四年一〇月号、八―九頁。

6 富本は『美術新報』一九一二年四月号で「工藝品に関する私記より（上）」と題して留学中のスケッチを何点か紹介しながら、サウス・ケンジントン博物館の展示品や工藝品全般について思うところを書いている。これらのスケッチは一九九一（平成三）年に東京国立近代美術館工藝館で開催された「富本憲吉展」および一九九八（平成一〇）年に奈良県立美術館で開催された「日英文化交流のかけ橋　富本憲吉とバーナード・リーチ展」等にその一部が出品された。南薫造宛ての書簡（一九一二年二月二三日付）によると、もともと八百枚以上あったようである。

7 富本は「ウイリアム・モリスの話（上）」および「ウイリアム・モリスの話（下）」を『美術新報』一九一二年二月号、三月号に掲載している。モリスの工藝活動全般を日本で紹介した記事として最も早いとされる。そのなかでモリスについて「誰もコウ云ふ事の心付かぬ時代に、只美しい良いものを造ると云ふだけの目的だけを目あてに今迄の悪い習慣を打ち破つてやつた勇気と、自分を信用して居た点だけでも実に感服の外ありません」と述べている。

8 一九一三（大正二）年一〇月に東京のヴィナス倶楽部で開催された個展に「陶器図案」三十点を出品して以後、個展に毎回出品している。また、一九一四（大正三）年九月には田中喜作の美術店田中屋内に富本憲吉図案製作事務所を開設しており、一時は広くデザイナーとしての活動も考えていたようである。

9 富本憲吉「陶器の模様」辻本勇編『富本憲吉著作集』、五月書房、一九八一年、五八六頁。初出は『短歌研究』四―九、一九三五年九月。

10 富本憲吉「わが陶器造り」（未定稿）『富本憲吉著作集』、一四頁。

11 各冊に収められた模様の制作年代については森谷美保「富本憲吉の模様観――画巻、画帖を中心に」（『「富本憲吉展」図録』、そごう美術館他、二〇〇〇年）に付された「富本憲吉の画巻、画帖、模様集一覧」（二一一―二二一頁）による。

12 野島康三、バーナード・リーチ、柳宗悦らの名前が含まれている。

13 富本の『模様集』との直接の関係はないと思われるが、この時期には志賀直哉による『座右寶』(一九二六年)、柳宗悦による『木喰上人作　木彫仏』(一九二五年)など、大冊の写真図版集が幾つか刊行されている。

14 富本憲吉「千九百二拾四年」『窯辺雑記』、文化生活研究会、一九二五年一一月、一三〇頁。

15 富本憲吉「陶器の模様」『富本憲吉著作集』、五八九―五九九頁。初出は『短歌研究』四―九、一九三五年九月。

16 『富本憲吉模様集』の模様群が制作された十数年の間に、富本の用いる素材と技法は次第に変化している。初期のペン画から次第に鉛筆画中心になり、最終的に墨画に落ち着いたが、紙もこれに伴って当然変わっており、大きくいえば西洋的な素描から南画的な墨絵へと移っていったことになる。この変遷を「東洋回帰」の軌跡と捉えることもできる。それはたとえば洋画家の岸田劉生の歩みとも並行しており、大正時代の日本画における南画の再評価なども含めて考えるべき重要な問題が含まれている。富本の場合、当初から「日本」も『東洋』も充分に意識されていたが、初期の西洋風のプリミティヴィズムは次第に姿を消して、洗練の度を深め、第三冊になると、達者な筆遣いに墨の濃淡が加わっているのは確かである。本稿では、富本の模様の時間軸に沿った展開や、実際にどのように陶器に用いられたかなどを個々の作品に即して分析するだけの余裕がなかったが、この点については二〇〇〇(平成一二)年にそごう美術館他で開催された「モダンデザインの先駆者　富本憲吉展」において、また図録所収の各論文と解説において、丁寧に検討されている。

17 現在、この模様集の原画は一カ所に残されている。それらは一枚一枚サイズも異なる単独の紙に描かれており、メモ書きに至るまで模様集に収められているものと一致し、ほぼ間違いなく野島が撮影した現物であると思われる。しかし疑問に残るのは、これらの原画が実際に戸外で描かれたそのものなのか、あるいはさらにもととなるスケッチがあったのかどうかという点である。戸外で用いられたと思われるスケッチブックなど、これ以外の資料が発見されていない現段階では、これらの原画、およびそれらを撮影した写真による模様集を、富本が実際に戸外で制作した模様に最も近い位置にあり、模様探求の跡を最も忠実に示す資料として考えたい。なお、それらの原画の一部は「二〇世紀日本美術再見Ⅰ　一九一〇年代」展(三重県立美術館、一九九五年)と「モダンデザインの先駆者　富本憲吉展」(そごう美術館他、二〇〇〇年)に出品された。

18 『富本憲吉模様集』(文化生活研究会、一九二七年二月)の「序」に「図版拾六、拾八、弐拾等は上州鹿沢温泉にて、図版百参拾壱以下百参拾八迄の八葉は朝鮮京城及びその附近にて、その他は安堵村を中心として遠きもの二三里、近きは陶窯一二町附近に於て造られたるものなり」と記している。

19 津田青楓「うづら衣三巻を出すに就て思ふ儘を記す」『うづら衣』、山田芸艸堂、一九〇三年。

20 津田、西川、浅野（杉林）の三人は、図案研究のために小美術会を結成、一九〇四（明治三七）年四月には雑誌『小美術』を創刊し、図案作品を発表するとともに、その批評、評論などを掲載した。その第一巻第一号に西川一草亭が「図案界の職人主義」という一文を発表し、当時の図案界に最も必要なことは「図案家の職人主義を排斥して図案家も又一の美術家であると云ふ事を自覚せしむると同時に大ゐに美術家的の行動を採らしむ可き事である」と述べている。『小美術』については『「浅井忠の図案展」図録』に詳しい（注1参照）。

21 津田青楓は一八八〇（明治一三）年生まれ、富本憲吉は一八八六（明治一九）年生まれで、津田の方が六歳年長であるのに加え、早くから図案の仕事を始めており、初期の仕事は富本と大きく異なっている。しかしその後洋画家を志して一九〇七（明治四〇）年から一九一〇（明治四三）年まで三年間フランスに留学し、帰国後に再び工藝の分野で仕事を開始したときには、津田自身の仕事も富本にかなり近い方向性を示している。また、一九一二（明治四五・大正元）年には津田の兄である西川一草亭が企画したグリンハウス主催小美術品展覧会に津田と一緒に富本が出品したり、その翌年に大阪三越呉服店で津田と富本の二人展が開催されるなど、大正初期には非常に近い関係にあった。富本は「模様雑感」のなかでも津田の姿勢には共感を示している。津田青楓の一九一〇年代の工藝活動については『「二〇世紀日本美術再見1　一九一〇年代」展図録』（三重県立美術館、一九九五年）および『「新井謹也とその時代展」図録』（三重県立美術館、二〇〇〇年）を参照。

22 高村光太郎の弟で東京美術学校鋳金科を一九一五（大正四）年に卒業した高村豊周の一九一〇年代の素描は明らかに富本とリーチからの影響を示している（『「二〇世紀日本美術再見1　一九一〇年代」展図録』、cat.no.3-177）。やや異なるが、東京美術学校図案科を卒業した今和次郎の卒業制作も一九一〇年代の工藝図案を考える上で重要である。今の素描については黒石いずみ『「建築外」の思考――今和次郎論』（ドメス出版、二〇〇〇年）のなかの「第二章　ドローイング教育」という章で詳しく論じられている。

23 前掲『「浅井忠の図案展」図録』、一四八頁参照。

24 『「間部時雄展」図録』、三重県立美術館、一九九一年、cat.no.3-5。
25 富本憲吉「数個の陶片」『窯辺雑記』、二―三頁。
26 浅井忠「図案の線に就て」『小美術』一―四、一九〇四年七月。浅井忠は津田らに請われて『小美術』の顧問となり、批評や助言を与えていた。「図案の線に就て」は浅井忠の談話を杉林古香がまとめたものである。
27 富本は「模様雑感」で日本橋の柳屋という店の板囲いと暖簾を比較し、ペンキで柳を描いた板囲いよりも、紺地に白で柳を染め抜いた暖簾の方が「柳の精神、柳の意義がよく現はれて」おり、「絵でない模様の領分では後者の方がよく柳を掴んで居る」。「此云ひ又は書く事のできぬ中に、絵と模様の差、或は模様の悟とも云ふべき気合が出て居ると思ひます」と語っている。
28 バーナード・リーチ著／福田陸太郎訳『東と西を超えて　自伝的回想』、日本経済新聞社、一九八二年、三八頁 (Bernard Leach, *Beyond East and West*, London; Faber and Faber, 1978)。
29 柳宗悦「革命の画家」『白樺』三―一、一九一二年一月、一七頁。
30 注22で触れたように、大正初期には富本と津田はともに活動しているが、三越での二人展を紹介した『美術新報』の記事のなかで二人は「工藝界のポストアンプレシヨニスト」と呼ばれている。
31 富本憲吉「半農藝術家より」『美術新報』一二―六、一九一三年四月。
32 富本憲吉「千九百二拾四年」『窯辺雑記』、一二三頁。
33 本稿では紙数の都合で触れていないが、富本の最初の模様集は、一九一五（大正四）年に美術店田中屋から刊行された自刻自摺の木版による模様集である。芸艸堂の職人的技術を生かした多色刷木版とは対照的なプリミティヴィズムが明確に主張されている。この後、富本は木版ではなく素描をそのまま生かした写真によって模様集を編むことになった。
34 富本憲吉「窯辺雑記」『窯辺雑記』、九一―九二頁。初出は『アトリエ』一―六、一九二四年八月。
35 富本憲吉「古染付金手付菓子器」『富本憲吉著作集』、五三八頁。初出は『美術新論』五―八、一九三〇年八月。
36 富本憲吉「千九百二拾四年」『窯辺雑記』、一二三―一二四頁。

37　富本憲吉「模様と工藝」『製陶余録』、昭森社、一九四〇年六月、三五頁。
38　富本憲吉「工房より」『富本憲吉著作集』、五一四頁。初出は『美術』一―六、一九一七年四月。
39　柳は一九二二（大正一一）年一二月に出版した私家本の『陶磁器の美』の図版として富本の作品二点を掲載している。また『東京朝日新聞』一九二七年二月五日付紙面に掲載された『富本憲吉模様集』の広告に「富本と模様」という推薦文を書いている（『柳宗悦全集　第十四巻』、筑摩書房、一九八二年所収）。
40　柳宗悦「工藝雑語」『柳宗悦全集　第八巻』、筑摩書房、一九八〇年、六〇七頁。初出は『工藝』第四三～四六号、一九三四年七～一〇月。
41　同前、六〇〇頁。
42　富本憲吉「千九百三拾年終る」『製陶余録』、一九一頁。
43　富本憲吉「陶器雑感」『富本憲吉著作集』、五九七頁。初出は『中央公論』五〇―一二、一九三五年一二月。
44　たとえば明治初期に輸出陶磁器の産地となった兵庫県の出石焼は、それ以前には染付の雑器の産地であったという事実は示唆的に思われる。

第二章　変容する近代工藝——一九一〇年代から一九三〇年代へ

工藝の個人主義――一九一〇年代の工藝

一

一九一二（明治四五・大正元）年に東京美術学校図案科を卒業した今和次郎は、後に「明治末年に私は工藝図案を学んでニヒルにおちたのだ」と回想している。今によれば、「島田先生は、出身地金沢の加賀侯の奨励に大名工藝の伝統を固守するに始終した方だったといえそうだ。それが美校創立の意図からみると先生の行き方は正道であったわけだ。しかし、明治の末期から大正にかけた、工藝界は、大名工藝から市民工藝に変わったのだ。広川松五郎、斉藤佳三などはそこで正面から反抗したものだ」。島田先生とは当時図案科の教授であった島田佳矣のことである。「私は市民社会――その場合ブルジョア階級、今日の言葉でいえばレジャー階級――その工藝というものに身を入れる心情にはなれなかった。それで工藝図案という概念をはなれた文様藝術、つまりアブストラクト・パターンというものの追求におちたわけだ」。川添登氏によれば、今が当時「アブソリュート・パターン」とも呼んでいたこの「アブストラクト・パターン」の模範としたのはロココであった（注1）。ここに工藝図案に対して「ニヒルにおち」、しかも「民家」という研究対象を発見する以前の今和次郎の、一種逆説的な姿勢が窺われるように思われる。つまり工藝図案に対して何らかの責任ある意味づけを行うことを放棄し、完全に純粋なパターンの追求とみなすという態度である。

今の回想に代表される、工藝図案というものに対する一種の絶望感、無力感は、当時、美術学校図案科に学んだ心ある者すべてが恐らく共有していたものと思われる。今の回想で「正面から反抗した」と伝えられる広川松五郎や斉藤佳三は今の一級下である。鋳金科ではあるが、一九一五（大正四）年卒業の高村豊周の回想からも同様の雰囲

図52　今和次郎《工芸図案（東京美術学校卒業制作）》　1912（明治45・大正元）年

気が伝わってくる。そうした絶望感が直接の原因かどうか、一九一〇年代の彼らの歩みは決して直線的とはいえない。今和次郎は、卒業後まもなく早稲田大学建築科の助手となり、この頃柳田國男らによって誕生したばかりの民俗学との接点である民家研究に力を入れるようになる。音楽学校にも学んだ斉藤佳三は、ベルリンに留学して山田耕筰らとともにドイツ表現派を知り、帰国後は「シュトゥルム木版画展覧会」を開催するとともに舞台美術に力を入れている。高村や広川らが最初に開いた黒耀社の展覧会も、もともと文藝サークルに端を発しており、広川は装幀の仕事を手がけたりしていた。一九一〇年代初頭の状況は、彼らを反アカデミズムと絶望に追いやったのみでなく、彼ら自身、工藝の分野で望むような活動を行える状況でもなかったのであろう。

しかし次の高村の回想が示すように、暗闇のなかに光もまた射し始めていた。

> 明治四五年から大正の初めにかけて、つまり私が三年から卒業する時にかけて、日本の新しい工藝の運動の発生といおうか、新興工藝の胎動といおうか、全体にもやもやしていたものが、だんだん固まるようになってきた。富本憲吉がイギリスから帰ってきた。富本さんの帰朝は日本の新しい工藝の啓蒙にとっても、また私に新しいものの見方を教えてくれたことからいっても、非常に意味の深いことであった。……富本憲吉のほかに、新興工藝の啓蒙期に忘れられない恩人は藤井達吉と津田青楓である。（注2）

富本憲吉がイギリス留学から戻ったのは一九一〇（明治四三）年六月のことである。今和次郎より三年早く、一九〇九（明治四二）年に美術学校図案科を卒業する予定であった富本は、前年秋に卒業制作として「音楽家住宅」

の設計案を提出、ロンドンへ出発した。数年後、「記憶より」という一文のなかで、富本もやはり美術学校時代を振り返り、教師から何か課題を与えられるごとに付属の文庫に走り、外国雑誌からめぼしい作品を見つけて写し取り、若干の改変を加えて課題をこなしていたことを「寒心に耐えない」と回顧している（注3）。アーツ・アンド・クラフツのコテージ建築を思わせる「音楽家住宅」設計案は、美術学校で学んだ成果というより、イギリス留学に向けての予備習作といった感じを与える。タイポグラフィーにはスコットランドの建築家マッキントッシュの影響も窺われる。恐らく雑誌『ザ・ステュディオ』などを通じてインスピレーションを得たものと思われるが、世紀末ヨーロッパの建築家にとって重要な主題であった「藝術（愛好）家の家」というモティーフを取り上げているのは、富本の留学の行方を暗示するものとして興味深い。

帰国後の富本の動きはあらゆる意味で型破りであった。バーナード・リーチとともに手がけた美術新報主催展覧会の会場装飾。工藝に限らない様々な分野へのほとんど同時的な取り組み。個人展覧会の開催。陶器図案の展示。いずれをとってもほとんど前例がなく、従来の工藝家のあり方との懸隔はあまりにも大きい。富本のイギリス留学については、ウィリアム・モリスの業績やアーツ・アンド・クラフツ運動との接触、サウス・ケンジントン博物館（現在のヴィクトリア・アンド・アルバート美術館）でのスケッチの持つ意味などについて、従来の富本論の中でもしばしば論じられてきた。しかし一九一〇年代の工藝という本論文の視点からすれば、富本のイギリス留学は、帰国後の富本の活動を決定的に方向づけたばかりでなく、この時期の工藝の展開にも重大な影響を及ぼしたのではないかと思われる。以下、この点についてしばらく検討してみたい。

二

富本は帰国後、坂井犀水が編集主幹を務めていた『美術新報』に幾つか文章を発表している。その一つ「工藝品に関する私記より（上）」(注4)は、留学中に見た様々な工藝品の印象について語り、感想を述べたもので、本人による工藝品のスケッチが一四点添えられている[図43]。個々の感想と並んでとりわけ興味深いのは、「繪と更紗の貴重さを同等のものと云ふ事は、ロンドン市南ケンジントン博物館で、その考へで列べてある列品によつて、初めて私の頭にたしかに起つた考へであります」という一文である。この博物館で富本は初めて純粋美術と応用美術を同列に並べるという思考に接したのである。しかしながら注意しなければならないのは、富本が「絵と更紗」ではなく、「絵と更紗の貴重さ」を同等のものとしている点で、これは単なる言葉の綾や言い回しによる相違ではないように思われる。つまり富本は決して絵と更紗のあり方が同じであると考えていたのではなく、あくまでも絵は絵として、更紗は更紗として、しかしその価値において優劣はないという考えを直観的につかみ取ったのではなかったかという点である。

富本が博物館で行ったスケッチは、彼がインド旅行から持ち帰った更紗などとともに美術新報主催の第三回展覧会で展覧もされているが、こうしたスケッチには実は先例がある。長谷部満彦氏が指摘しているように、美術学校で富本を指導した大沢三之助である。大沢は富本より早くイギリスに留学し、同じく一九一〇(明治四三)年に帰国しているが、富本のイギリス留学そのものに影響を与えたのではないかと従来指摘されている。長谷部氏によれば、スケッチによる学習方法も大沢から奨められたものという(注5)。実際、大沢自身がイギリスやフランスの博物館の展示品のスケッチを多数残している。富本のスケッチはヨーロッパの工藝品に限らず、エジプト、ペルシャ、インド、中南米と、地域的にも、さらに年代的にも多様であるが、大沢のスケッチもほとんど同じく広範囲にわたっている。富本は同じ頃『美術新報』に「椅子の話」を書いているが、大沢も椅子を好んでスケッチしている。ただし二人のスケッチの様式には相違があり、大沢の方が対象に忠実なスケッチであるのに対し、富本のものは、簡略化が行われ、スケッチにも富本の個性が色濃く現れている。

これらのスケッチは、留学を通じて富本が獲得した別の重要な姿勢、すなわち古今東西のあらゆる造形物を、先入見に捕らわれずに全く同列に置いて眺め、そこから自らの感覚だけを頼りに優れたものを取り出すという姿勢をも明確に示唆している。イギリスで富本が関心を抱いたのは西洋文明の産物や最先端の動きではなく、むしろはるかに視野の広い普遍的な「ものの見方」というよりは「嗜好」に関わる姿勢を獲得したといえる。この姿勢は、一年余りのロンドン滞在後に建築助手として経験したエジプト・インド旅行によってさらに強固なものになったと推測され、造形物のみに留まらず、後にみるような自然のモティーフやさらには子どもの絵に対するときにも敷衍されていった。

しかしこうした一種の普遍主義ともいえる視点をつかみ取る一方で、自らの文化的な「根（ルーツ）」というものが持つ重要性への認識も、富本はまた留学体験を通じて獲得したのではなかったろうか。先の「工藝品に関する私記より」のなかで、博物館で徳川時代の織物の標本を見出したときのことが語られているが、普遍的な視点のもと、古今東西の展示品に混じって新たに発見されたとき、日本の織物が特別な意味を帯びて富本の意識に上ってきた様子が見て取れる。やがて故郷の安堵村に戻った富本は、父が集めていたという「推古きれ」を取り出し、曾祖母の使った古い「手ばた」で、見様見真似で織物を始めている（注6）。

富本における、普遍主義と文化的な「根」に対する意識の並存の最も端的な現れは、帰国後の富本が生家のある奈良の安堵村に居を定め、その室内に自ら選んだ品々を飾り、一種理想の生活を営もうとした点に見出される。『美術新報』一九一一（明治四四）年八月号掲載の「室内装飾慢言」に書かれているように、生家である伝統的な大和の民家の薄暗い室内に、シャヴァンヌの写真版複製と自らの木版と自家伝来の古い春日卓を、自らの感性に従って配するという生活空間が展開される（注7）。これを「和洋折衷」といってしまえばそれまでであるが、富本にかぎらず、その「和洋折衷」あるいは「和魂洋才」の中身こそが問われなければならないにちがいない。同じ文章のなかで富本は、日本家屋のなかの椅子を用いる部屋について想をめぐらす一方で、その西洋風の室内装飾に茶人の優れた美意識を応用することを提案している（注8）。それは「インデヴイヂアリテー」を、絵画彫刻だけでなく、応用美術すなわち室内装飾にも表現したいという意志の表れであり、一旦西洋も日本も相対化し、同じ土俵に載せた上での「和洋折衷」

なのである。こうした空間のなかで、大和の民家を論じた「百姓家について」(アーツ・アンド・クラフツ運動におけるヴァナキュラー建築の発見に通じる視点)が書かれ、同時に「ウイリアム・モリスの話」や「椅子の話」が書かれている。またこの時期、古今東西を見渡して最もすぐれた美術作品の一つとして、富本が最も身近にある法隆寺金堂壁画を挙げていることも重要な事実の一つに思われる(注9)。後で触れるが、富本が帰国直後に最も熱心に取り組んだ木版画[図35]や楽焼[口絵6、図40]は、日本に古くからある技法であると同時に、技法のプリミティヴな性格ゆえに文化の国境を越えて各地に同様のものがみられるという、一種の普遍性を有している。この時期、富本のなかには、自ら育った環境を精神的支柱にしながら、和洋の区別を越えた普遍主義を通して、日本の工藝に全く新しい世界を開くことができるのではないかという一筋の光が見えていたと思われる。

一九一二(明治四五・大正元)年に富本が『美術新報』に二回にわたって発表した「ウイリアム・モリスの話」もまたそうした観点から捉えられるべきであろう。このなかで、富本は再三再四モリスの工藝家としての姿勢に触れている。

誰れもコウ云ふ事を心付かぬ時代に、只美しい良いものを造ると云ふだけの目的だけを見あてに今迄《ママ》の悪い習慣を打ち破つてやつた勇気と、自分を信用して居た点だけでも実に感服の外ありません。(注10)
当時は丁度ヴィクトリヤ初期で後から非常な勢になつたプレラファエライトの連中が頭を上げ出さない一般の美術界が沈滞して居た時でありますⅰⅰⅰコンな厭やな時代だから、充分モリスが腕を振ふ事が出来たでしようが、一方には新しい旗を押し立て、悪い前からの習慣の様になつた考へを破つた熱心には私は窃に感心して居ります。(注11)

富本は何よりモリスの工藝家としての姿勢に惹かれているのである。社会思想家やモリス商会の経営者である以上に、富本にとってモリスは一人の工藝家であるが、それでいて個々の作品よりもその姿勢について語ろうとしている。

そして「少しの技術上の経験で自分だけの趣味一つを土台として独学で研究して非常に良い結果を得た」(注12)モリスに恐らく倣って、富本自身、手織や更紗の制作を、古い優れた布だけを手本に全く独学でやり始めようとしていた。これは既成の技術に対する徹底した懐疑、否定の姿勢であると同時に、自らの感覚に全幅の信頼をおくことである。織物や更紗に限らず、富本は室内装飾に関わるあらゆる分野に手を染め、当時の書簡からは、水彩、油彩はもちろん、木版、更紗、刺繍〔図53〕、家具、木彫、千代紙、カーペットのデザインなど、素材も技法も様々な分野を、誰にも頼らず、すべて手探りで試行錯誤しながら、次々と試作していた富本の姿が窺われる。

三

こうした富本の姿は、富本やリーチの個人展覧会の会場であった三笠美術店が発行していた雑誌『藝美』の第四号に、津田青楓が発表した「職人主義の図案家を排す」という一文の中で、津田が「職人主義の図案家」に代わって登場すべきだとしている「藝術的図案家」のあり方そのものである(注13)。冒頭、津田は「自分は今日我々の日常生活に触目する、一切の工藝品や、或はいろいろの工藝品に付いてゐる模様に不快を感じない事がない」と喝破している。そうした「雑駁な、性格のない、剽窃と模倣に富んだ工藝品の図案や模様」を「藝術的」にする方法として、第一に作者の独創でないものの制作を禁ずること、第二に需要者の趣味の改革をはかること、第三に表題でもある「図案家の職人主義」を排すことを挙げている。津田によれば「職人」とは「自己を

図53　富本憲吉《葡萄模様刺繍壁掛》
1912–16(明治45・大正元–5)年頃

図54　富本憲吉《柳屋書店法被デザイン原画》
1915(大正4)年

持たない人」、「自己は持つてゐるかも知れないが、それを表現する必要のない人」、「他人を標準にして仕事をする人」、「自己の意思によつて図案をこさへない人」である。彼らの作るものは「個性なく独創が無い」。この「職人主義」を排した結果、彼は「図案界を今日の文藝界の様に」し、「図案を以て自己を語るアートにし度い」という。

この一文には「小宮豊隆君に読んで貰ふ為めに」という副題が付いているが、青楓の友人小宮豊隆は同じ年の一〇月号の『文章世界』に「図案の藝術化」を書いている（注14）。小宮は古代エジプト藝術とロシアの農民藝術を引き合いに出し、一見装飾的で平面的なエジプト藝術は、実は「自然」を源泉とし、「自然」を生かすことによってこそ躍動しており、またロシア農民藝術のうち特に刺繍の模様は、直接「自然」から得た材料に負っているからこそすぐれているとする。小宮は光琳もまた「自然主義」の藝術家であるがゆえに優秀な藝術を創り得たという。これに対して次に例に挙げているのは浅井忠であるが、小宮は浅井を評価しつつも、光琳のような自由で率直な感じが欠けているという。理由は、図案において「自然」を捉えることによって「自己」を充分に表現していない折衷様式であるからである。こうして小宮は在来の「型」にはまった図案に対し、「自然」を凝視し「自己」を充分に表現した図案の出現を説いている。こうした議論は、「様式」としてではなく、既存の装飾藝術に反抗し、直接自然に装飾モティーフの源泉を求めようとした「態度」としてのアール・ヌーヴォーを想起させる。工藝への新しい姿勢として、アール・ヌーヴォーと同質のものが日本に登場したことを告げる津田と小宮の二つの文章は、一九一〇年代の工藝論を代表するものであり、重要な位置づけを与えられるべきであろう。

最近になってようやく、津田のこの時期の工藝作品が発掘され、紹介されるようになったが、津田もまた一九一〇年代の工藝を代表する作家の一人といって間違いない。もちろんそれぞれの違いはあり、津田の場合、本人は絵画に力点を置いていたようではあるものの、一九一〇年代前半の津田の歩みは富本とかなり重なっているように思われる。事実、一九一三（大正二）年というかなり早い時期に大阪の三越呉服店で富本と津田の二人による工藝作品展が開催されており、当時『美術新報』では共に「工藝界のポストアンプレシヨニスト」という呼び方をされ（注15）、また『大阪日報』では二人の気質の違いに注目しながらも、「その方針はほぼ一致している」と書かれている（注16）。この前年には、京都で津田や兄の花道家西川一草亭が開催した独自の観点による展覧会（グリンハウス主催の小藝術品展覧会）に富本も出品しており、直接の交流も行われていた。

この時期、津田は本の装幀の仕事も数多く手がけている［図55］。「私は趣味で本の装幀をしたのではありません」と後に自ら語っているように、装幀は津田にとって収入を得る手段にはちがいなかった（注17）。しかし彼の装幀をみるかぎり、動機の如何に関わらず、津田は全力を挙げて装幀に取り組んだという印象を受ける。確かに装幀の仕事は全く津田個人のものというわけにいかず、必ず他人の手を通さなければならないという部分もあったが、それらは「装幀の時代」といっていい一九一〇年代のなかでも特に質の高いものであり、この時期を代表していると思われる。津田の前に夏目漱石の著書の装幀を手がけ、やはり代表的な装幀家として一時代を画した橋口五葉のような華やかさはないが、『美術新報』の装幀特集記事のなかで、中沢弘光が富本のものとともに「象徴的に渋い」と評しているとおりである（注18）。油彩、日本画、染織、版画など、津田が手がけたあらゆる分野の手法が時に応じて用いられているが、津田の装幀に一貫しているのは工藝的な装飾性であり、その最良の部分がこれらのうちに体現されている。富本や津田は「工藝的な装飾性」が時代の「前衛」と結びつくことのできた最後の世代であったのかもしれない。日本の工藝品に対する津田の造詣の深さ、研ぎ澄まされた美意識は『美術新報』に書かれた「織物の話」のなかに窺われる。このなかで津田は、その世界でももはや一人か二人の古老しか知らない無名の職人の仕事について語っている。その世界は一見近代とはかけ離れたかに思われる世界である。しかしそれに関連して津田は次のような見解を語っている。

図55　津田青楓《夏目漱石著『道草』（発行：岩波書店）装幀》 1915（大正4）年刊

大抵の藝術の革命が起る時は其技巧は甚だ幼稚なものですが、其幼稚な技巧の内に盛られた内生命の方が反つて溢れる様な力を以つてゐるものです、それが段々時日が推移して行くに従つて内に盛られたものがいつの間にか消へて技巧ばかりが段々精巧に成つて行くのが常態の様です。（注19）

ここで静かに語られている、藝術における生命感とアマチュアリズム、プリミティヴなものの結びつきへの着眼こそ、富本や津田のこの時期の制作を支えていた直観であったのではないだろうか。その最も象徴的な例として、リーチや富本による楽焼への取り組みが挙げられる。リーチの楽焼との出会いがある集まりでの余興であったように、もともとやきもののなかでも楽焼は最もアマチュアリズムと近い関係にある。これをきっかけに、楽焼を学ぶためリーチは六世尾形乾山に入門することになるが、富本はその通訳をつとめ、自ら楽焼の魅力に取り付かれることになった。結果的に、「陶藝家」としての富本、リーチの出発点となった楽焼との偶然の出会いは、しかしこの時点においては、ある種の必然を感じさせる別の意味合いを持っていたように思われる。

現在、富本の作品群のなかで初期の楽焼の作品に対する評価は一般に低い。評価の対象外でさえある。後の技術的に完成され、意匠の点でも洗練された磁器の作品群に比べれば、あまりにも稚拙で素人臭く感じられるためであろう。しかしすでに津田の言葉が示しているように、実はこのプリミティヴィズムとアマチュアリズムこそ、この時期の工藝を解く一つの鍵であったように思われる。少なくとも同時代には、それらをきわめて正当に評価しようとする感性を備えた人々がわずかながら確かにいた。たとえば富本が本焼の作品の発表を始めた一九一五（大正四）年、『美術新報』の「十五日会々員新作」展の評で「富本憲吉氏の陶磁は技巧漸く黒人《ママ》らしさを加へて来た」としつつも「併し氏の作品の興味はやはり楽焼の方にありはしないか」と書かれている（注20）。大きくいえばこのアマチュアリズムは、明治期の産業振興、輸出振興のなかで極端に歪んだ形で現れた技術偏重主義、市場論理の支配に対する、また旧態依然とした美術学校の教育に対するアンチテーゼとして出てきたものといえる。しかしそれとは別に富本やリーチ自身は、楽焼を通じてむしろ積極的にアマチュアリズムを実践しようとしていたように思われる。楽焼には技法としてプリミティヴであるがゆえの一種普遍的な性格がある。富本やリーチの楽焼〔図56〕のなかには、南欧のマジョリカ、オランダのデルフト、イギリスのトフトウェア、ペルシャ陶器など、これに近い性格を持つあらゆるやきものの要素が明確な区別なしに混じり合っているように感じられる。二人の初期の楽焼にこれらの影響を個々に指摘することはむしろ容易であろうが、模倣を云々する以上に重要に思われるのは、彼らを引きつけたのが、楽焼のプリミティヴな性格に内包されていたこの普遍的性格ではないかという点である。

四

一九一〇年代の工藝を代表するものとして、富本、リーチ、津田のこうした仕事に藤井達吉や河合卯之助、やや遅れるが新井謹也の活動を加えなければならない。藤井達吉の仕事が当時もたらしたものについては、やはり高村豊周の回想が最もよく伝えてくれる。比較的早い一九二七（昭和二）年に『工藝通信』に書いた文章ではこの頃の藤井の仕事について次のように回顧している。

図56　バーナード・リーチ《楽焼葉文盒子》
1914（大正3）年

洗ひざらしのメリケン袋みたいな布へ竹の皮なんぞを切り抜いて貼りつけ、それへ凧糸で縁取りをして、刺繍壁掛なんて云ふのが、今から思へば人を喰つたものだが、その時分はただもううれしかつた。静かな古池のような当時の工藝界にあつては、藤井君のかうした試みは実に晴天の霹靂とも言ふべきであつた。（注21）

とりわけ藤井は素材の上で従来の工藝の枠を木っ端みじんにするような様々な造形上の冒険を行っていたようである。残された作品の多くはそうした試みを示している［口絵4、図42、57、65］。富本と異なり、藤井には西洋の影響は全く考えられないと高村は述べている。この点の是非はここではおくとして、専門家集団に属さず、美術学校の卒業でもない藤井が彗星のごとく登場し、ほとんど先例のない仕事を次々とやり遂げた背後には、服部七宝店に勤めていた一九〇四—五（明治三七—八）年、セントルイス博覧会への出品に際してアメリカに行った経験が無関係ではなかったと考えられる。

一方、京都の清水五条坂に生まれた河合卯之助は、一方で父が始めた家業としての陶磁器業に兄弟で従事しながら、京都市立絵画専門学校で日本画を専攻、一九一〇年代には染織の意匠やショーウインドーのディスプレーも手がけるなど、伝統に縛られたやきもの以外の世界を求めてやはり様々な分野に手を伸ばしている。また子息河合紀氏の回想

図57　藤井達吉《木彫芥子文飾箱》　大正初期

図58　河合卯之助《詩歌唐草文花瓶》
1914（大正3）年頃

図59　河合卯之助《スケッチ帖》　大正前期

にもあるように、大変なハイカラ趣味であった河合は、実現はされなかったもののヨーロッパへの留学を実行に移そうとしたこともあった（注22）。富本や津田に相通じる部分の持ち主であったことが窺われる。作陶に関しては最初から素人ではなかったはずの河合であるが、自らの玄人性を否定するかのように、枠にはまらない様々な技法を試み、またスケッチ帳にみるように、図案においても富本やリーチとほぼ同じ地平に立って自由な試みを行っている［図58、59］。

　三重県鳥羽市出身の新井謹也は、もともと浅井忠門下の洋画家として出発し、一九一〇年代には大阪の三越呉服店意匠部に勤務、作陶を始めたのは一九二〇（大正九）年の中国・朝鮮旅行後のことである。しかし、その弟で一九一〇年代初頭に早逝した新井昌夫ともども、富本らの一九一〇年代の工藝に連なる作品を残している。

　彼らに加え、一九一〇年代の工藝を語るにあたり、バーナード・リーチの存在をあらためて強調する必要があるだろう。富本との関係についてここで詳しく述べる余裕はないが、富本のみでなく、本論文で取り上げた人々のほとんどにリーチは何らかの影響を及ぼしていると考えられる。これまで白樺派とリーチとの交流についてはある程度語られてきたが、今後、一九一〇年代における工藝家たちとリーチとの交流についてももっと語られるべきであろう。たとえば藤井達吉は上野桜木町でリーチの家の近くに暮らしていた時期があり、しばしば訪問していたようである。また一九一九（大正八）

図60　バーナード・リーチ《棚》
1918（大正7）年

図61　バーナード・リーチ《瑠璃彫絵樹下婦人文皿》
1920（大正9）年

年にリーチが神田の流逸荘で発表した家具は、今和次郎や広川松五郎らにも深い影響を与えているのである。今は「僕最近に於て最も明確に工藝術品としての本當の力を教へらる、悦びを持つ事の出來たのが、この夏のリーチ氏の展覧会からであつた。……あの家具の力作がはつきり僕に工藝術品としての意味を教へてくれた」と書いている（注23）。偶然であるにしても、一九〇九（明治四二）年に来日し、途中一時北京に移った時期はあるものの、一九二〇（大正九）年に帰国するまで、まさに一九一〇年代を日本で過ごしたリーチが、工藝の展開のなかで一種の触媒として果たした役割は測り知れないものがあるといっても過言ではない。一九一一（明治四四）年一〇月号の『美術新報』に、リーチは「保存すべき日本古代藝術の特色」と題した一文を寄せ、「横浜物」に代表される輸出向けの工藝品を激しく批判しつつ、装飾藝術の運動を興す必要を説いている。その目的は、ヨーロッパに限らず世界各国の装飾藝術を研究すること、またそうした新しい知識を「日本の装飾的手段及技巧」と結合し応用することを研究することとしている（注24）。これは富本はじめ、今回の展覧会に取り上げた人々がそれぞれに取り組みつつあったことであった。

異邦人であるリーチが、同時代の日本の工藝家たちと問題を共有し得たのは、一九一四（大正三）年、北京に去る直前に刊行した *A Review*（『回顧』）のなかで自ら語っているように、東洋の藝術を求めて日本にやってきたリーチが、一旦それが完全に失われたことに気づき、まさに富本や津田と同じ地平に立って、しばらくの間むしろ西洋の新しい美術を学ぶことに専心し、その上で再び東洋に戻ったという点に求められるのかもしれない（注25）。リーチ自身が坂井犀水の求めに応じて書いた「『アイノコ』の真意義」という評論における、次のような富本憲吉論こそがこのことを証している。

リーチは「アイノコ」という言葉が一般に軽蔑的に用いられることを承知の上で

富本君の装飾的美に於ける、理解と鋭敏な感受力といふものが、丁度私の云つた『アイノコ』の性質と云ふものと、同じ意味のものであるからで、彼は大なる極端の上に、叉はそれを超越したる処に存する美を、よく理解はし、且つその美を、彼の作品の上に現す処の力を持つて居るからである。彼の最も善き図案、絵画、陶器等は、確かに相異なつて居る処の、英国、或は埃及、或いは波斯、或は印度、或は支那、或は朝鮮と日本との要素を真に能く結合して、或一個の新しき創作物として居るのである。(注26)

と述べている。また

私は彼を、曾て海外に遊びて帰り来つた日本の藝術家の中で、其製作に、新しい眼を以て見られたる古い日本の生活及び藝術からの健全なる刺激を発揮し居る、唯一の若き藝術家であると認める。これは彼が東京を嫌つて、大和の村落に百姓としての生涯を好んで居る理由の一つであらう。(注27)

リーチの富本に対するこれらの言葉は正しく的を射ていると同時に、そのままリーチ自身にもあてはまる。リーチは一九一九(大正八)年の流逸荘での個展にテーブル、椅子、机、本箱、ランプ、ストーヴ、ソファ、染織物などを出品した。「日本趣味に会ひ、生活の現代条件に適した家具を設計し、製作しやうとする私の初めての試み」と自ら位置づけ、「装飾美術に関する欧洲の意向(アイディア)と東洋の意向とを結びつけること」を目標としていた(注28)。リーチはこの富本論を書いた一九一七(大正六)年以降、陶器はじめ装飾藝術における東洋と西洋の結合をしきりに説いている。

五

一九一〇年代は作品と並んで図案の下絵やスケッチが魅力的な時代でもあった。富本は初期の展覧会に必ず陶器図案を展示している。また富本と河合卯之助が相前後して行った木版による模様集の出版（『富本憲吉模様集　第一』［美術店田中屋、一九一五年］［図35］と河合卯之助『図案私輯「伊羅保」』［一九一六年］［図62］）も、注目すべき出来事であるといえよう。さらに一九二三（大正一二）年に富本は、野島康三の写真によるきわめて重要な意味を持つ模様集を二〇部限定で制作し、親しい人々に頒布している［図44〜51］。三冊からなるこの模様集のうちの第一冊は、一九一二（明治四五・大正元）年から一九一九（大正八）年までの七二点をまとめたもので、幸いその原画も残っている。これらは田中屋から出された木版の模様集の原画にもなっていたという。楽焼にみられる、様々な要素を融合させた一種無国籍な普遍性は、この簡潔で線の魅力に満ちた模様集の原画にも共通している。風景も草花も、確かに日本の風景であり、土着の草花でありながら、どこかバタ臭く、かといって直接に外国の影響が現れているわけでもない。しかも、技法上の制約から解放され、陶器以上に彼の目指していた工藝の方向を明確に示し、最も富本らしい性格に溢れているようにすら思われる。

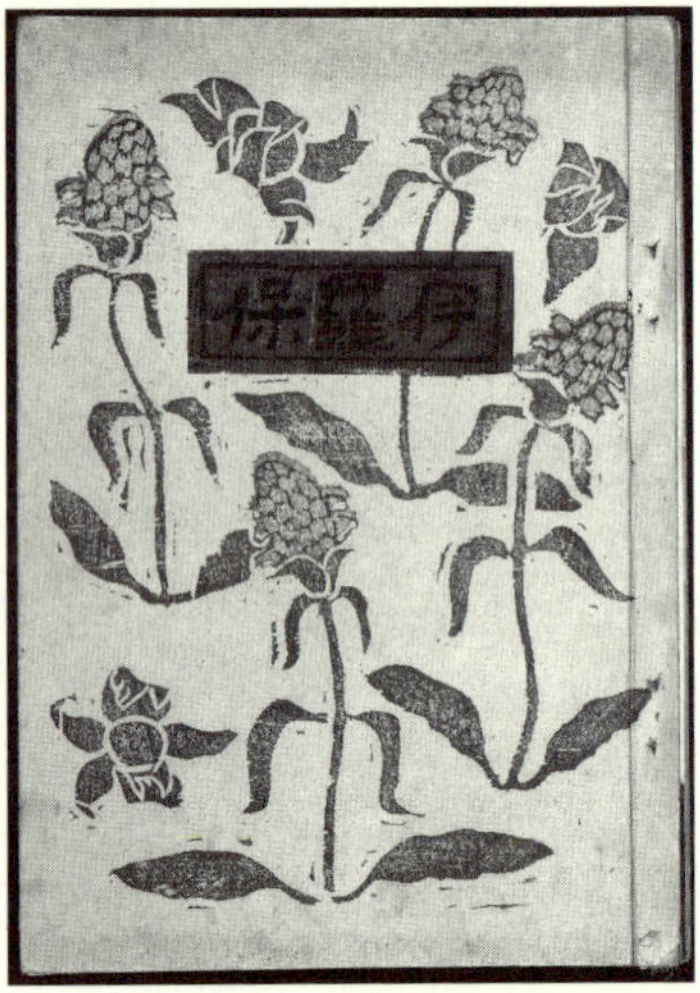

図62　河井卯之助《『図案私輯　伊羅保』表紙》1916（大正5）年刊

さらにこれらの下絵から、一九一〇年代の図案のイコノロジーというものも浮かび上がってくるように思われる。「自然」にモティーフを求める態度はほぼ全員に共通している。長い工藝の歴史が蓄積してきた、それだけに手垢の付いた文様を嫌った彼らは、薊に代表される素朴な野草を好んだ［図65］。すなわち名高い富本の「模様から模様をつくらず」という言葉に代表される意識は、一九一〇年代には富本に限らず幾人かの工藝家が持ち始めていたものであり、その結果として「自然」に彼らの真摯な眼が向けられていった。表現は全く異なっているが、態度としては、やはり植物モティーフに最も原初的な「生命力」を発見したアール・ヌーヴォーときわめて似ている。「出来れば模様を絵や彫刻と同じ様に自分のライフと結び付けて考えてみたい」と言ったのは富本であった（注29）。

しかし彼らが学んだのは決して自然のみでなかったのはすでにみたとおりである。とりわけ眼をひくのは更紗や唐草で、そのあたりの選択にも一種独特の彼らによる好き嫌いの感覚が働いているように思われる。楽焼や木版同様、広い地域にわたって昔から伝えられてきた更紗や唐草には、普遍性、一種の無国籍性がある。加えて自然のモティーフと同様の生命力、北原白秋や木下杢太郎に通じる南蛮趣味など、一九一〇年代を代表する性格を充分に備えているのである。その更紗や唐草を決して「写し」の形で取り入れるのではなく、それらを土台に新たな装飾性を模索する様子は、富本の装幀や河合の図案が示すとおりである。

六

富本、津田、藤井、河合らは真の意味での個人主義の工藝家であったと結論づけられるように思う。彼らは決して一元的に「個性」を標榜したのでもなければ、賛美したわけでもない。たとえば津田青楓は決して工藝の個人主義を全面的に肯定しているわけではなく、すでにみたように無名の職人の仕事をむしろ高く評価している。富本のいう「民間藝術」、リーチのいう「農民藝術」もそうした仕事への彼らの積極的な関心を示すものである。にもかかわらず、富本のいう「趣味」、津田のいう「感覚」は、個人以外の何ものにも属していないし、属することもできないのである。既成の枠組を捨て去った彼らの拠るべき処としては、結局のところ、自らの感覚以外に考えられなかったということになろう。彼らの工藝はそれ以前にないものというだけでなく、それ以後にもなく、相互に共通点はあっても様式上のそれではない。富本も津田も藤井も、結果として工藝の近代化に寄与しながら、最終的に何らかのグループに属するということがなかったように思われるのはそうした理由によるのではなかろうか。普遍的なものへの志向と個性は彼らにおいては奇妙に共存していた。富本は「好き嫌いの程度をモット強めて、嫌ひだが我慢をすると云ふ風でなく、

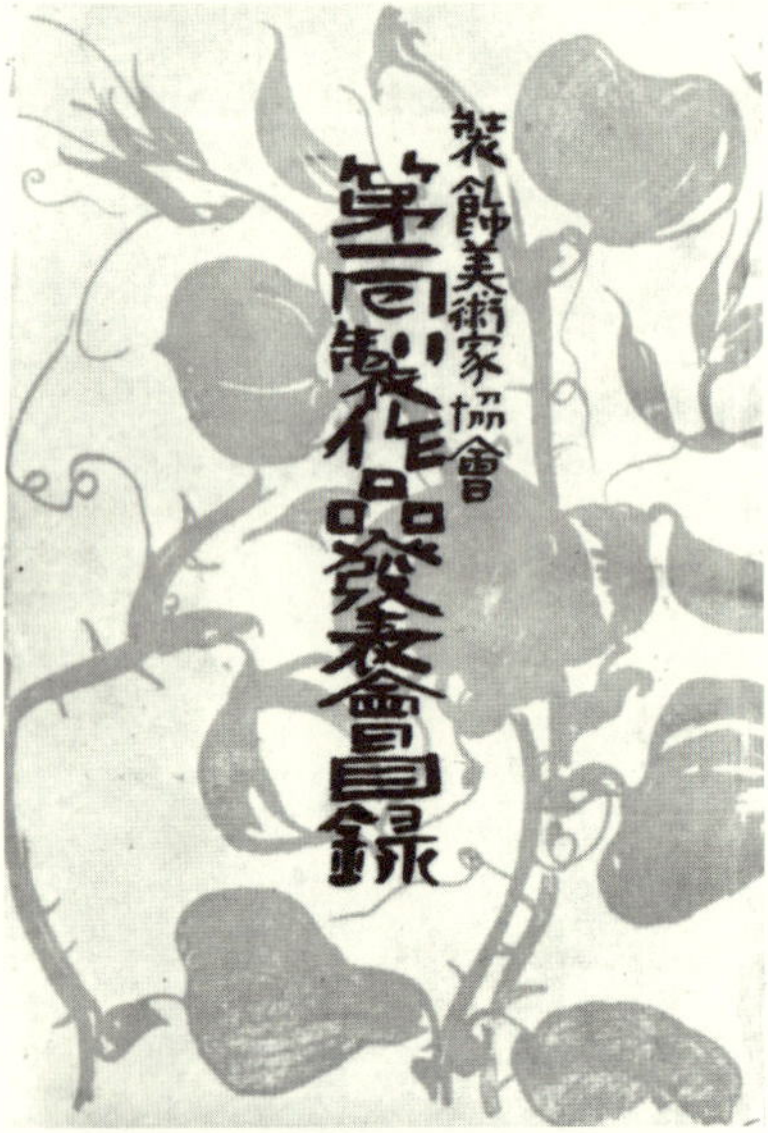

図 63　《『装飾美術家協会第 1 回製作品発表会目録』》 1919（大正 8）年

図 64　高村豊周《鋳銅双耳花瓶》
1920（大正 9）年　写真撮影：高村規

必然的な何う考へなほしても嫌ひと云ふ風に考へたいものです」と語っている（注30）。

一九一九（大正八）年に高村豊周、今和次郎、広川松五郎らに岡田三郎助や長原孝太郎も加わって「藝術品（OBJET D'ART）を製作発表し、従来の所謂工藝美術品の品位を高め其帰趨を示す事」を目的に結成した装飾美術家協会は、こうした工藝における個人主義の申し子であり、「工藝を作る人は、創られたいのちの所有者である、いのちが独立に具現されてゐる以上は、工藝は独存体たる価値を持つ」（渡辺素舟）という言葉にみるように（注31）、典型的に一九一〇年代の意識を示しながら、一九二〇年代を予告する「工藝運動」としての性格を持ち始めている。

一九一八（大正七）年に始まった官展への工藝部の設置運動は、二〇年代にはますます高まりをみせ、同時に二〇年代に入ると高村、広川らによる「无型」など、次々に工藝団体が結成され、創立に際してはそれぞれ高らかに宣言文を謳っている。こうして工藝を美術の一分野と認めさせるべく努力が行われていく一方で、二〇年代の半ばには「民藝」が明確な美術館の設立趣意書とともに一つの運動として出発を遂げている。それぞれ個人作家による美術的工藝と無名の工人による民衆的工藝を工藝のあるべき姿と考える、全く対照的なこの二つの工藝観は、富本が「絵と更紗の貴重さを同等のものと云ふ事」に気づいた時点では、まだ一つに混じり合っていたのであった。しかしその富本自身に一九一〇年代初頭と末では大きなずれがみられ、そのずれは楽焼から本焼、さらに磁器へという作品における変化以上に、モリス的工藝家から求道的陶工へという彼自身の生き方に関わる変貌であったように思われる。

注

1 川添登「解説」『今和次郎集　九』、ドメス出版、一九七二年、四七〇―四七四頁。
2 高村豊周『自画像』、中央公論美術出版、一九六八年、一二五頁。
3 富本憲吉「記憶より」『藝美』第四号、一九一四年九月、八―一〇頁。
4 富本憲吉「工藝品に関する私記より（上）」『美術新報』一一巻六号、一九一二年四月、八―一四頁。
5 長谷部満彦「富本憲吉の陶芸」『「富本憲吉展」図録』、東京国立近代美術館工芸館、一九九一年、一一頁。
6 富本憲吉、前掲書、一二―一三頁。
7 富本憲吉「室内装飾慢言」『美術新報』一〇巻一〇号、一九一一年八月、二八頁。
8 富本憲吉「室内装飾慢言」『美術新報』一〇巻一一号、一九一一年九月、二三頁。
9 富本憲吉「法隆寺金堂内の壁画」『美術新報』一〇巻一一号、一九一一年九月、一五頁。
10 富本憲吉「ウイリアム・モリスの話（上）」『美術新報』一一巻四号、一九一二年二月、一六頁。
11 同前、一八頁。
12 同前、一九頁。
13 津田青楓「職人主義の図案家を排す」『藝美』第四号、一九一四年九月、一―七頁。
14 小宮豊隆「図案の藝術化」『文章世界』一九一四年一〇月号、二五三―二六二頁。

15 「展覧会」『美術新報』一二巻八号、一九一三年六月、三二頁。
16 市川真一「一九一〇年代の三越の美術展覧会」(未発表資料集成)、一九九五年による。
17 金子量重「青楓装幀本渉猟」『季刊銀花』第四〇号、一九七九年一二月、六一頁。
18 中沢弘光「時代の匂を要する」『美術新報』一二巻五号、一九一三年三月、一三頁。
19 津田青楓「織物の話」『美術新報』一四巻二号、一九一四年一二月、九頁。
20 雪堂「初冬の諸展覧会」『美術新報』一五巻二号、一九一五年一二月、三四頁。
21 山田光春『藤井達吉の生涯』、風媒社、一九七四年、六〇頁に引用。
22 河合紀「河合卯之助の世界」『河合卯之助の世界』、求龍堂、一九八二年。
23 今和次郎「立派な工藝術品を欲しい」『装飾美術家協会　第一回製作品発表会目録』、一九一九年、三九頁。
24 バーナード・リーチ「保存すべき日本古代藝術の特色」『美術新報』一〇巻一二号、一九一一年一〇月、一四頁。
25 バーナード・リーチ「緒言」『*A Review 1909-1914* 回顧一九〇九年―一九一四年』、一九一四年、四―五頁。
26 バーナード・リーチ「『アイノコ』の真意義」式場隆三郎編『バーナード・リーチ』、建設社、一九三四年、九八頁。初出は『美術』一巻六号、一九一七年四月。
27 同前、九九頁。
28 バーナード・リーチ「家具試作に就て」式場隆三郎編『バーナード・リーチ』、一五九頁。自筆原稿(一九一九年六月)からの翻訳。
29 富本憲吉「半農藝術家より」『美術新報』一二巻六号、一九一三年四月。
30 富本憲吉「工藝品に関する私記より(上)」、九頁。
31 渡辺素舟「偶感」『装飾美術家協会　第一回製作品発表会目録』、一九一九年、一四頁。

薊のモティーフと一九一〇年代の工藝

「自分のうつり住む土地に、／此の強健で美しい花が、／無かつたら実にさびしいだらう（後略）」。一九四〇（昭和一五）年に刊行された富本憲吉の著書『製陶余録』にこの「薊」と題された詩が含まれている（注1）。富本が生涯を通じて最も愛したモティーフの一つ薊は、初期のスケッチや楽焼のジョッキにすでに登場する。つまり一九一〇年代前半からということになるが、実は一九一〇年代に薊を好んだのはひとり富本だけではなく、注意してみると、工藝の分野にかぎらず、しばしば目につくことに気づかされるのである。

河合卯之助の木版画による図案集『伊羅保』に収録された、壺のフォルムのなかで窮屈そうに身をよじった薊。藤井達吉が厚手の木綿地に木版で摺った丈高い薊［図65］。津田青楓の薊と蜂を組み合わせた木版の装幀図案。新井謹也の皿の図案にも薊と思われるものがある。富本では、木版による『富本憲吉模様集　第一』に、一葉だけ写真版による薊のスケッチが含まれているのが注目される。工藝を離れると、北野恒富の《五月雨》［図66］では、物思いに耽ける女性のなまめかしい後ろ姿の着物を薊が覆っている。恩地孝四郎の『月映』時代の木版で、薊を左右相称に配した《うかむ種子》のほか、関根正二の《天平美人》、彼の絶筆となった《慰められつつ悩む》［図67］にもやや唐突に薊が登場する。

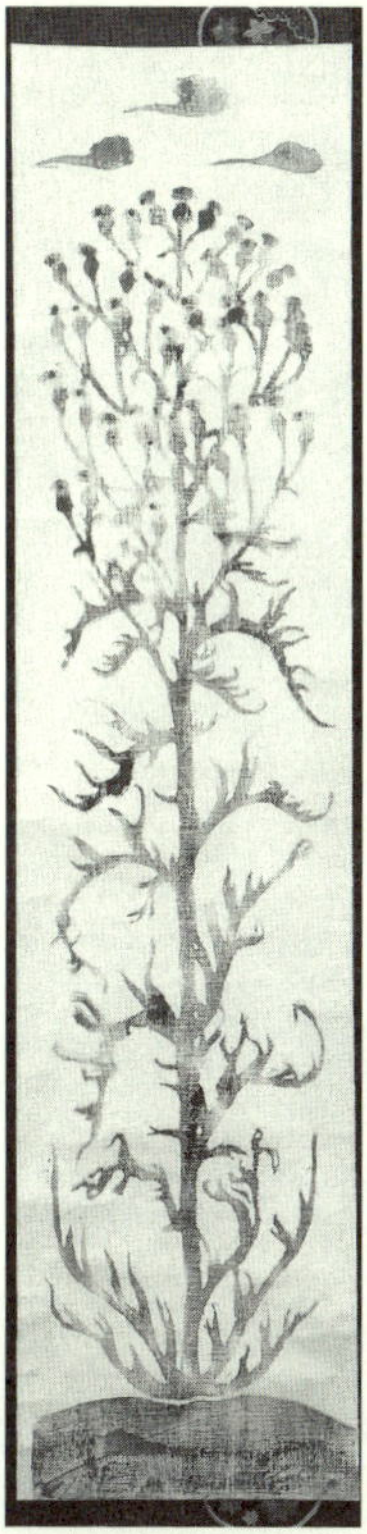

図65　藤井達吉
《あざみ》
1921（大正10）年頃

キク科の多年草である薊は、ごく最

近までどこの山野でも目にする日本人にとって最も身近な野草の一つであった。絵画や工藝品に登場するのは江戸時代以降のようで、遠山記念館所蔵の小袖に代表される染織品や、伊万里、漆器など身近な工藝品に加え、琳派もしばしば取り上げている。素朴な野草で、また刺をもつゆえか、文様としての登場は遅いが、江戸期以降は充分ポピュラーな装飾モティーフであったと思われる。

しかしながら、こうした伝統は一九一〇年代の作家たちが薊に新鮮な魅力を感じる妨げとはならず、また彼らの取り上げ方は従来のものとは明らかに一線を画している。特に恩地孝四郎、北野恒富、関根正二といった画家たちの描く薊に伴う、文学的な一種独特の感情なり感覚なりは、これ以前にはなかったものであろう。あくまで推測でしかないが、その背後に、この時期絶大な影響力を誇った北原白秋の詩集『思ひ出』（一九一三年刊）に収められた一編、「酒の黴」の薊をうたった数節などが想起させられるのである（注2）。

さて、多かれ少なかれ、何らかの情緒的な要素が一九一〇年代の薊愛好に通底しているように感じられるのであるが、工藝に話を絞るなら、もう一つ別の観点からこの愛好を捉えることができるのではなかろうか。工藝家が図案モティーフとして、薊に限らず、路傍の草花の類を好んで取り上げているという点である。富本憲吉、河合卯之助、藤

図66　北野恒富《五月雨》
1916（大正5）年

図67　関根正二《慰められつつ悩む》（『信仰の悲み――関根正二遺作展覧会目録』より）
1919（大正8）年

井達吉、津田青楓、高村豊周らは、多少の程度の差はあれ、みなそうした草花の写生に精を出し、そこから模様集を制作したり、工藝品に応用する文様を生み出しており、そこにはどこか共通点が感じられるのである。

富本は『美術新報』に掲載した「模様雑感」で次のように語っている。

去年春以来私は如何も古い模様に囚はれて困ると思ひ出しました。……全く古い模様を忘れて、野草の美しさを無心で見つめて、古い模様につかまれずに、自分の模様を拵へ様とアセリました。……それ以來、私は一切画室では模様を考へない事にきめて、野外へスケッチブックを持ち出して、模様を描いて居ます。偉い人は私の作を一々之は何から来て居る、それは何から来て居ると、指摘されるかも知れませんが、私は自然に対して模様を描いて居るといふ、その心持に安んじて居ります（注3）。

単に戸外で写生を行うのみでなく、「一切画室では模様を考へない」という。

こうした「模様」の一部が冒頭に触れた木版の『模様集』の原画である［図44〜51］。「模様雑感」が発表された年と原画が描かれた年はほぼ一致しており、富本の言にしたがえば、野外で対象を前に直接描かれたものであろうが、これらは確かに「写生」という以上に、大胆な単純化によってすでに「模様」となっている。その証拠に、原画と『模様集』の木版を見較べても、「模様」としてはほとんど手が加えられていない。

名高い富本の「模様から模様をつくらず」という言の出発点がここに見出されるが、当時、こうした態度は富本に限らなかった。河合卯之助は植物の写生を中心とするこの頃のスケッチブックを遺している［図60］。大正初年に河合とともに軽井沢で草花のスケッチを行ったという藤井達吉は後の著書で次のように書いている。「自然を観つめる、言ひ換えれば、自然を愛するといふこと、それよりほかにどんな道がありませうか。私の頭が古いのかも知れませんが、私はそれを唯一無二の道だと心得て居るものであります。ひとり図案といはず、総ての藝術のそれが根本態度ではないかとさへ信じて居るものであります」。これに続いて藤井は、純粋絵画か図案かの区別を問わず、「自然の全斑を、簡約された数条の線描で現はすやうな場合は、いづれにしても大切な必要なことであります」と、やはり自然を写生的に写し取るのではなく、単純化することの重要性を説いている（注4）。高村豊周の自伝『自画像』によれば、高村の友人の西村敏彦は、美術学校在学中にすでにこの藤井の影響を受けて、既成の模様を利用したり真似したりするのではなく、直接自然に基づいた独自の図案に取り組もうとしていたという。一例として「アザミのトゲのある茎や葉をうまく扱って、非常に清新さを感じさせた」といい、薊のモティーフ一つがいかに革命的であったかを語っている（注5）。

大正の初め頃、様々な形で彼らの間にこうした態度が芽生えていたことは明らかである。しかしながら、すでにみたように、薊は全く新しいモティーフというわけではなかったし、彼らが好んだような草花への眼差しが過去になかったわけでもない。むしろ彼らにとっては、直接「自然」に還るということに加えて、そこに新たな何かを見て取り、表現そのものに新しさを生み出すことこそ重要だったと考えられる。

たとえば植物の直接の写生ということであれば、板谷波山も一九〇〇（明治三三）年以前から盛んに行っている。しかし比較してみると、草花の好みが異なるのに加え、富本に代表されるように、彼らのスケッチや図案は、写生に基づきながら、波山のように決して忠実に細部を写し取ってはいない。作家による相違はもちろんあるが、単純化によって個々の草花の特徴を明快に捉えている点はほぼ共通している。その結果、簡素ながら生き生きとした図案が生まれているのである。

他方で富本らの図案は、一九〇〇（明治三三）年のパリ万博以後盛んになった図案改革の動きのなかで、浅井忠が試みた図案とも異なっていた。万博開催中のパリを訪れ、アール・ヌーヴォーを目の当たりにした浅井は、そこから琳派を中心とする過去の美術を図案の観点から再発見し、杉林古香らとの共同作業を通じて、当時としてはきわめて質の高い漆器等を生み出している（注6）。しかし一九一〇年代の工藝家の支持者であった小宮豊隆は、浅井の図案の性格を正確に見て取っていた。浅井は「誠意と虚心とを以つて『自然』を凝視し、其凝視から得たものを誠意と虚心とを以つて表現すること」(小宮によれば「図案の藝術化」)に「心を用ゐ」ているものの、「新らし様式が持つを常とする様な大胆な率直な自由な感じに欠けてゐる」(注7)。浅井の図案における試みを評価しつつも、従来の「型」、すなわち琳派を充分に脱しきっていない点を指摘しているのである。光琳自身が「自然」を直接見つめていたのに対し、浅井の場合、光琳を通して「自然」を見ているということであろう。

再び富本のスケッチに目を転じるなら、モティーフは簡素な線描で捉えられているが、その太い線の帯びた生命が図案に生動感を与えている。また富本や河合の木版による図案の場合、木版独自の彫り跡や彫り残しによって、草花の持つ息吹のようなものを伝えようとしているのが感じ取れる。単純化イコール「様式化」あるいは「パターン化」ではなく、単純化によってむしろモティーフのもつ生命力を引き出すのが彼らの共通した意図と考えられる。

こうした意図は恐らくモティーフ選択の時点ですでに働いているにちがいない。草花のなかでもとりわけ素朴で力強い生命力を感じさせるもの、すなわち薊が好まれた理由もそのあたりに求められそうである。典型は藤井達吉の木綿に木版の薊であり、素材と技法の選択もさることながら、丈高い薊の燃え上がるような姿はまさに生命力の権化である。薊は花、葉、刺のある茎、いずれをとっても特徴的で、いかにも力強い。初夏と秋の二回花をつけ、至るところに見出される薊の現実の旺盛な生命力に加え、姿形も野草の生命力を代表する力強さに満ちている点が、一九一〇年代の工藝家には好ましく感じられたのであろう。彼らが概して茎の表現を重視しているのも興味深い。

西洋近代デザインに新しい局面をもたらしたアール・ヌーヴォーの根底には自然に対する新しい態度が潜んでいた。デザイナーたちはデザインの源を直接自然に求めることを主張し、自然の生命力はS字曲線を通して典型的に表現された。一九〇〇年代の日本の図案界を席巻したのは、おおかたこのアール・ヌーヴォーの表面的な模倣であり、浅井の場合でさえ折衷的表現を充分に脱してはいなかった。これに対し、一九一〇年代の工藝家は、表現方法は異なるものの、自然への態度の根底においてアール・ヌーヴォーに通じており、日本の工藝に「近代」の意識と自覚をもたらしたのである。

注

1　富本憲吉『製陶余録』昭森社、一九四〇年、一二七頁。

2　一七　酒屋の倉のひさしに／薊のくさの生ひたり／その花さけば雨ふり／その花ちれば日のてる
一八　計量機に身を載せて／量るは夏のうれひか／薊の花を手にもつ／裸男の酒の香
一九　かなしきものは刺あり／傷つき易きこころの／しづかに泣けばよしなや／酒にも黴のにほひぬ。

3　富本憲吉「模様雑感」（談）『美術新報』、一九一四年一〇月号、八―九頁。

4　藤井達吉「図案についての言葉」『美術工藝の手ほどき』、博文館、一九三〇年、一八―二三頁。また津田青楓は、『老画家の一生』（中央公論美術出版、一九六三年、一四五頁）で、明治三〇年代半ば、高島屋図案部に勤めていた前後に、それまでの仕事のやり方を反省し「自然の一草一花を写生してそれを模様化することを考えた」と回想している。

5　高村豊周『自画像』、中央公論美術出版、一九六八年、一一五―六頁。

6　クリストフ・マルケ「浅井忠と漆工芸」『美術史』第一三四冊、一九九三年三月。

7　小宮豊隆「図案の藝術化」『文章世界』一九一四年一〇月号、二六〇頁。

工藝の在処をめぐって——一九二〇年代の工藝

一

一九一〇年代の初頭、今和次郎は工藝図案の世界に絶望する東京美術学校図案科の一学生であった。その今にとって一九二〇年代はバラック装飾と考現学の時代となった。周知のとおり、その間に今は美術学校を卒業し、早稲田大学建築学科の助手となり、白茅会のメンバーとして柳田國男らとともに全国の民家調査を行っている。その成果は遺された「見聞野帖」等のスケッチ、そしてその成果をまとめ一九二二（大正一一）年に出版した『日本の民家』をはじめとする著述にみるとおりである。

民家調査を熱心に始めてからも、今のニヒルな気分が消えたわけではなかった。そのニヒルな気分のまま、今はさらに関心を広げ、関東大震災をきっかけに震災バラックの調査、バラック装飾社の設立、続いて考現学調査を始めている。川添登氏は震災以前の民家調査からすでに考現学的視点が今にあったと指摘しているが、一つの新しい「学」としての考現学の出発点は、震災後の東京であった（川添登『今和次郎 その考現学』、リブロポート、一九八七年）。それは今和次郎の人並みはずれた好奇心に導かれたものにちがいなく、その調査対象は実に幅広く、そこには一種の遊びの精神すら感じ取れるかもしれない。それが考現学を今日魅力的に感じさせる要因でもあるが、今がニヒルな気分のなかで、考現学をあくまで「学」として創始した点は重要であろう。その調査は、単に好奇心に駆られて風俗の表層をなぞっているようなものでは決してなく、その本質において、社会そのものが「近代化」のなかで決定的な節目を迎

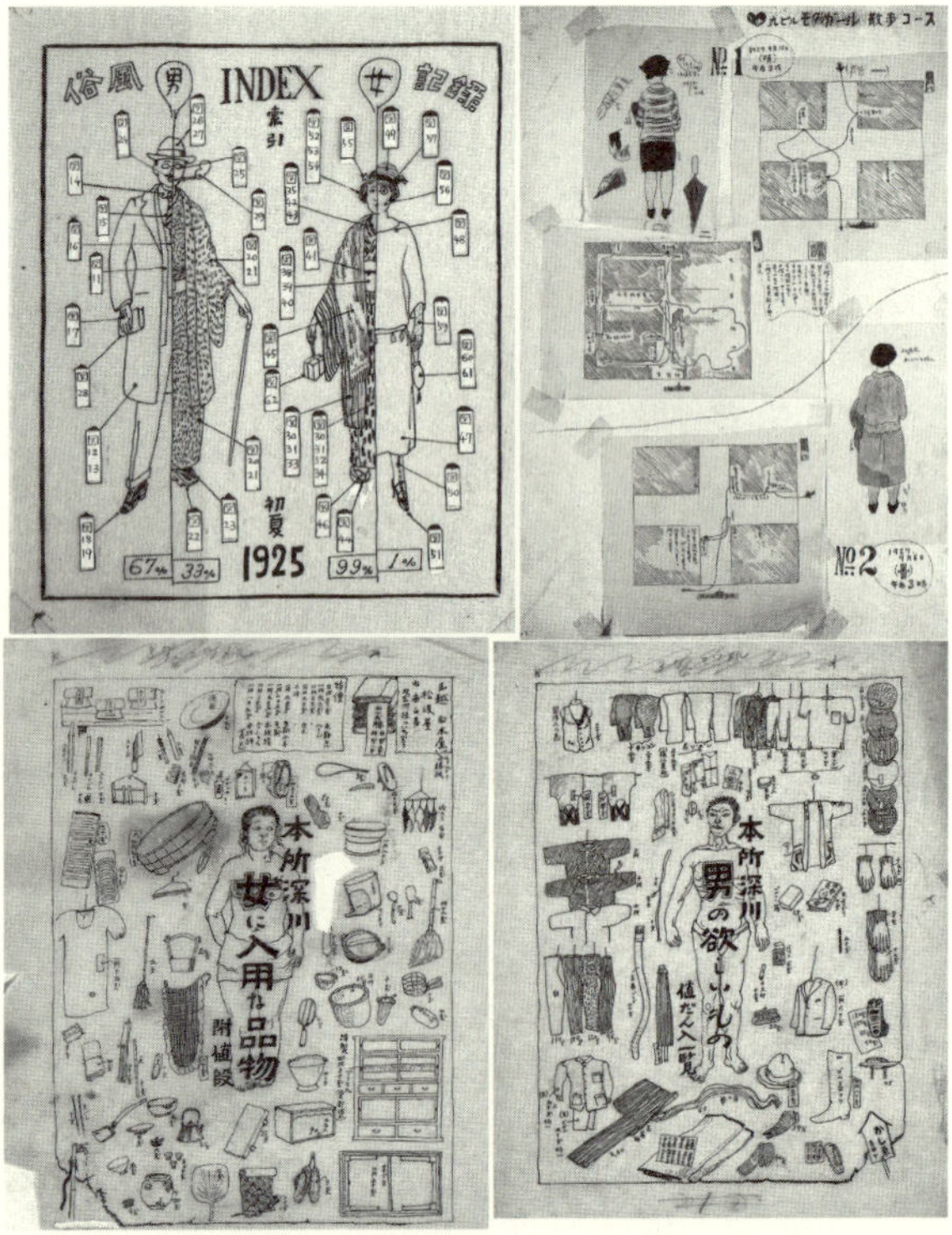

図68　今和次郎・吉田謙吉・小池富久《考現学スケッチ》
1925–27（大正14–昭和2）年

えた日本の幾つかの局面を、それを捉えるに最もふさわしい手法で捉えているのではなかろうか。さらには、工藝図案の道を志していた今が、幾つかの紆余曲折を経て、この考現学にたどり着いたということ自体、一九二〇年代の工藝とデザインの状況をきわめて暗示的に示唆する事実となっているように思われる。一九一〇年代から一九二〇年代にかけて、今の関心が一挙に広がったのは、今が絶えず問題をできるかぎり包括的に、あくまでも全体として捉えようとした結果であり、以下にみるように、実際、一九二〇年代に工藝をめぐる問題そのものが一挙に広がりを持ってしまったからである。

今の関心の対象がいかに移りゆこうとも、そこに一貫していたのは倫理的な態度である。川添登氏が「学問を藝術や倫理ときりはなしてかんがえなかったように、彼にとっての美もまた、そのなかに倫理をふくみこんでいた」と指摘する点である。考現学調査は、震災後たちまちのうちに華やかさを取り戻した銀座から始まっている。「震災以前からしきりに華美に傾いた東京人の風俗を、ぜひ記録にとっておきたい」という気持ちで始めたのが銀座風俗の調査であるが、今はそれと並行して都市のひずみを露呈した深川貧民窟でも調査を行っている［図68］。この二つが近代都市の宿命ともいえる明暗の両面を覆っているのに加え、さらにそこに自ら「平民工藝」と名づけた貧しい農村の工作物への関心を加えることでバランスをとらずにいられないのが今和次郎である。一方で「アブソリュート・パターン」としてのロココを通じて装飾の意味を探求しつつ、他方で田舎家を研究する自分の態度について、今は「はなやかなるものを見つめることと、きたない田舎家の研究のようなものを並べて考えると興味があり、それらのおのおのを深く考えるうえに便宜を感ずる」と説明している(「田舎家の構造美」『民俗と建築』一九二七年二月号)。「つくられたるもの」すべてを今は「工藝」と呼び、平等に関心を注ごうとした。すでに一九一〇年代から、彼の態度に著しいのは常に「全体」を把握しようとする点である。今和次郎にとってはそれだけが自らに唯一可能な倫理的態度であると感じられたのであり、そうであるがゆえに、全く対照的な二つのものに同時に関心を持つというパラドクシカルな態度を常に自分に課さざるを得なかったのであろう。今自身は、明らかに「はなやかなるもの」よりも「きたない田舎家」に共感しているにもかかわらずである。美も造形活動も人間にとって不可欠であるが、近代都市のなかでは、美の代表であるはなやかなるものは、消費の対象としてしか意味づけられない限界も彼はすでに見抜いている。「都市は現在のままでは肉体的にも、精神的にも、消費の場所となっている」ことへの危機感があった。

こうした今の関心と姿勢のなかに、一九二〇年代に工藝とデザインをめぐって生じてきたあらゆる動きも関心も含まれているといっても過言ではない。美と倫理、工藝の位置づけ、装飾の意味、近代都市の抱える問題。阿佐ヶ谷郊外住宅地の調査や某家庭の全所持品調査など、都市と郊外の関係、生活様式と合理化という一九二〇年代の別の重要な課題への視点、商業美術への関心もそこにはある。要するに、西洋近代を様々な次元で受け入れつつ、大衆化と消費社会へ向かう日本の工藝とデザインが抱えていたすべての問題を俯瞰するだけの広がりを少なくとも持ち得ていたのではなかろうか。

二

さて、一九一〇年代の工藝を論じた拙論「工藝の個人主義」においては、富本憲吉、バーナード・リーチ、河合卯之助、藤井達吉、津田青楓、高村豊周らを取り上げた。彼らによる工藝のアマチュアリズムの実践、そして図案における「自然」への直接的回帰の主張は、確かに工藝の世界に新しい地平を切り開いたが、一九二〇年代にその地平の先に何が展開されたのかを、ごく一部にすぎないものの追ってみたいと思う。

まず富本、リーチから民藝運動の創始者である柳宗悦へという展開をみることにしたい。この展開は、従来、民藝運動を歴史的に取り上げた展覧会に富本とリーチが含まれている場合もある点からいえば不思議ではないが、この二人こそ一九一〇年代を特徴づける工藝における個人主義とアマチュアリズム実践の旗手であるという筆者の主張が正しいとすれば、そこから「民藝」の思想への軌跡を描くことは、それほど単純ではないはずである。実際、富本は一九二六（大正一五・昭和元）年の時点で「日本民藝美術館設立趣意書」に名を連ねながら、次第に民藝から距離を置くに至ってもいる。

柳は、もともと親交の深かったリーチの作品のみでなく、正確にどの時点からかはわからないが、少なくとも一九二〇年代初めには富本の作品を高く評価していた。富本憲吉作湯呑配付会の広告が掲載された『白樺』一九二一（大正一〇）年五月号の推薦文が、文献として柳宗悦が富本に言及した最初である。そして柳の最初の工藝論である『陶磁器の美』の私家版［口絵13］では、中国や朝鮮の古作品と並んで、富本とリーチの作品が取り上げられている。「陶磁器の美」は一九二一（大正一〇）年に『新潮』一月号に発表され、翌年に私家版で出版されたが、現代作家のなかで取り上げられているのはもちろんこの二人だけである。この時点でいかに柳が彼ら二人を高く評価しているかが窺われるであろう。

さて、『陶磁器の美』の中身を読むと、柳が「陶磁器の美」の本質を一九一〇年代に富本とリーチが実践した「楽焼」的なものにみていることが読み取れる。陶磁器の美を「親しさ」の美であるとする柳は、「わけても宋窯が好き」というが、そこには「強さと柔らかさの結合」、「静と動の交はり」、すなわち「中庸」の性があるという。そしてこの宋窯に類する性質を持つ高麗、三島手、ペルシャの古陶器、イタリアのマジョリカ、オランダのデルフト、イギリスのスリップウェア、日本では古唐津や古瀬戸を柳は「此の世での最も美しい作」とする。一九一〇年代に富本やリーチが手探りで楽焼を始めた頃、明らかに刺激を受けたのがここに挙げられたペルシャの古陶器、マジョリカ、デルフト、スリップウェアなどであったと思われる。ここに柳が富本とリーチを評価する理由は明確に捉えられるであろう。私家本の献辞で柳は次のように書いている。

此書を余の友として又陶工として敬愛する富本憲吉、バーナード・リーチ両兄に贈る。言葉なき兄等の器から、是等の言葉の多くを学び得たことを、こゝに紀念したい。

柳がこうした陶磁器への美意識を獲得する過程で、古作品と同時に、あるいは古作品以前に、同時代の作家である富本とリーチの実作から影響を受けたということを素直に表明しているとみるべきであろう。

「其の国の歴史や自然が何時も陶磁器の美の方向を定めてゐる」とする柳は、こうした性質を持つ陶器が日本においてはさらに楽しさ、優しさ、静かさ、穏やかさを増し、「楽焼」という「相応はしい名」を与えられたというのである。不思議なことにこの「楽焼」的なものへの関心、それら国、時代を隔てた作品に共通する美の発見は、一九一〇年代の工藝家、批評家、そして柳に加え、濱田庄司、河井寛次郎らにも共通していた。周知のように、濱田はリーチとともにイギリスに渡り、セント・アイヴスで制作を行い、スリップウェアの技術を習得して帰国した。一九二〇年代の初頭に高島屋の個展で非常に高い評価を得、しかしながら柳には厳しい批判を受けたという河井も、すでに一九一〇年代初頭にリーチの作品に強い刺激を受け、直接訪ねていた（河井寛次郎「リーチと別れてから」『火の誓い』、朝日新聞社、一九五三年。初出は一九三三年）。

さて、一九一〇年代からこうした時代の美意識とでもいうべきものが陶磁器を中心に出てきていた一方で、これらをめぐる言葉のなかにも明らかな傾向がみられ、キーワードというべきものが登場している。次の柳宗悦の言葉はやはり『陶磁器の美』の一節である。

単純とか率直とか、こゝに美の密意がある。それは屢々幼稚とか平凡とかの意に誤認される。併し無心は無知ではなく、素朴は粗雑ではない。作為を少なく有つとは、自然を最も多く有つとの意である。自らを忘れる刹那が、自然を知る刹那である。

図69　濱田庄司《白掛唐黍文花瓶》
1925（大正14）年

図70　河井寛次郎《草花文壷》
1924（大正13）年

濱田庄司、河井寛次郎をめぐってちょうど一九二〇年代に、「健康」、「素朴」、「単純」、「自然」という言説が特徴的に行われたことがすでに指摘されている（長田謙一「濱田庄司と象徴としての益子」『「濱田庄司展」図録』、一九九五年、および吉竹彩子「陶磁器における自然」『第二回全国学生交流フォーラム論文集』、一九九五年他）。これらの言葉は柳が民藝運動を創始後に用いたキーワードでもあった。ここで注意したいのは、一九一〇年代から一九二〇年代にかけての工藝をめぐる言説のなかで、一貫して「自然」という言葉がキーワードになりながら、一九一〇年代と一九二〇年代とでは、明らかにその内容が異なっているように思われる点である。筆者は一九一〇年代の工藝に関する小論のなかで、一九一〇年代の工藝家たちが、工藝図案に関して直接「自然」に還ること、すなわち過去の文様をアレンジするのではなく、直接自然のモティーフに源泉を求めることを主張した点において、アール・ヌーヴォーの工藝家、デザイナーたちと共通する態度を持っていたことを述べた（土田真紀「薊のモティーフと一九一〇年代の工藝」『ひる・うぃんど』五三号、三重県立美術館、一九九六年。本書所収）。この場合の「自然」はきわめて具体的なもの、すなわち個々の草花や風景を指していた。ところがここに引用した柳のいう「自然」が、そうした具体的な「自然」というより、抽象的な、しかも理想化された理念としての「自然」を指していることは明らかである。この場合の「自然」が、柳が一九一〇年代にロダン、あるいはゴッホやセザンヌら「後印象派」を語る際に用いたそれと同一であるという指摘がすでに吉竹氏の論文でなされているが、この点は重要であろう。一九一〇年代の工藝家たちが実践したアマチュアリズム、プリミティヴィズム、装飾における具体的な自然への回帰が、この抽象的な「自然」という一語に集約されてきていると考えられるからである。柳宗悦に対して李朝白磁への導き手の役割を果たした浅川伯教やさらには河井寛次郎も、『白樺』によるロダン紹介に強く惹かれていたという事実は、『白樺』の影響力を物語るとともに、民藝運動に代表されるはっきりと「反モダニズム」「反西洋」を志向したところのものが、実は一九一〇年代の「近代」意識と西洋受容の延長上に現れたことが見て取れる。

図71　黒田辰秋《拭漆欅三段棚》
1927（昭和2）年

一九一〇年代から一九二〇年代にかけて、工藝の文脈において「自然」の意味がこのように変移、転換していったことによって、同時に、工藝をめぐる問題が装飾や図案の問題からさらに工藝そのもののあり方へと深化したことが知られるのである。一九一〇年代の「個人主義」が従来の工藝のあり方をあらゆる面で否定したことにより、結果として一九二〇年代には誰もが工藝そのものに対して意識的にならざるを得なくなったということである。そして、この「自然」が明らかに一つの理念であり価値観を示しているように、一九二〇年代には、工藝そのものの美の在処が問われ始める。そしてさらには、工藝の社会性、倫理性が問題とされるのである。その一つの現れが今和次郎であったとすれば、もう一つの重要な現れがこの「陶磁器の美」以降の柳宗悦の工藝を中心とする思想である。

周知のように、柳宗悦は民藝運動を始める以前、「陶磁器の美」の執筆と前後する頃に朝鮮民族美術館の設立を企てている。一九一九（大正八）年三月に朝鮮で始まった三・一独立運動をきっかけに書かれた多くの柳の文章は、実は李朝の工藝品の美を説きながら、決して単なる李朝工藝論ではなく、植民地として日本の総督府の統治下にある朝鮮に対して、日本人の関心を喚起しようとする一種のアジテーションともいえる性質を有していた。ここで注意すべきは、柳宗悦がアジテーションのために李朝の美を利用しているのではなく、李朝の美を絶対のものとして確かに捉えた柳宗悦の眼こそが一種の政治的行動へと彼を駆り立てたという点である。この時点の柳宗悦にとってその二つは別ではあり得なかったし、あってはならなかった。そして狭義の政治性こそないものの、こうした姿勢はそのまま日本民藝美術館の設立運動に始まる民藝運動のあり方に繋がっていったと考えられる。そのとき『白樺』の人道主義に加え、何ものかが美と倫理、美と政治的行動、美と社会的運動を結びつけざるを得ないところへ柳を向かわせたのである。

従来のように、工藝を自明のものとして捉えているだけでは済まないような状況は、もちろん工藝家自身にも切実であった。柳宗悦とともに民藝運動を進めた河井寛次郎、濱田庄司、黒田辰秋らのそれぞれの一九二〇年代についでは残念ながらここで触れることはできないが、三人の作家のいずれもが、一九一〇年代の『白樺』の藝術観や富本、リーチの活動に何らかの刺激を受けていること、それが一九二〇年代に彼らが出会う共通の基盤を、彼ら自身気づかぬうちに用意していたということをまずは指摘しておきたい。

三

工藝のあり方をめぐって、さらに別の一九一〇年代から一九二〇年代への軌跡を、高村豊周を中心にみることにしたい。一九一〇年代の工藝について論じた際、今和次郎のみでなく、高村豊周、広川松五郎、斎藤佳三ら、東京美術学校図案科、あるいは鋳金科に在学していたグループが、既成の工藝に対する絶望感を共有していたことを述べた。しかしながら、富本憲吉やバーナード・リーチが現れ、高村豊周が『自画像』(中央公論美術出版、一九六八年)で語っているように、明確な方向は得られないまでも様々な模索が続けられ、黒耀社等を経て一九一九(大正八)年に装飾美術家協会が結成されるに至っている。装飾美術家協会は一九一〇年代と一九二〇年代を繋ぐ一つの重要な輪であり、高村、広川、今、斎藤のほか、西村敏彦、渡辺素舟も参加していた。一九一〇年代から一九二〇年代にかけて、「美術」として確立された「絵画」や「彫刻」に対していかに「工藝」の位置を探るかという問題意識を最も強く持ち続けたのは、これらのメンバーであろう。なかでも工藝家の立場から、折々にこの問題に答えを出し続けたのは高村豊周である。父に高村光雲、兄に高村光太郎を持つ高村豊周がこの問題に最も心を砕いたのも、ある意味で当然であったかもしれない。

批評家としてもすぐれた眼を持ち、常に明晰かつ論理的な工藝論を展開した高村豊周の文章を一九二〇年代に追っ

図72　《『工藝時代』2巻7号（発行:アトリエ社）》（表紙：広川松五郎）　1927（昭和2）年7月刊

ていくと、その中心テーマが次第に装飾論から工藝そのものをめぐる議論へと展開していることが読み取れる。彼の『自画像』によれば、装飾美術家協会の展覧会が二回かぎりで終わった後、その周辺で関心の的となったのは、まずは帝展への工藝部設置運動より、むしろ「美術工藝の運動も結構だけれども、もう一つ考え直すと、普段の日常生活に使っている皿や茶碗などに美を投入しなければいけないのではないか」、「一般社会の美の標準をだんだんと上げてゆく運動が、同時に必要なのではないか」という点であった。それへの取り組みとして一九二二（大正一一）年一一月には『工藝通信』を創刊した。後にアルスから刊行した『工藝時代』［図72］とは異なり、頁数も八頁程度のパンフレットに近いものである。すなわち質の高い工藝品の社会への普及をまずは目的としたのである。またこの年の四月に『中央美術』に書かれた「工房手記」にみるように、この時期の高村は装飾の意義を説いている。「装飾は精神の糧であり、魂への日用品、実用品である」として。そして「実用と装飾とは、どこまでも先を手繰つて考へると、結局境界がつかなくなる」として装飾のなかにむしろ実用性を探ろうとしている。

次に一九二四（大正一三）年二月に『国民美術』に書かれた「工藝家の近況を知らせる手紙」では、「巴里の工藝博覧会も結構ですし、又帝展の工藝編入も何よりですが、実際に民衆生活に直接する実用品に対する考慮や、農民を如何に良く産業工藝の顧問たらしめるか、大デパアトメントストアの美術部を如何に眼覚まさせればい丶かなどの問題にも聡明な頭をしぼつて頂きたいのです」という。また同じ頃、可志和会と白木屋による工藝家の実用品への新しい試みを高く評価している。しかし、无型設立の年にあたる一九二六（大正一五・昭和元）年末には「純粋工藝は、即ち工藝美術は絵や彫刻と同じ意味での鑑賞を旨とするものである」とはっきりと「純粋工藝」を掲げ、むしろ産業工藝との区別を際立たせようとする趣旨がみえる。もちろん、彼は初めからその二つが工藝の両輪であり、実用品の質の向上のためにも、工藝美術が指導的役割を果たすべきことは説き続けていた。しかしここで明らかに力点が「純粋工藝」の問題に移り始めている。この年、《挿花のための構成》［口絵7］が制作され、无型結成直後に開かれた第一回聖徳太子奉賛美術展に出品されている。

一九二〇年代末になると高村豊周は鑑賞と実用をめぐって次のような議論を展開する（「作る者から観る者へ」『アトリエ』一九二九年六月号）。「装飾的分子が侵入してくるまでは、実用が主であるが、作家の頭が進化してくると、美の表現が主体になつて了ふことになります。私の考へでは、工藝美術品といふものはこういふものであると思ひます」。実際にものを作る過程で、実用という当初の目的に、美しいものを作ろうとする意欲が次第に取って替わるという。「工藝美術品」は実用品の形を借りてはいるが、「実用は第二で鑑賞が主」という点で、「生産工藝品と根本的に立脚点が違ふ」。絵画や彫刻と同一に扱われるべきであるが、しかし「工藝美術の美は、他に類がないもの」で「絵でも彫刻でも現はし切れない美があると思ふ」。また、工藝美術家が生産工藝品の産出を指揮する役に当たるのはいいが、安い日常品を作るのは的はずれであるとする。

このようにみていると、高村豊周の工藝をめぐる議論は、一九二六（大正一五・昭和元）年を境に大きく方向転換したといえるのではないだろうか。とすれば、前年末に津田信夫が帰国し、无型が結成されたこと、そして翌二七（昭和二）年に帝展に第四部が設置されたこととの関連が想起される。このとき、高村は工藝に絵画や彫刻と対等な位置づけを要求し、日常的な「生産工藝品」と「工藝美術品」との断固たる差異を主張するに至っている。実用を主とする前者を後者から切り離し、工藝のアイデンティティを「実用」ではなく、「他に類がない」工藝独自の美に求めることで、農展発足以来の課題に決着をつけようとしているのである。実際に多くの工藝作品は壺や鉢の形をとりなが

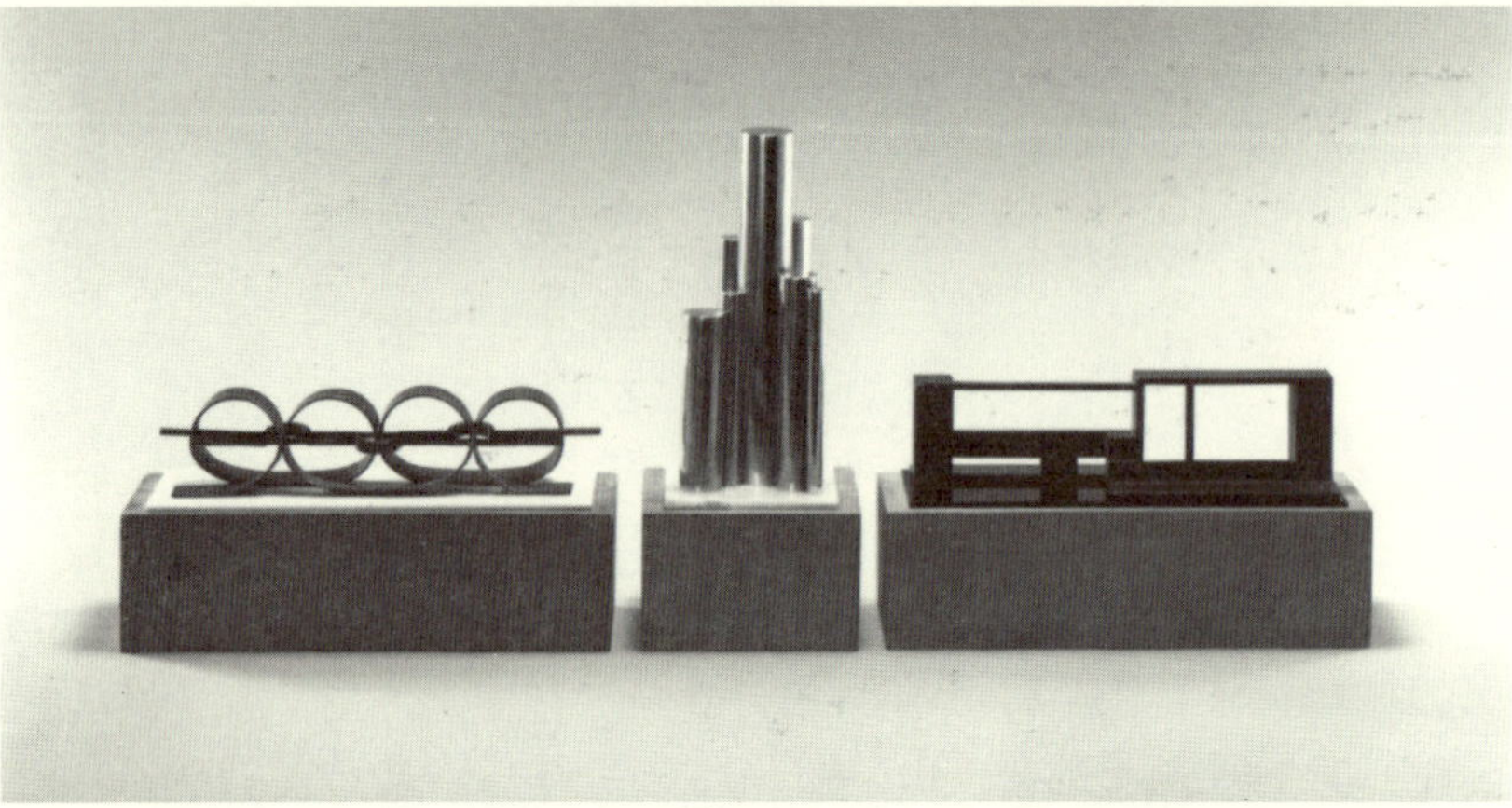

図73　杉田禾堂《用途を指示せぬ美の創案　完成期・原始期・過渡期》1930（昭和5）年

ら鑑賞用以外の何ものでもなかったが、「无型は無型、型ナシだ」という宣言を一種の呪文として、既成の一切の形式の呪縛を解き放つと同時に、《挿花のための構成》にみる構成主義を思わせる形式を通じて、慣習でしかない壺や鉢という形式としての「実用性」に訣別したことは明らかである。《挿花のための構成》は連続的な展開の上にではなく、全く突如として出現したような感を受ける。この作品や杉田禾堂の《用途を指示せぬ美の創案》〔図73〕は、その時点での彼らに可能なかぎりのラディカルな表現であったことは確かであるが、それゆえにこそ孤立感と無縁ではない。

明治以来の「美術」という概念の制度化をめぐる矛盾、歪みが、最終的に工藝において決着をつけざるを得なくなった結果が、「純粋工藝」というある意味で奇妙な造語に集約されている。しかし同じ頃、高村より一世代下の信田洋は柳宗悦をも援用して、「一つの工藝制作に於いて、それが用いられるべき器具への与えられた造型であり構成であれば、そこに出現した形態は機能的に活躍する限りに於いて、客観的に美を持つという事が現代の工藝のイデオロギーと言えるものであろう」と、ちょうど高村の議論を全く逆転させたようないわゆる「機能主義の美学」に近いものをすでに主張している。周知のように、柳宗悦もまた最初の本格的な工藝論である『工藝の道』（ぐろりあそさえて、一九二八年）で美と「用」に関する議論を展開している。ただし、柳は「工藝」を「美術」とは全く別の性質を有するものとしてこそ位置づけようとしている。工藝の美は固有のものであり、その固有性は「用」と同時に、「無名性」に由来するとする。無名の人々の手になる工藝品の美は、富本の「民間藝術」、リーチの「農民藝術」として、さらには津田青楓らによってすでに一九一〇年代に見出されていたものである。その美を柳は発見するに留まらず、そこにこそ工藝そのもののあるべき姿を見、理論化していったのである。その柳宗悦の帝展工藝部批判に対して杉田禾堂が反論したことは周知のとおりである。

四

一九一〇年代、美術と産業の間で宙吊りになっていた工藝に、富本、リーチらは個人作家として、絵画・彫刻と同じ藝術の可能性の地平をもたらした。その地平を前提としつつ、社会が大きく変貌し、ものをつくることの意味も技術の体系も大きく変わっていくなかで、工藝をどこに位置づけるかが様々な形で探られたのが一九二〇年代である。今和次郎、柳宗悦、高村豊周らは、最も真摯にその解答を探り続けた人々であろう。それぞれの関心のあり方、問題意識、考え方の相違は実に幅がある。そのため、彼らが実は同じ問題に直面していたということは見過ごされがちであったように思われる。そしてここにさらに、工藝の個人主義の先駆者として、民藝運動や国画会工藝部の設立に関わりながら、基本的に一人で歩むことを続けた富本憲吉の一九二〇年代を付け加えたい。富本の一九二〇年代は、一九一〇年代以来の模様の探求や白磁の研究を続けながら、「陶板」を考案し、新しい日常用食器を制作し［図74］、さらに信楽等で量産の絵付けを試みるなど、新しい現代の陶磁器を生み出すことへの多様な探求に向けられていた。一九二六（大正一五・昭和元）年の文章で富本は「私は趣味という語で現わす都合のよい温暖郷の殻を破るために幾度自分自身を狂気のようにしてきたか」と、自らの一九一〇年代を乗り越えようとする姿勢を表明している（「陶工として思ふ」『みずゑ』第二五三号、一九二六年三月）。「趣味」という名のもとに過去の作品を偏重する一般の工藝観に対し、現代の陶工として切実な危機感を抱いた富本は、日本の陶器は「これが最後だ」とさえ言う（「窯辺雑記」『アトリ工』第一巻第六号、一九二四年六月）。彼の鋭い自意識ゆえであろう。こうした富本の一九二〇年代も、一九一〇年代以後、工藝が抱え込んだ問題の広がりと複雑さを物語っていよう。

ところで、こうした工藝をめぐる状況は、産業革命後のヨーロッパにおいて、いわゆる様式の混乱、機械生産による粗悪品の大量流通、諸藝術の分裂等への危機感からウィリアム・モリスらの工藝運動が始まり、装飾の意味が問われ、新しい空間の秩序付けが必要とされた状況と対応しているとみることができる。ただこうした状況をもたらした社会的要因はかなり共通していても、状況そのものも、またそれに対する対応のし方も当然異なっていた。とりわけヨーロッパにおける様式の崩壊と装飾の意味の問い直しが、建築から工藝・デザインまでも含めた総合的な問題であり、主として建築家による総合藝術としての空間造形の試みのなかで、近代デザイン運動が進展していったのに対し、日本では、建築家の側でも武田五一、藤井厚二、堀口捨己らの総合的な試みがあったものの、工藝をも巻き込むような広がりはなかったという点は大きな相違である。元来建築を頂点とするヒエラルキーのなかに工藝が位置づけられたヨーロッパとは両者の関係が全く異なっていたからといえよう。

図74　富本憲吉《白磁八角コーヒーセット》1921（大正10）年

住宅のインテリアという、市民社会の発展に伴ってクローズアップされてきたプライヴェートな空間の問題は、日本でも一九二〇年代には大きな関心事であった。日本の場合、このプライヴェートな空間そのものがごく短期間に出現したものである。個人の趣味に立脚したその典型を、たとえばイギリス留学から帰国直後の富本憲吉の大和の生家の一室にみることができよう。また家族中心の生活の原型を新宮の西村伊作邸に探ることができる。富本にせよ、西村にせよ、それ以前にはない個人に立脚した生活空間の問題を意識した最初の人々であったといえる。しかし一般には、洋式の生活をいかに取り入れ、生活の合理化をはかるかという、空間の質を問う以前の問題が大部分を占めてしまったのも、やむを得ない事情であった。そのため、この問題を一挙に飛び越え、空間の質を問題にした斎藤佳三や森谷延雄の試みは、あまりにも突出したものとして孤立せざるを得なかった。一九一〇年代に芽生えた「生活と藝術」への関心は、総合藝術の試みというよりは、個々の工藝品の実用性への関心および工藝と社会の問題へと広がったのである。すなわち、日本においてモリスの工藝運動への理解がかなり広く深いものであったのに対し、一九〇〇年前後に総合藝術の試みとして、工藝品を含めたインテリアの問題に取り組んだヴァン・ド・ヴェルド、マッキントッシュ、ホフマンらの仕事は、一九二〇年代の日本の工藝家の関心の範囲外であったのである。ヴァン・ド・ヴェルドらにおいて、新しい工藝、デザインは総合藝術としての室内空間の秩序のなかに意味を見出していったが、日本では、工藝のアイデンティティは、工藝自体のうちに（高村豊周、柳宗悦）、あるいは工藝と社会、工藝の倫理性のうちに（今和次郎、柳宗悦）求められたのである。

　森谷延雄や斎藤佳三には、モリスおよびアーツ・アンド・クラフツに始まり、世紀末のマッキントッシュやヴァン・ド・ヴェ

図 75　森谷延雄《森谷延雄著『小さき室内美術』（発行：洪洋社）食堂の平面と全景》1926（大正 15・昭和元）年刊

図 76　斉藤佳三《食後のお茶の部屋》（第 9 回帝展出品）1928（昭和 3）年

ルド、ベーレンスに至る、藝術作品としてのインテリアの系譜に属するものを追求しようとする意識が確かにあった。とりわけ斎藤佳三による装飾によって感情、気分を喚起するインテリアは、ヴァン・ド・ヴェルドが展開した線の装飾論を想起させるが、あまりにも突出していたがゆえに論争を喚起したのみに終わった。また今和次郎や柳宗悦にも総合的空間への視点はあったが、それぞれに独自のものであった。

工藝をめぐる論争が最も活発に行われたのは一九三〇年前後である。主として一九二〇年代に徐々にはっきりしてきた工藝をめぐる立場、見解の相違がこの時期に尖鋭化したのである。そのなかで、一九三一（昭和六年）年の北大路魯山人による柳宗悦批判は、他の論争と異なり、論争になりようのないほどに両者の立脚点の違いを示しているように思われる。古陶磁や工藝品を「食文化」のなかに位置づけ、具体的な生活における趣味と美意識の実践の問題として捉える魯山人にとって、工藝と社会の問題など眼中になかったにちがいない。魯山人にとってはひたすら個々の工藝品の質、食器として適うかどうか、その環境も含めた総合的な美意識（モダン・デザイン運動とは別文脈の）が問題であり、「工藝」という抽象的な概念などどうでもよかったはずである。「目利き」という点で柳宗悦と魯山人が比較されるにしても、二人の関心の在処は全く違っていたといわざるを得ない。

工藝史は個々の工藝作品なくして成立しないのであろうが、一九二〇年代の工藝の全体像を考えようとするとき、工藝家以上に、思想家あるいは学者であった柳宗悦と今和次郎の存在が大きく浮かび上がってしまうように思われる。工藝を通して美と倫理の問題を徹底して思考したのがその両者である。それは畢竟、否応なく大衆化へ向かう近代社会のなかで、美がどう生き残っていけるのかに対する答えを探ることであった。工藝についても、個々の作品の質のみでなく、「工藝」という抽象的な概念を問題にせざるを得ない時代が訪れたのである。

五

さて最後に、こうした工藝をめぐる思想や議論とは無縁であった世界、しかし当時はまだある意味で最も社会と密接な工藝の分野であった大正・昭和初期の着物の世界に触れておきたい。今のいう「しきりに華美に傾いた」都会人の風俗の典型、すなわちすでに触れた「はなやかなるもの」の典型であり、今が一方で関心の対象としたロココの「アブソリュート・パターン」にも該当する性質を持つものである。「アブソリュート・パターン」とは、装飾そのものが純化されてもの自体から自立するほどに至ったもののことである。確かにロココの装飾がそうであるように、これら着物は、何の論理性も現実に対する批評性も持たない最も表層的な存在であるが、少なくとも日本の染織文化が近代化を経て行きついたところを非常に洗練された形で示している。見方によっては、ここにこそ生活と結びついた最も豊饒な工藝とデザインの世界をみることができるといっても過言ではない。近代の文化をめぐるもう一つの複雑な問題がここにある。

ある種の核を保ちつつ、長い時間をかけて洗練の度合いを深めてきたものの精髄を文化と呼ぶならこれら着物こそ文化そのものであろう。ところが、美や工藝の論理やアイデンティティを問わずにいられないのが近代である。論理やアイデンティティを問われたとき、真っ先に消えていくのはこれら着物であろう。実際には論理やアイデンティティを問われるまでもなく街から着物が姿を消してしまったのは周知のとおりである。社会と最も密接な関係にある着物は、戦時下の奢侈品禁止令のもとで最初の打撃を受け、次に戦後の洋装化の波が決定的な打撃を与えた。戦後の女性にとって着物は、女性が様々な制度に縛られていた時代の象徴として、その自由な活動を妨げるきわめて不便な衣服となり、わずかにハレの場に残っているにすぎないかにみえ

図77　《黒地朝顔模様単着物》
大正〜昭和初期

る。しかしながら、一九二〇年代前後の着物のうちに、生活の中に根づき、しかも高度に洗練された感覚の共有を前提に、自由に技法とデザインを駆使した、個人作家によるものではない、近代の工藝の別の姿があったことをいま一度思い起こしてみたいのである。

一九二〇年代の染織——近代工藝史をどう捉えるか？

一九二〇年代の工藝を考えるとき、新たな展開が目を引くのは陶磁器および金工の分野であろう。前者においては、民藝運動の出発と前後して、新しいタイプの陶工として河井寛次郎、濱田庄司らが現れた。一方、金工家たちは、无型の結成、帝展への第四部（工藝部）設置運動において中心的役割を果たし、様式の面でも構成主義、アール・デコの影響下に従来の金工作品とは断絶した新しい作品を次々と提示した。これらについては、すでに展覧会等を通じてまとまった紹介が行われ、相応の評価がされてきた。一九一〇年代に富本憲吉、バーナード・リーチ、藤井達吉、河井卯之助ら新しいタイプの工藝家が登場したのを受けて、新たな展開がみられたのがこの両分野であろう。

一九一〇年代の工藝家による、既存の専門性、すなわち素材・技法別の専門分野を越境した活動を経た上で、二〇年代の工藝家たちは、再びそれぞれの専門分野のなかで、徐々に個人作家としてのあり方を確立していった。彼らは個展や同人によるグループ展、あるいは一九二七（昭和二）年に創設された帝展第四部や国画創作協会（一九二八〔昭和三〕年から工藝を一般募集）への出品を、工藝家としての存在証明の場としていったのである。この工藝家像が現在に至るまで続いているのは周知のとおりである。

それでは陶磁器、金工以外の分野はどうであったのか。ここでは染織を例に、一九二〇年代の工藝を考える際の問題について若干検討してみたい。早くから染織工藝・産業の中心地であった京都の場合、一九〇二（明治三五）年に設立された京都高等工藝学校に浅井忠、武田五一らが教官として招聘された結果、図案家と工藝家が協力して新しい工藝制作のあり方を探る方向が始まり、陶磁器の遊陶園、漆工の京漆園に次いで、一九一三（大正二）年には染織の

図78　山鹿清華《綴錦帆船に異国風俗模様卓布》
1928（昭和3）年

道楽園が結成され、会員たちは毎年東京で京都三園展を開催すると同時に、農商務省主催図案及び応用作品展覧会（農展）に盛んに出品し、毎回賞を獲得していた。このうち、遊陶園、京漆園の活動の内容については、若干の作品の実例も残っているが、道楽園については、これまでのところほとんど知られていない。このほかにも、神坂雪佳を中心とする佳都美会など、様々な研究団体が結成されているが同様である。

一方、京都の個人作家ということに注目すれば、一九一〇年代から一九二〇年代にかけて、伝統的な基盤とそれに支えられた高度な技術を背景に、初代龍村平蔵や山鹿清華が登場してきている。龍村平蔵は法隆寺裂などの復元によって知られているが、そこで獲得した高度な技術を生かして創作織物へ向かった。この龍村よりさらに創作を重視した個人作家の道を開拓したのが山鹿清華である。一九二八（昭和三）年に制作された《綴錦帆船に異国風俗模様卓布》［図78］は、伝統的な技術に、洋風の色調とデザインを導入したこの時期の彼の作品の一例である。

山鹿清華は、伝統の上に立ちつつ、特にデザイン面で新しさを取り入れたいわば折衷派、すなわち陶磁器の世界では五代清水六兵衛に代表される京都の大家たちとほぼ同じ位置づけになると思われるが、この頃東京では、龍村や山鹿とは全くタイプの異なる個人作家がこの分野に登場している。藤井達吉、広川松五郎、木村和一の三人は、一九二六（大正一五・昭和元）年に三ツ葉会という染色作家の会を結成し、最初の展覧会を三越百貨店のギャラリーで開催した（一一月一九日～二四日）。それがいかなる意義を持っていたかについては、高村豊周が『美之國』（第三巻第一号）に書いた「三ツ葉会染色作品展を観る」に的確に記されているとおりであろう。高村は、他の工藝ジャンルに比べて染色の「工藝美術家」がきわめて少なく、専門業者によるか、あるいは絵更紗などの家庭手藝に近い展覧会しかない現状のなかで、他のジャンルに匹敵するこの会の内容の充実を高く評価し、三人それぞれの個性の発揮と、そこに共通する「オリエンタリズム」、すなわち東洋の伝統の咀嚼の現れをよしとしている（『高村豊周文集Ⅱ』、高村豊周文集刊行会、一九九二年）。

三ツ葉会のメンバーのうち、藤井達吉、広川松五郎は一九一〇年代からすでに活躍を始めており、ともに一九一九（大正八）年の装飾美術家協会の展覧会に出品している。ただし、藤井達吉の制作活動は工藝のあらゆるジャンルにわたっており、染織もそのなかの一つであった。ただし特に染織に関していえば、彼の姉妹が共同制作者として関わって農展にも出品しており、「家庭手藝」というこの時期の一つの特徴的な方向を示している。また広川松五郎の場合、一九一五（大正四）年に東京美術学校図案科を卒業後、少しずつ作品発表を行っていたが、染織の分野では一九一〇年代には目立った活動はみられず、むしろ装幀の仕事などに注目すべきものが見出される［口絵8］。

図79　広川松五郎《藹染文武紋壁掛》
1930（昭和5）年

この二人に木村和一が加わることで、「染め」の領域にようやく明確な「近代」の輪郭がみえてきたのが、一九二〇年代半ばということになろう。もともと洋画を学んだ木村和一は、三ツ葉会の結成に先立つ一九二四（大正一三）年三月に資生堂ギャラリーで「木村和一染物作品展覧会」を開催し、山本鼎の高い評価を受けた（『資生堂ギャラリー七五年史』、求龍堂、一九九五年）。富本憲吉、バーナード・リーチ、河井寛次郎など、一九一〇年代以来、陶磁器を中心に工藝家の個展も開かれるようになっていたが、染色の分野では恐らく初めてであった。非常に残念なことに、藤井達吉、広川松五郎、木村和一ともに、現存するこの時期の作品は決して多くはない。しかしながら、残されたわずかの作品、写真図版、文献から察するところ、着物、帯などの衣装類に加え、テーブルクロス、クッション、屏風、壁掛けなど、生活空間の洋風化という変化に伴って、室内装飾の分野に新たな染色の領域を模索する方向が共通して見て取れる。なかでも壁掛け、屏風などは、生活空間と遊離することなく、「純粋美術」としての絵画に匹敵するものを生み出すための格好の舞台であったのではなかろうか。

木村和一は画家出身、藤井達吉や広川松五郎もそれぞれ七宝や図案を出発点としながら、従来の職人とは異なる近代的な藝術家意識を明確に有した作家であった。同じ頃、京都で活動を開始した染色家の元井三門里も、もともと画家を志していたが、たまたま目にした更紗に惹かれ、独学で「絵更紗」と自ら名づけた手描き更紗を制作し始めたという［図80］。「古渡更紗」と呼ばれる一七世紀の船載品以来、更紗は日本の数寄者の間に人気を博し、国産の「和更紗」も大量に生産されているが、大正期は、北原白秋、木下杢太郎らの南蛮趣味にともない、この更紗が新たなブームを引き起こした時期であったように思われ、従来の更紗に加え、作家が更紗を手がける例がしばしばみられる。一九一〇年代にすでに手描きや木版の更紗を手がけていた富本憲吉は、この点でも先駆者であったのかもしれない。元井三門里の「絵更紗」は、藤井達吉と同様、家庭手藝として普及の方向をとったが、彼自身の作品は絵画的な自由さに独創性を示し、質的にも無視し得ないものである。

そのほか、一九一〇年代から二〇年代にかけて染織の分野で名前を挙げることのできる個人作家として、京都高等工藝学校の教授であった鶴巻鶴一、山鹿清華とともに一九二七（昭和二）年に京都で彩工会を結成した皆川月華や小合友之助、総合藝術の一環として室内装飾品から服飾までのデザインを手がけた斎藤佳三、民藝運動の一環として創設された上加茂民藝協団で丹波布や裂織にインスピレーションを得た織物の制作に取り組んだ青田五良、やや遅れて民藝運動に刺激を受けて登場した型染の芹沢銈介、草木染の研究に力を尽くした山崎斌、東京美術学校出身で広川松五郎らとともに黒耀会の展覧会に出品、岩村透から「日本のウィリアム・モリス」と絶賛されながらスペイン風邪の犠牲となって夭折した小倉淳らがいる。

これらの個人作家に関しても、芹沢銈介を例外として、現存する作品の少なさもあってその仕事の紹介は十分になされているとはいいがたく、またそれぞれに名前は知られていても、孤立した現象としてである。そしてここにさらに、こうした個人作家の活動とは無縁に続いている染織業界の流れを加えるとするなら、染織の一九二〇年代の印象はますます混乱するばかりであろう。しかしながら近代以降についても、染織の領域を考える際に、商業ベースでつくり続けられてきた着物や帯を取り上げずに済ませることは、質、量の両面においてできないはずである。現実には、個人作家の作ではなく、従来の美術史の枠を離れるがゆえに全く等閑視されてきたが、識者を審査員として年ごとの標準図案を定めた高島屋の百選会の機構や三越呉服店の様々な活動などとともに、無視し得ないと思われる。

さて、これまで〈染織〉と一つに括って述べてきたが、染めと織り、織りのなかでも西陣の高級織物と民藝運動のなかの織物、個人作家の展覧会出品作品と日常着としての着物など、そこには様々なものが含まれ、それぞれが全く別個に論じられているのが現状である。しかしながら、そのいずれもが一九二〇年代の染織のある一面を形成しており、質的にも容易に優劣をつけがたい感を受ける。とりわけ染織に関していえば、個人作家のみを取り上げるのは片手落ちであると思われる。また、これまで近代美術史研究を積極的に推進してきた美術館では、一般に実物が現存していないものは軽視されがちであり、事実作品が残っていなければどうにもならない面もあるが、それゆえにかつて確かに行われたはずの様々な活動の軌跡を歴史上から抹殺しては、近代染織史は非常に偏ったものとなる恐れがある。

図80　元井三門里
《絵更紗帯》　昭和初期

これだけの広がりをもつ染織の分野に絵画や彫刻と同じ見方や評価基準のみを持ち込むのは妥当とは思えない。たとえば「家庭手藝」という方向性も、この時期重要な課題として提起された「生活と美」、「生活と藝術」の観点からすれば、一概に切り捨ててしまうこともできないと思われる。一九二〇年代に専門家集団の再編成が成された陶磁器や金工の分野ともまた事情が異なるであろう。その意味で、一旦従来の枠組をすべて保留にして、いま一度可能なかぎり染織に関する一次資料、二次資料を掘り起こし、まずは全体を俯瞰してみる必要があるのではなかろうか。

工藝の「伝統」をめぐって——一九三〇年代の工藝

一九三〇年代に、工藝の世界で少しずつ「伝統」という言葉が浮上してくるように思われる。それは、建築の世界で同時期に「日本的なるもの」がきわめて重要な同時代のテーマとなった事態と平行している現象にもみえる。たとえば一九二〇年代以来、建築界で最も先鋭的なモダニズムの推進者の一人であった堀口捨己は、一九三〇年代には茶室の研究に入り、「日本的なるもの」の探求へと向かっている。一方、工藝の領域では民藝運動の指導者であった柳宗悦の著作に一九三〇年代以降、次第に「伝統」という言葉が頻繁に、しかも重みを加えつつ登場するようになることに気づかざるを得ない。興味深いことに、この時期に相次いで来日したブルーノ・タウトとシャルロット・ペリアンもまた日本の「伝統」に対してきわめて意識的であった。「伝統」と「日本的なるもの」。ほとんど同じものを指しているようでいて、工藝と建築とで別の言葉が用いられているのは、よくも悪くも西洋建築の移植の過程を中心に展開してきた建築の世界と、当初から既存のものと外来の要素とが複雑に関わりつつ展開してきた工藝の世界とのずれ加減を示しているとも考えられる。ただいずれにしても、建築や工藝の世界の内部に留まらず一九三〇年代に日本が置かれていた状況において、西洋世界からもたらされた自らの外なる体系や価値観との数十年にわたる接触を経た後に、彼らの自意識が「伝統」あるいは「日本的なるもの」という言葉に象徴されるものに向かわざるを得ない時期に差し掛かっていたことだけは確かなのではないだろうか。

一　シャルロット・ペリアンと「選択・伝統・創造」展

一九三〇年代の工藝における「伝統」を考えるにあたり、本論では、一九三〇年代の終わり、正確には一九四〇（昭和一五）年八月に来日したフランス人のデザイナー、シャルロット・ペリアンの日本における活動から始めたいと思う。商工省貿易局に招かれて来日したペリアンは、七カ月後に自ら企画した「選択・伝統・創造」展を東京と大阪の高島屋で開催した。来日以降わずかな期間の間に日本で成し遂げた仕事の成果がここで披露されたが、日米開戦の数カ月前に開催されたこの展覧会のタイトルにペリアンは「伝統」を用いたのであった。同時にペリアンは、「伝統」を「選択」「創造」という別の二つの言葉と並置している。このとき展覧会場に展示されたものを通じて、この三つの言葉が具体的に何を指していたのか、また「選択」および「創造」との関係において「伝統」がどのような形で提示されているのか、これらについてまずは考えてみたいと思う。幸いこの展覧会に関しては、同じ年の一二月に展覧会を詳細に記録した図録『選択・伝統・創造――日本藝術との接触――』（小山書店、一九四一年）が出版されている［図81］。個々の出品作品のみでなく、展示風景・会場風景の写真をも含めた五三頁にわたる図版に加え、展覧会全体の趣旨と作品解説から成る計二五頁のテキストがこの図録には収められており、展覧会の詳細を知ることができる。

まず図版部分をみる。写真一は展覧会場の入口の写真で、石庭を思わせるセッティングの中に畳が数枚敷かれ、その上にテーブルとソファが置かれている［図82］。後の解説によると、テーブルは竹籠編みの天板に木製の三本脚の付いたもの、ソファは木製の脚に、京都の龍村織物美術研究所製の布を張った座部が載っている。その背後に二枚の大きな写真パネルがあり、向かって右はル・コルビュジェとピエール・ジャンヌレの設計によるパリ郊外の別荘の写真、向かって左は「桂離宮古書院内部より御月見台を通して御庭を望む」写真である。二枚の写真パネルの左側に大きく立体的な縦書き文字で「選択」「伝統」「創造」の三つの言葉が壁面から浮かび上がっている。写真二はその桂離宮の写真、写真三は龍安寺の庭園、写真四に「拒否されなければならないもの」の例として、同時代の輸出向け工藝品が示されている。写真五以下は「選択――伝統」がテーマで、東北地方に残る藁蓑細工、およびペリアンの指導のもとにこの技術を応用した折り畳み椅子用の掛布と敷物、続いて京都の龍村織物美術研究所とペリアンの協力から生まれた椅子張り用の檜皮織や錦、正倉院の経帙を写した簾等が登場する。写真一〇～二〇は「選択編輯」というテーマのもとに、同時代の工場製品と民藝品から「選択」されたものと、展覧会のために新しく製作されたものとを組み合わせた展示の様子が順に紹介されている。たとえば写真一七では、渋竹の大盆の上に京都象彦の柳文溜塗椀の砂糖入れ、竹製の砂糖挟み、粟田焼の白無地の紅茶茶碗が組み合わされており、写真二〇では東北地方鶴岡の農民が製作した竹を編んだ盆に硝子の器が載っている。

写真二一以降は「創造」がテーマで、新しい材料と技術を用いた来日以前のペリアンの仕事が数点紹介されているのに続いて、「想像力の探求」、「材料と技術との探求」、「構成の原理と標準の規格」、「全体の構成」、「展示の研究」という五つの課題を掲げて、日本でペリアンが新旧の材料と技術に基づき、自ら積極的にデザインに関与して実現し

図81 《シャルロット・ペリアン、坂倉準三著『「選択・伝統・創造」展図録』(発行：小山書店) 表紙》1941 (昭和16) 年刊

図82 《シャルロット・ペリアン、坂倉準三著『「選択・伝統・創造」展図録』会場風景 (入口)》

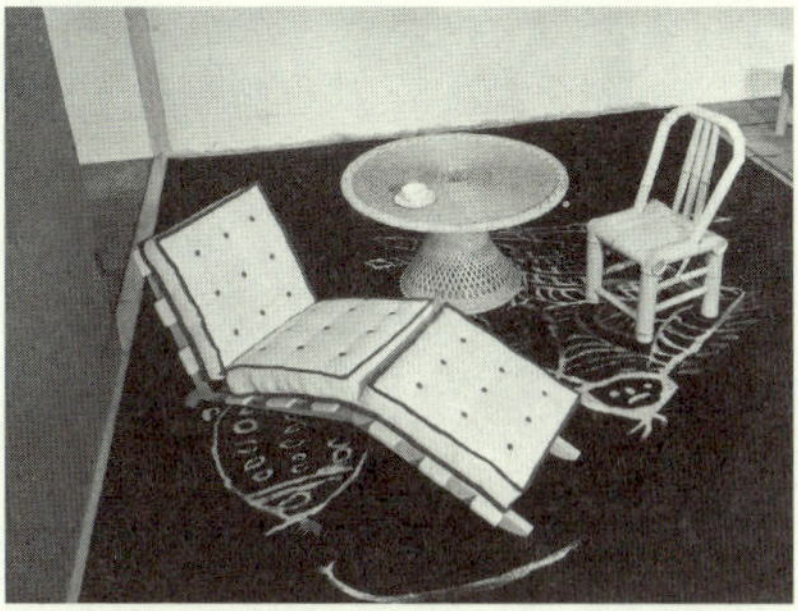

図83 《シャルロット・ペリアン、坂倉準三著『「選択・伝統・創造」展図録』会場風景 (ソファ、竹製テーブル、竹製椅子)》

図84　《シャルロット・ペリアン、坂倉準三著『「選択・伝統・創造」展図録』「全体の構成」》

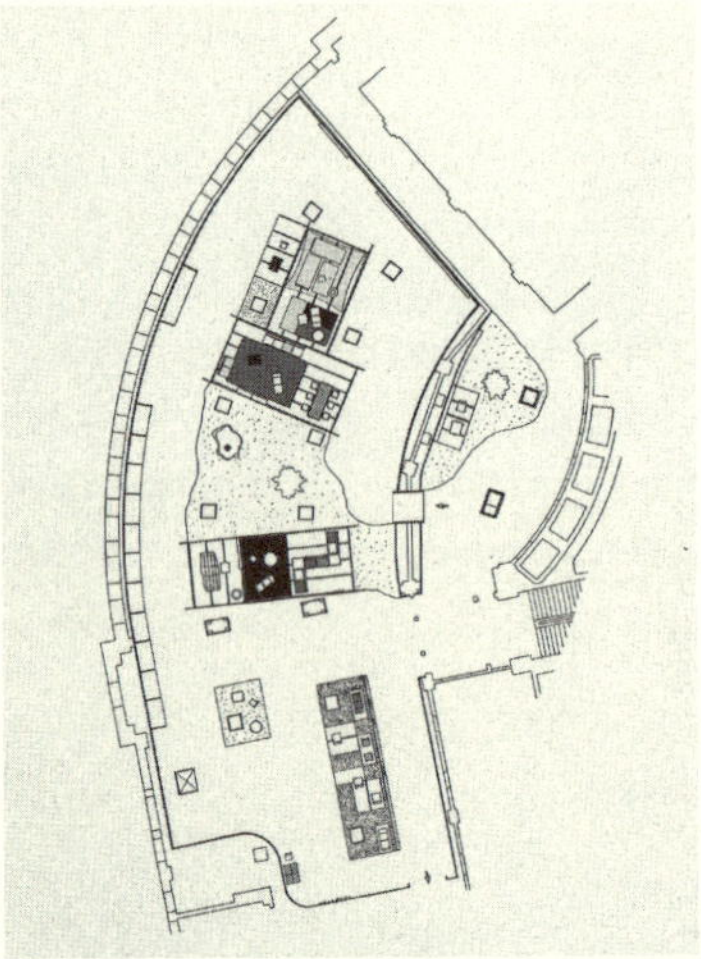

図85　《シャルロット・ペリアン、坂倉準三著『「選択・伝統・創造」展図録』会場平面図「展示の研究」》

た品々が登場する。子どものデッサンをもとに龍村の研究所で織られたカーテン、水夫のデッサンや唐時代の書跡を写した敷物、台湾製の竹家具に想を得、河井寛次郎が創案した竹家具、竹を編んだ笠を持つランプ、天板が編竹のテーブル、アルヴァ・アールトのモデルによる竹製の椅子、反古籠、様々な形で竹材を利用した長椅子、竹材による《シェーズ・ロング》、竹板の弾力を活用した寝台、脚と天板の組み合わせによるテーブルのヴァリエーション、折り畳み椅子とクッションの組み合わせのヴァリエーション、竹のベニヤ合板と檜の小割板を台枠に用いたソファ、桜材の台枠と仙台石の板を組み合わせた食卓など、日本の素材と技術を生かしつつ、いずれもこれまでのペリアンのデザイン経験が存分に発揮されたデザインといえる。「全体の構成」の部では、上記の品々が展覧会場で、寝室や食堂兼居間など、具体的な部屋を想定して展示されている写真［図84］が示されており、最後に「展示の研究」として展示の平面図［図85］が掲載されている。

　図録からみるかぎり、慣れない環境と厳しい時間的制約のもと、すべて一から創作するというわけにいかない状況のなかで、ペリアンが個々のデザインの質の高さと独創性を達成しているのみでなく、既存のものからの「選択」や組み合わせの効果を生かした「編輯」という手法を活用しつつ、展示空間の構成を見事に行い、全体に高度な統一感を実現していることが見て取れる。図録の最後で「全体の調和が最も大切である」と述べているとおりである。同時に、このときペリアンが提示した新しい室内空間の具体像が、六十年後の今日、全く時の流れを感じさせない普遍性を保ち続けているということにも驚かされる。

二　ペリアンとタウトと竹

さて、「選択・伝統・創造」展の図録のテキストはペリアンと坂倉準三との共著となっているが、序文と後記以外は坂倉が執筆したものと思われる。本文冒頭に「選択伝統及び創造をこの展覧会のテーマとして掲げる」とし、

選択　日本で現に生産されているものの中から優れたるもの欧羅巴の生活に直ちに使用出来るものを選択し、捨て去るべきものを拒否しなければならない。
　例　帯地を選んで家具の布地として使用するとか、また竹籠の技術を卓子に利用する等。
伝統　過去の日本の中に、真に純粋な伝統を保てるものを探し求める。

と述べられている。この「純粋な伝統」の代表が先に挙げた桂離宮と龍安寺の庭園であり、前者について「この建築の清純の極致はあらゆる時代を通じてあらゆる環境にゆきわたっている日本の伝統の真の姿である」と解説している。「伝統」は桂離宮の底に流れる永遠に変わらない「感覚」であり、その法則に従って「新しく創造する」ことこそ「真の伝統を生かす」ことであると解説されている。そのことを示すためにル・コルビュジエとジャンヌレが設計した住宅の写真が並置されているが、「透徹した平面構成の原理」と「偉大な単純さ」が両者の共通項であった。

ペリアンは来日してまもない九月にすでに桂離宮を訪れている。その直後の一〇月六日、商工省主催の図案展講評会で出品作品についての批評を行った際に、すでに「日本の伝統」について次のような見解を披露していた。ペリア

ンはまず、京都で見た御所、桂離宮、民家や優れた職人の話に比べて図案展の出品物が退屈であることを率直に述べ、材料と技法を離れてはいけないこと、たとえ輸出向けであっても自分たちの生活から離れてはいけないことを述べるとともに、助言として「あなた方日本の方にとつては伝統的の精神は直ちに今日の精神であることを指摘したい……かえつて日本の伝統的精神こそ私どもヨーロッパの最も新しいものと通じてゐる」と述べている（『工藝ニュース』第九巻第一〇号、一九四〇年一一月、一三頁）。ここで誰もがただちに、この数年前に日本を去ったドイツの建築家ブルーノ・タウトのことを思い浮かべずにはいられないだろう。

ペリアンより七年早く一九三三（昭和八）年二月に来日したタウトのことは、「桂離宮神話」と呼ばれるほど有名になった彼の桂離宮に対する高い評価とともに、ペリアンとは比較にならないほど日本でもよく知られている。ペリアンを招聘したのは商工省貿易局であったが、タウトもまた一九三三（昭和八）年一一月から四ヵ月にわたって商工省工藝指導所の嘱託を務めており、ともに商工省から求められたのは輸出工藝へのアドヴァイザーとしての役割であった。すでに明らかにされているように、ペリアンの招聘には柳宗理と坂倉準三が深く関わっていた。当時、貿易局に属する輸出工藝連合会におり、戦後は日本の工業デザイナーの草分けとして活躍する柳宗理が、海外からアドヴァイザーを招聘するにあたり、パリのル・コルビュジエのもとで働いて帰国した坂倉準三に相談した結果、ペリアンの招聘が実現したのである（畑由起子「日本におけるペリアンの足跡——一九四〇年——」『別冊太陽　アールデコ、アールヌーヴォーIII』、平凡社、一九九六年、一五五—一五八頁）。柳と坂倉を結ぶル・コルビュジエへの強い傾倒がその背後に働いていたことが窺える。その一方で、桂離宮訪問をはじめペリアンの日本滞在には、タウトという先例が当初から意識されていたのかもしれない。結果的に、ドイツとフランス、建築家とインテリア・デザイナーという違いこそあれ、ともに建築・デザインにおけるモダニズムの成立過程を自らの活動を通じて実践してきたペリアンとタウトが、その過程で形成された自らの視点を何ら揺るがせることなく、明治以来とにもかくにも近代化の過程をくぐり抜けてきた一九三〇年代の日本に混在する種々雑多な造形物を眺めたとき、桂離宮に限らず、その見方や評価がほぼ一致しているのは偶然ではないだろう。彼らはともに商工省の指導のもとに製作された輸出向けの品々には冷ややかに反応し、むしろ民家の建物や在来の日常的な生活道具などに注目した。また同時代の工藝運動のなかでは民藝運動に関心を抱き、いずれも日本民藝館を訪れており、そのコレクションに共感を示している。

そのタウトとペリアンが日本において工藝の分野で仕事をしたとき、ともに強い関心を示し、興味深い仕事を残した素材が〈竹〉であった。すでに触れたようにタウトは一九三三（昭和八）年一一月に工藝指導所の嘱託となるが、その期間はわずか四カ月で、その後は井上房一郎の招きで高崎に居を定め、デザイン活動を続けている。指導所では、同所における規範原型の研究に先鞭をつけ、『工藝ニュース』の報告（第三巻七号、一九三四年八月、三〇―三一頁）によれば、椅子や照明器具のほか、ドアハンドルなど小品の指導も行っている。高崎に移ってから、タウトは竹製の電気スタンド［図86］を手がけているが、その基本的な構造は、指導所で手がけた金属製の電気スタンド［図87］と同じで、円形の台の中心から傘を支える軸が伸び、その先にシンプルな曲線を描いた笠が載っている。仙台で「新素材」としての金属を用いたデザインの研究成果が、ここでは竹という在来の素材に置き換えて試されているといってもいい。

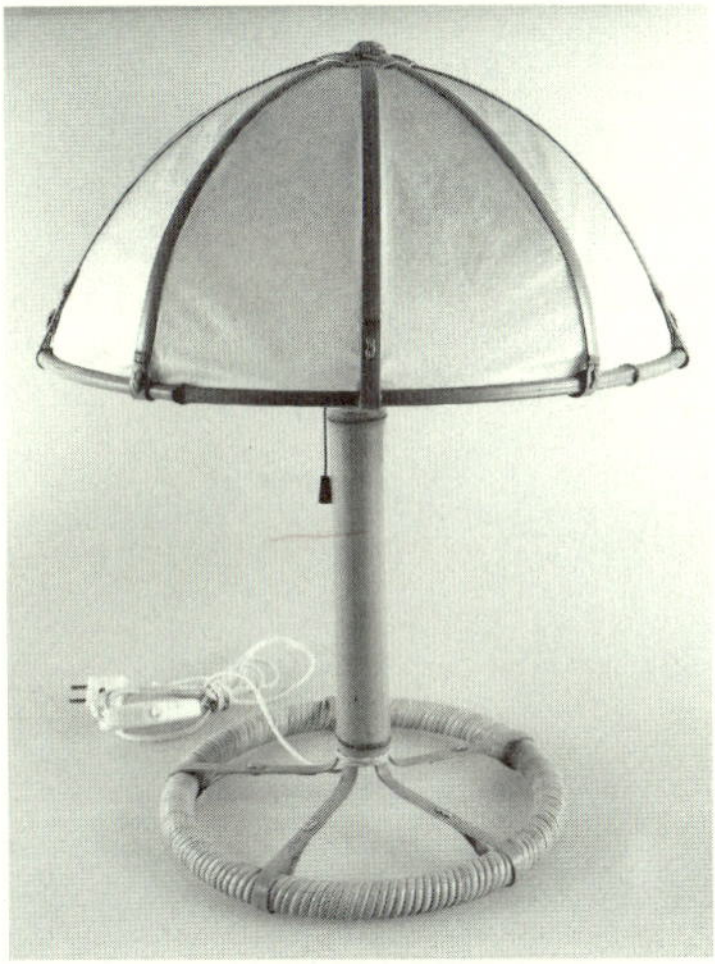

図86　ブルーノ・タウト（デザイン）《竹製テーブルスタンド（復元）》1934（昭和9）年（1989［平成元］年復元）

図87　商工省工藝指導所（ブルーノ・タウト指導）《テーブルスタンド1-B型（復元）》1933–34（昭和8–9）年（1984［昭和59］年復元）

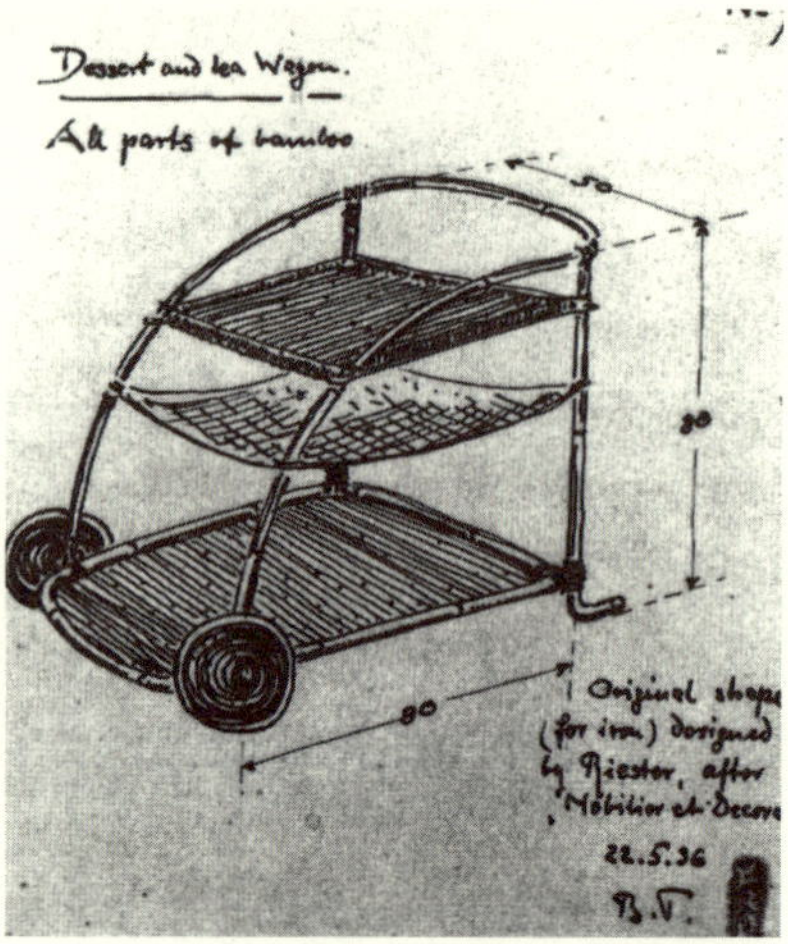

図88　ブルーノ・タウト《デッサン「竹製ワゴン」》1936（昭和11）年

注目すべきは、素材としての竹の選択がタウトによるきわめて積極的なものだったということである。一九八九（平成元）年に群馬県立歴史博物館で開催された「ブルーノ・タウトの工芸と絵画」展の図録所載の水原徳言による「タウトを迎えた頃の高崎の工芸品生産」によれば、タウトが手がけた様々な「小工芸品」の素材のなかでも「何よりも特別に興味を持たれたのは竹である。タウトほど竹についてその使い方を広く考えたものはなかったといってもよいと思う」（同展図録、一二頁）ということである。タウト自身は『日本文化私観』のなかの一章「工藝」で、「たとへ竹が支那から渡つてきたものであるにしても、この竹と云ふものは日本本来の植物であるやうにさへ私には思はれる」（ブルーノ・タウト『日本文化私観』、明治書房、一九三六年、一九三頁）と記している。タウトは東京在住の竹工藝家、飯塚琅玕斎を高く評価しており、自らデザインしたものの製作を琅玕斎に依頼しようとしたが無理だったと先の文章で水原は回想している。

タウトは一九三三（昭和八）年九月五日に行った工藝指導所に対する提案のなかで、工藝品のすぐれた「質」を達成するための四つの条件の第一に「あくまで日本的な材料の質による」、第二に「日本の技術とこれから生じた形との質による」を挙げている（『「日本工芸の青春期 1920s-1945」展図録』、美術館連絡協議会他、一九九六年、一四二頁）。タウトが「日本的な材料」と「日本の技術」を何より重視していることがわかるが、「形」はそのような「日本的な材料」と「日本の技術」から「生じ」るものなのである。確かにタウトは、竹の多様な編み方とそこから生まれる形を実際のデザインに生かそうとしており、そのような「あくまで日本的な材料」の筆頭が竹であったといえる。ところが、タウトの強い関心と積極的な試みとは裏腹に「竹についても、日本人はあまりそれを歓迎しなかった。タウトの竹の工芸品を好んだのは日本にいた外国人が多かったと思われる。われわれにとって竹はあまりにも身近なもので価値を認めにくいものらしい」と水原は記している（水原徳言「タウトを迎えた頃の高崎の工芸品生産」『ブルーノ・タウトの絵画と工芸』展図録』、群馬県立歴史博物館、一九八九年、一二頁）。一九八九（平成元）年の展覧会に出品された竹製品をみると、電気スタンドのほか、マガジンラック、パン籠、ナプキン入れ、ボタン、竹皮編みのバスケット、パラソルの柄などであり、銀座に開店したミラテスの顧客である都会の中上流階級の生活様式にもまだまだ居場所を見出すのがむずかしかったであろうことは容易に想像できる。が、同時に水原が指摘するように、日本人にとって「竹はあまりにも身近なもので価値を認めにくいもの」という理由もあったにちがいない。後に触れるように、明治初年以降一九二〇年代までの工藝の展開の中で、竹工藝はほとんど周縁的な位置づけであり、タウトが評価した飯塚琅玕斎は、近代的な創作の意味を竹工藝にもたらした、この分野にようやく登場した個人作家といってよい存在であった。

一方、「選択・伝統・創造」展にペリアンが出品した竹製品をあらためて列挙してみると、台湾製のオリジナルに基づく竹家具、編んだ竹を用いたランプとテーブル、アルヴァ・アールトのモデルによる竹製の椅子、竹編みの反古籠、多様な手法で竹材を利用した長椅子、竹材による《シェーズ・ロング》、竹板の弾力を活用した寝台、竹の脚と天板を組み合わせたテーブル、竹のベニヤ合板と檜の小割板を台枠に用いたソファ等である。点数も、デザイン的に重要なものも多く、一見するとペリアンはタウト以上に積極的に竹を用いているようにみえるが、竹に対する両者のスタンスにはややずれがあるように思われる。図録テキストの「材料と技術との探求」の冒頭には次のように書かれている。

ペリアンはこの展覧会で現在使ひ得る材料と技術とで仕事をした。勿論それより外仕方なかつたのであるが、しかし、それだからと云つて例へば竹材が最も代表的な材料であり、将来はすべて竹材を用ふべきであるという様に結論してはならない。よく活用し技術的に改善をすれば竹材には猶多くの利用の方面があらう。しかし、我々は新しい材料と新しい技術との使用価値を信じて疑はないものである。これらの新しい材料技術が自由に使用出来ることになつたならば、あらゆる創造の可能の世界がひらけることであらう。

我々は今、日本の今日の可能性をもつて仕事をして居るのである。(『「選択・伝統・創造」展図録』、一二頁)

はるか後に書かれたペリアンの自伝では、「選択・伝統・創造」展における素材の選択について、物理的な制約により「金属、プラスティック素材およびガラス製品を用いることを断念しなければなら」ず、「木、竹、織物、漆を用いる必要があった」としている。「私の目標は職人の創造力を刺激することであった」ともペリアンは記している(Charlotte Perriand, *Une Vie de Creation*, Éditions Odile Jacob;Paris,1998, p.163)。

タウトが来日した一九三三(昭和八)年とペリアンが来日した一九四〇(昭和一五)年の間に日本は「戦時下」に入り、工藝の領域もまた「新体制」に組み込まれていた。タウトには魅力的な選択肢の一つであった素材が、ペリアンにとっては「代用品」として用いることのできる数少ない選択肢の一つになっていたのは事実である。家具の材料としては他に木材とアルミニウムをかろうじて用いることができる状況であった。そのなかでペリアンは短期間の間に竹材の可能性を最大限に生かそうと試みている。「竹材はそれに使用する技術に従つて、多種多様の利用表現が考へられる」として「竹材をそのまゝ用ひたもの」「竹材を編んで用ひたもの」「竹材を工場生産として用ひたもの」という三種類の手法を用いたのである(『「選択・伝統・創造」展図録』、一二頁)。なかでとりわけ注目されるのは、竹製の《シェーズ・ロング》(図録では写真三三)であろう。三つの手法の三番目にあたり、「工場製作としての竹、代用材料としての竹材の利用」とその解説にある。最初の二つの使用法が既存のものであるのに対し、限られた時間のなかで工場製作の竹を用いる試みを行ったところに「新しい材料と新しい技術との使用価値を信じて疑はない」というペリアンの面目躍如といえる。この椅子は、図録では、ペリアンが来日以前にル・コルビュジエ、夫のジャンヌレとともに設計した鋼管による《シェーズ・ロング》と併置され、「日本二六〇一年、鋼の弾力を竹の薄板で代用したるもの」と解説されている。いまやモダニズムを代表する椅子の古典となった《シェーズ・ロング》が、一九四一（昭和一六）年の日本で竹に置き換えて製作されていたことを知る人は多くないだろう。そこに日本の伝統的な素材への強い関心が働いていることは間違いないが、ペリアンにとって竹はその伝統性そのもののゆえに価値があったのではなく、革新的な「創造」や実験を可能にする「伝統」だったからこそ価値があったのだということを、竹製の《シェーズ・ロング》ははっきりと物語っている。工場生産の竹材によって何が可能か、またモダニズムのフォルムと理念の普遍性が竹という日本的な素材においても実現可能なのか、ここでのペリアンの課題はやはり「創造」にあるといっていい。その妥協なきモダニストとしての姿勢にこそ、ペリアンの面目が躍如としているように思う。だからこそ、山形県新庄の積雪地方農村経済調査所で、蓑をつくる職人の創作に委ねて制作されたとされる、藁細工のクッションとカバーがついた折り畳み椅子［図90］や、養蚕用の籠にヒントを得て創案された小テーブル［図89］、あるいは京都の河井寛次郎邸で出会った台湾製の竹家具をもとに、河井との協力で製作された竹製椅子など、新たに出会った様々な素材や技術、そこから生まれるフォルムや材質を、モダニズムの生活空間のモデルとして提示された展示空間に見事に統合することができたのであり、実現された空間の質の高さと理念の明確さにおいて、ペリアンの日本での仕事はタウトをはるかに凌駕しているのではないだろうか。

図89　シャルロット・ペリアン（デザイン・指導）《卓子》　1941（昭和16）年

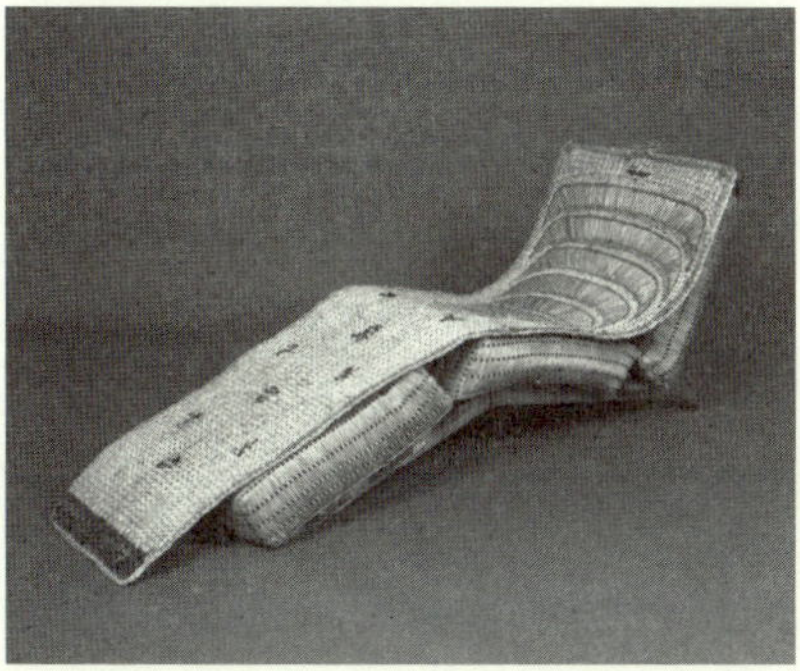
図90　シャルロット・ペリアン（デザイン・指導）《折り畳み寝椅子、掛布》　1941（昭和16）年

　タウトおよびペリアンが具体的に竹を用いた仕事とどのように関わったのか、その詳細については今後の研究に

俟つしかないが、モダニズムといういわば「外」からの視点によって、日本人にとってごくあたり前のこの素材に新たな光があてられたこと、また素材の選択に積極的か消極的かという差はあったにせよ、両者によって日本の「伝統」として選択された素材と技術に対して実験的な試行錯誤が行われ、実用品としての工藝品において素材と技術が果たしている重要性に光があてられたことは、一九三〇年代の工藝を考える上で重要な意味を帯びていたように思われる。さらに重要に思われるのは、モダニズムの視点と実験によって、ありふれた材料と技術にすぎなかったものが、一つの「伝統」として日本側にとって強く意識される結果になったことである。このことは、戦時体制に向かっていったこの時代よりも、戦後の日本のデザイン界の「ジャパニーズ・モダン」と呼ばれるデザインに深く濃い影を投げかける結果になったと思う。

三　地方の工藝への関心

主としてタウトとペリアンが日本で実践した竹の仕事の意味を考えてきたが、ここであらためて日本の近代工藝全般のなかで、竹工藝がどのような位置を占めてきたかを振り返ってみたい。すでに引用した水原徳言の言にもあるように、とりわけ近世以降、竹は日本人にはあまりにも身近な植物であり、工藝品、生活道具用の素材として広く用いられてきたばかりでなく、生活の様々な場面で欠かせない役割を果たしてきた。しかし話を「工藝」に限定するなら、明治以来「工藝」と呼ばれるようになったジャンルのなかで、竹工藝はほとんどその存在感を示していない、あるいは人々の視野にほとんど入っていないようにすらみえる。内国勧業博覧会の出品分類でも、工業部門に竹工品は含まれるが、美術工藝部門には含まれていない。そのような明治期の竹工藝に触れて中川千咲は次のように概観している。

> はじめのころ、竹製の筆立や、花瓶などに山水・人物を細かく彫った竹彫が行なわれた。もともと文人趣味によ

る中国の模倣になるもので、加納鉄哉・福島粛蔵・中西太善など有名であったが、中期以後は衰えたようである。竹細工は古くから行なわれていたが、地方産業的な性格が強く、古い技術をそのまま伝えた、いわば職人芸的なものや、茶道・華道としての鑑賞範囲の狭いものが多かった。（中川千咲『日本の美術四一　明治の工芸』、至文堂、一九六九年、九五頁）

タウトやペリアンが見出した竹の可能性とは全く異なる世界である。中川によれば、明治後期には博覧会で賞を得るものも出たが、「伝統的な技術を独創的な意匠のうちに生かし、美術工藝の高さに引き上げることに努力したのは、飯塚琅玕斎らであるが、その活躍は大正・昭和に譲られる」（同前）。すでに触れた飯塚琅玕斎らの登場まで、近代工藝の一ジャンルとしての確立が他ジャンルと比べて遅れたばかりでなく、産業振興の立場からもそれほど着目されてこなかったジャンルであったのである。裏を返せば、特別な注意を引かないほど、多様な竹製品が近代以降もありふれた日常生活品として作り続けられていたことを示しているのかもしれない。従来どおりのものに加え、竹製の洋家具等の生産も行われていたようである。それではそのような日常生活品にこそ着目した民藝運動において、竹工藝はどのような扱いを受けているのだろうか。

図 91　《竹提籠》

一九二九（昭和四）年三月に京都大毎会館で開催された「日本民藝品展覧会」は、一九二七（昭和二）年六月の東京鳩居堂に続く民藝運動の二度目の展覧会であったが、木工品、漆工品、金工品とともに一部門にまとめられた竹工品は、約三四〇点の出品のうちわずかに二点を数えるにすぎない。江戸期のものを中心に、古い品物のなかに見出された「民藝」を紹介するのが目的のこの展覧会で、竹工品の比重がきわめて低かった

図92　河井寛次郎（考案）《竹製子供用腰掛》
1940（昭和15）年頃

ことが見て取れる。同じ部門では、船箪笥をはじめとする箪笥類が中心であり、展覧会全体では陶磁器に極端に比重が偏っている。ところが一九三〇年代に入り、現代まで続いている「民藝」の発掘や新作運動にも力を入れ始めると同時に、明らかに竹工品への関心が高まってくる。一九三四年一一月発行の雑誌『工藝』第四七号の特集は、同時期に東京の高島屋で二万点の品物を出品して開催された「現代日本民藝展覧会」の展示品を紹介した「日本民藝図説」を掲載したが、ここに数多くの竹製品が取り上げられており、柳宗悦による個々の解説も詳しい。さらに柳が竹への関心を新たにしたのは、河井寛次郎が台湾の竹製家具をもとに考案した家具〔図92〕によってであった。その後、台湾に旅行した折りにも山中に竹の村を訪ね、河井宛の書簡でその様子を熱っぽく伝えている（一九四三年三月二四、二五日付河井寛次郎宛書簡、『柳宗悦全集　第二二巻下』、筑摩書房、一九九二年、一三七頁）。

河井はすでに二〇年前に台湾製の竹の椅子に出会っていたが、この頃関心を新たにし、京都市右京区にあった日本竹製寝台製作所と、そこで働いていた台湾人の職人に製作を依頼し、ペリアンの展覧会の直後に京都と大阪の高島屋で展覧会を開催している（前掲畑由起子「日本におけるペリアンの足跡——一九四〇年——」、一五六頁）。同時に『月刊民藝』（一九四一年八月号）で初めて竹工藝の特集を組み、柳宗悦も「竹の仕事」を執筆している。竹を主題とした柳の文章としては唯一のもので、このなかでも台湾の竹製品を高く評価しているのが注目される。ペリアンもまた、柳宗理に案内された河井邸で試作中の竹製家具に出会い、自らの展覧会に出品するに至っている。河井家に残る当時の資料によれば、ペリアン自身、デザインに何らかの形で関与した可能性が高い（前掲畑論文）。『月刊民藝』では河井考案の椅子が紹介され、柳、河井、式場隆三郎による座談会（「竹の工藝を語る」）のほか、数本の論文等で構成されている。座談会では、日本人が籠類以外では竹の性質を生かし切っていないのに対し、「南方支那から台湾あたりにかけての竹の技術は、竹の中から生れたかの如く、竹の性質というものをことごとく知りぬいて居る」(河井談)(八頁)として、細工に頼るのではなく、構造材として竹の性質をそのまま生かした台湾の家具のすぐれた点が明確に語られている。

最もありふれた素材であった竹が、一九三〇年代から一九四〇年代にかけて次第にその価値を見出され、様々な可能性を探求される対象となったのは、果たして偶然だったのだろうか。飯塚琅玕齋が真価を発揮し始めるのも一九三〇年代であり、その仕事はタウトのみでなく、柳宗悦もまた高く評価した。さらには、バウハウスの影響下に家具の規格化・標準化や、新素材の鋼管による椅子デザインの研究を行ってきた型而工房でも、この時期、池田三四郎が竹製応接セットのデザインを試みている。工藝の素材としては格別注目されることのなかった竹が、いわば表舞台に登場してきた観がある。その背景を考えるとき、「代用品」としての時代的要請とともに、同じ時期にそれまで等閑視されてきた手工業的な地方の工藝に対して、熱い視線が注がれ始める現象と深く関連しているように思われる。

たとえばすでに触れたように、民藝運動の展開のなかで初めて竹に重要な位置が与えられたのは、一九三四(昭和九)年の「現代日本民藝展覧会」と、それに伴って柳宗悦が執筆した雑誌『工藝』の「日本民藝図説」であった。柳はこのなかで数多くの具体例を挙げ、同じ素材を用いた同じ用途を持つ品々であっても、各地方によって素材の性質や扱う技法、仕上げや呼称がいかに異なるかについて事細かに触れている。竹に関しても、ありふれたどこでも得られる素材であるがゆえに、土地土地で竹の種類や扱う技術、編み方などが少しずつ異なり、そこから異なる形式や用途、さらには質の違いまでが生まれてくるという、その多様性があらためて注目されているように思われる。一例として竹行李についての柳の解説を引用する。

柳行李の他に日本の各地で売るのは竹行李である。産地は所々にあるが、仕事のいゝのは陸中の一戸と信濃の松本とである。材料に恵まれてゐるからである。否、其の材料よりないと云ふ方がいゝかも知れぬ。何れも寒国で生える竹であつて、暖国の男竹では出来ない仕事である。細竹を巧みに割り、之を磨いて網代に編む。多くは長方形で、大なるは旅の行李から、小なるは弁当容に至る。(『柳宗悦全集　第一一巻』、筑摩書房、一九八一年、三一八頁)

柳は続けて「誰も知つてゐるものであるから、振り向かないが」と断っているが、古民藝の紹介から同時代の地方に残る手仕事の保存・振興へと、運動の焦点をスライドさせていったとき、ありふれた素材で作られた日常的な道具こそが示す、土地ごとに少しずつ異なる特色をもつ手工藝品の豊かな多様性を柳はあらためて実感したのではないだろうか。その代表が竹であった。柳はこの号で「地方の民藝」という視点をはっきりと打ち出し、同タイトルの一文をも書いている。

この時期、同じように地方の手工業に着目していたのは、実はすでに触れた商工省工藝指導所であったが、商工省が指導所を仙台に設置した時点で、はっきりと地方の工藝に焦点が定まっていたといってよいだろう。開所にあたっての商工大臣の告辞からも、工藝指導所が仙台に設置されたのは、指導所に課せられた使命が「東北振興」と切り離せない関係にあったことと同時に、「東北振興」が機械中心の近代工業への脱皮がとりわけ東北で思うように進まないという事情と裏腹であったことが読み取れる(『「日本工芸の青春期 1920s-1945」展図録』、美術館連絡協議会他、一九九六年、一四一頁)。そのなかで、産業振興の立場から明治以来等閑視されてきた「在来の(我国固有の)工藝的手工業」が皮肉にもクローズアップされることになったのである。「在来の(我国固有の)工藝的手工業」とは、「工藝」概念の成立過程で「美術工藝」あるいは「工藝美術」からこぼれ落ち、また近代的な機械生産に向かっていった「工業」にも乗り遅れたものを指していることは明らかである。このどこからも忘れられたかにみえる手工業を基盤に「東北振興」を、というのが工藝指導所設立の主たる目的であった。もちろん、工藝指導所は商工省に属する国立機関であったから、その対象は東北に限定されるわけではなく、全体として各地方の工藝による産業振興、輸出振興が図られたのであった。一九三二(昭和七)年六月に創刊された工藝指導所の機関誌『工藝ニュース』の第二号(一九三二年七月)で、

所長の国井喜太郎は、輸出工藝の方針に関連して、

古来吾が国は世界に誇るべき独特な工藝意匠と技術を持つて居る、又特殊な原料材料もある、全国各地方にも夫々特徴ある工藝と特殊な材料がある筈である。此の固有独特の工藝技術と特有な原料材料とを活用し之に現代の科学的生産法を応用した工藝品を輸出することが最も必要である。（三頁）

と述べている。明治以来の産業政策、文化政策のいずれにおいても周縁部に位置づけられてきた地方の「工藝的手工業」を活性化するにあたり、生産プロセスの近代化、合理化を図ることとともに、ここでもまた土地固有の素材と技術の重要性が説かれており、地方の工藝への関心が高まった事情がよくわかる。

雑誌『工藝』が「日本民藝図説」を掲載したのと同じ一九三四（昭和九）年六月から、『工藝ニュース』でも「地方工藝産業状況」と題し、各県ごとに代表的な工藝品を紹介する連載が始まっている（第三巻第六号）。第一回は宮城県と沖縄県で、沖縄は漆器、陶器、宮古上布、琉球紺絣、芭蕉布、紅型等が紹介されている。明らかに民藝運動の関心と重なるが、『工藝ニュース』創刊号巻頭の「時言」で、国井所長は主に農民美術と民藝の重要性について語り、「此の民衆の使用すべき日用品に対し、健実なる実用性と自然的な美を表現することを以つて本旨とする民藝も亦吾人の考へている産業工藝と其の方向を同じうするもの」（二―三頁）としているのは、民藝サイドの考えはともかく、産業工藝側から民藝への共感を示しており、興味深い。

四　伝統――材料と技術の固有性

国家政策の一環として各地方の工藝振興を行っていた工藝指導所は別として、地方の工藝への関心と切り離して考

えることができないのは、ここまで触れてきた人々がそれぞれに遂行した数多くの〈旅〉である。すでに触れた柳宗悦による「地方の民藝」という一文は次のように始まる。

多少の知識は整つてはゐたが、実際何が出て来るかは知る由がなかつた。私達は日本の各地に生ひ育つた民藝品を索めて長い旅を続けた。北は津軽から南は薩州にまで及んだ。（前掲『柳宗悦全集　第一一巻』、一八八頁）

すでに民藝運動以前から、柳は朝鮮との頻繁な行き来や木喰仏を探し求めての地方への旅を繰り返しており、それら先行する旅がさらに民藝運動以後の旅へと繋がっていった感があるが、タウトとペリアンもまたそれぞれに日本国内を巡り（ペリアンの場合、表向きは日本での職務を果たすためであったが）、その旅の途上で、それぞれの日本観を決定する建築や工藝品、風景や人々に出会っている。柳宗悦や民藝運動の場合は、そうした旅の範囲はさらに沖縄へ、あるいは当時植民地であった台湾や中国北部へと広がっていく。彼らがそのような旅を通して多種多様な地方の工藝品に出会い、それら旅の途上における数々の経験やそこから得られた実感に基づいて、彼らが積極的に評価しようとする工藝品のあり様について各々の考察を深めていったとき、共通して浮かび上がってきたのは、形や色、装飾や意匠以上に、材料およびその材料を生かす技術こそがそれら工藝品が示す地方的特質の源泉ではないかという認識、すなわち材料と技術こそが土地固有のものであるという認識であった。工藝の材料が各土地の自然の賜物であるだけでなく、その材料を生かす技術もまたその土地で長い時間をかけて育まれてきた、そしてそれゆえに工藝にとって最も重要であるという認識は、不思議なほど彼らに共通している。いまはその是非については問わない。ただそのような共通認識こそ、最もありふれた素材である竹に光があたる背景であったと同時に、「伝統」という言葉に次第に重みが増していく背景をも形成したように思われる。

このことと関連して、竹と並んで一九三〇年代的な関心の在処を示す工藝品として、ペリアンの展覧会で強い印象を残す藁蓑細工を挙げることができるだろう。それはペリアンと民藝運動とのもう一つの接点でもあった。畑由起子氏の指摘によれば、ペリアンが蓑細工の技術を応用した掛布と敷物による折り畳み椅子に取り組むきっかけは、案内役の柳宗理の父、柳宗悦の紹介で、山形県新庄市にあった農林省の指導機関、積雪地方農村経済調査所を訪れたことにあるという。この訪問の結果、ペリアンは藁細工を応用した新しい工藝品製作の指導にあたることになった。柳宗悦自身、今和次郎らとともにこの調査所に関わっていたが、以前から東北地方の藁蓑や背中当［図93］に関心を抱いており、一九三七（昭和一二）年には『工藝』第七四号で詳しく紹介し、「蓑のこと」という一文を書いている。これは戦時中の一九四二（昭和一七）年に単行本『雪国の蓑』（日本民藝協会）としてあらためて刊行されている。「蓑のこと」のなかで、柳は北国からすぐれた蓑が生まれる必然性を何よりも「雪の生活」に求める。次いで、

> 加うるに北国の山や野辺から数々の良い材料を得られる。畢竟蓑も自然風土に育まれて生い立つことが分る。是等の事情は雪国に蓑作りの技法を発達せしめた。それは長い伝統として各地に残り、それぞれに異なる手法や形態を産んだ。（前掲『柳宗悦全集　第一一巻』、五〇二頁）

図93　《背中当》　昭和時代

と述べている。「自然風土」に由来する材料と各地で「伝統」として発達した技法。これらが固有の形態を産むと柳は言う。一地方の材料や技法に反映された「風土」や「伝統」が独特の工藝品の美を生むことに力点を置いた言及は、一九三一（昭和六）年に書かれた「丹波布の美」あたりまで遡ることができるだろう。「伝統」という言葉は一九二六（大正一五・昭和元）年秋に発表された「下手もの〻美」にすでに用いられているが、「丹波布の美」あたり

からこうした認識が柳において次第に重みを増している。

明治から大正にかけての各時期の工藝において、何がとりわけ問題とされたのかについては以前に繰り返し書いてきたので、ここでは触れないが、そのなかでも、材料と技術のあり様そのものに光があたることはまずなかったように思う。一九三〇年代に至るまで、材料と技術は、意匠や図案、形式、主題、あるいは表現を実現するための自明の前提であり、そのために常にすぐれた材料と高い技術に対する要求や、新素材・新技術の開発に対する関心は高かったものの、材料や技術そのものに純粋な意味や自律的な価値が認められることはなかったといえよう。ところがすでにみたように、一九三〇年代には、様々な立場から材料と技法の重要性が再認識され、それらが意匠や形や色彩以上に、固有の「風土」や「歴史」、言い換えれば「伝統」を体現する要素として語られることになった。いわば工藝の出発点ともいえる材料と技術にこそ工藝を工藝たらしめている核心が存していると認識される段階に、日本近代の工藝をめぐる問題意識が至ったということであろう。とりわけ興味深い点は、日本では「伝統」の概念と結びつきながら浮上した材料と技術の重視は、タウトやペリアンが、日本にやって来る以前のそれぞれの実践を通して身につけたモダニズムのデザイン姿勢とぴたりと重なっていることである。

別の側面から考えるなら、それは、工藝品の材料や技術が前近代の社会のなかで背負ってきた様々な社会性、意味性が薄れてきた、あるいは意図的に捨象されつつあったことを示してもいる。竹に関していえば、竹そのものにも、竹を扱う技術にも、時代によって変化しつつ、民俗的あるいは社会的な意味や価値の体系が古代以来つきまとっており、一見単なる生活道具にしかみえない竹製品もその点で例外ではなかったということである（沖浦和光『竹の民俗誌――日本文化の深層を探る――』、岩波書店、一九九一年）。これに対してすでに述べてきたようなモダニズム的な素材観、技術観は、材料となる植物等やそれを扱う生業の世界が前近代の社会のなかで否応なく担ってきた意味の世界を、一旦は忘れ去ることによって初めて成立するものであろう。明治以来の絶え間ない西洋近代思想との接触を通して、西洋のモダニズム運動とは異なる過程を経て、日常的な工藝品の材料や技術が、「風土」や「歴史」という近代的な概念との関係において捉え直されたとき、そこに生じてきた意味が「伝統」と名付けられて、工藝指導所においても、民藝運動においても、モダニズムにおいても重要性を帯び始めたのだといえよう。それゆえにこそ、「伝統」を一種の隠れたキーワードとして、タウトやペリアンのモダニズムと工藝指導所や民藝運動との間に、一旦は共通の土俵が成立し得たのであり、日本でのタウトとペリアンの仕事を可能にしたのはこの共通の土俵であったと思われる。とりわけ二人がともに民藝運動に関心と共感を抱いたのは、柳宗悦や河井寛次郎ら、「民藝」を発見した人々の「眼」のなかに、工藝品の色や形を純造形的な美しさとして「用」と関連づけつつ捉える視点に加えて、素材と技術に関しても、モダニズムの見方、価値観と同質のものが含まれていることを直観的に見て取ったからではないかと思う。

ところでタウトは一九三五（昭和一〇）年一一月に日本橋丸善で開催されたタウト作品展のために次のような文章を残している。

> 日本には、竹・金属・木・漆・織物・陶磁器に、かくも美しい技術を持ち、これほどの美しい素材を持っている。それ故にこそ、ある意味では全く独特な近代的なものであるのにもかかわらず、それと同時に純日本風であるということができるものを作り出すことが、むしろ容易なのである。（前掲『「ブルーノ・タウトの工芸と絵画」展図録』、四頁）

材料と技術はローカル、デザインはインターナショナルという手法はタウトにおいてもペリアンにおいても実践された。しかしながら、モダニズムのインターナショナリズム、普遍主義と、一九三〇年代の日本に台頭しつつあったナショナリズム、ローカリズムの間の関係は、やはり一筋縄ではいかないもののように思われる。タウトとペリアンのデザインを冷静にみる限り、彼らのインターナショナリズムが地方に残された手工藝の多様性から多くを汲み取りながら、最終的に普遍的、絶対的な純粋造形を求めるモダニズムの志向のなかで、その多様性を結果的に排除してしまう傾向があったことは否めないと思う。加えてペリアンがあくまでも竹ではなく新素材こそが重要であると主張するとき、束の間交わり、伴走するかにさえみえた民藝運動とモダニズムが、再び擦れ違わざるを得ないことは明白であった。もとより民藝運動のなかにも、機械の可能性を積極的に認め、より現代的なものを志向する方向性がなかったわけではない。しかしながら、ペリアンが日本を去らざるを得ない状況のなかで、柳宗悦において「地方の民藝」という視点は、最終的に戦時中に執筆された『手仕事の日本』（靖文社、一九四八年）に結実する（これとは別に準備されていた大部の『日本民藝図譜　現在篇』は、原稿一切が空襲で灰燼に帰していることが想起される）。読者として想定された若い人々に呼びかけるような文体で書かれた『手仕事の日本』は、関東を起点に、北は東北地方から南は沖縄まで、日本列島を南下する趣向で書かれ、各地の代表的な手工藝を順に紹介していく。主に素材別であった「日本民藝図説」の紹介とは異なり、ここでの「日本」は多種多様な地方に残る手仕事によって描き出される地図としてある。この地図は柳が大正時代から繰り返した数々の旅の集大成であるともいえる。挿絵には、写真図版ではなく芹澤銈介の小間絵が用いられた。その冒頭で柳は手仕事にとっての「自然」と「歴史」の意味を語り、次いで「固有の伝統」に言及する。手仕事の品々において素材の源泉である「自然」と、技術を育んできた「歴史」によって創り上げられた「固有の伝統」は、個人の力には帰することができない。ペリアンと坂倉準三は「選択・伝統・創造」展を「新しき世界創造を志し、常に果敢なる闘争を続けつつあるル・コルビュジエとピエール・ジャンネレに捧ぐ」とした。ペリアンの「創造」が偉大な個人の業に帰せられるのに対し、柳の「伝統」は偉大な「自然」と「歴史」の産物であり、その意味において「伝統」は「創造」と対置されるものとなる。自らにとって価値あるものがすべて失われるかもしれないという戦時下の危機感のなかで、柳におけるその意識が先鋭化したとき、それがなおナショナリズムと一線を画し得たものであったのかどうかについては別の機会に論じたいと思う。

本論では、一九三〇年代の工藝における「伝統」の問題を、この時期に来日したタウトとペリアン、柳宗悦を中心とする民藝運動、仙台に設置された商工省工藝指導所を中心にみてきた。それぞれに異なる立場に立ちつつ、相互に関わりをもった彼らにおいて、「伝統」に対する捉え方もまた重なりつつ微妙にずれている。ただし、ここで輪郭を示すことができたのは、工藝の「伝統」をめぐってこの時期に展開された複雑な現象のごく一部にすぎない。それ以外の表面的な動きを拾ってみるだけでも、次のような現象が注目されるだろう。

一つには工藝に関わるある一部分が新たに「伝統」として取り上げられ、同時代の創作活動において新たなジャンルとでもいうべきものを開拓していったような場合である。たとえば民藝運動ではその初期から丹波布や裂織、沖縄の筒描を蒐集し、紹介に努めたが、上加茂民藝協団に参加した青田五良をはじめとして、そのなかから型染の芹沢銈介、織りの平松實ら、染織の分野における新しいタイプの作り手が登場した。彼らが試みた植物染色復興の試みは、民藝運動を離れたところでも行われつつあった。また陶磁器の分野における「伝統」の再発見として見過ごせないのは、茶の湯を中心に展開した桃山期のやきものへの新たな着目と、その再生としての制作活動の展開である。北大路魯山人の星岡窯の責任者であった荒川豊蔵が、一九三〇（昭和五）年に美濃で絵志野の陶片を発見した前後から、荒川、川喜田半泥子、加藤唐九郎、金重陶陽、小山富士夫、石黒宗麿らがそれぞれに交流を深めながら、古陶磁の「本歌取り」に自らの創作を交えて、すでに同様の制作活動を行っていた魯山人とともに「近代陶藝」に新たな分野を築いていった。

「伝統」はまた、この時期に工藝が日本の「外」に対して紹介される際にもある種の焦点となっている。一例として雑誌『NIPPON』において日本文化を海外に宣伝していく際に、「手仕事」が重要なテーマの一つであったことを挙げることができる。またこれに関連して、日本を代表する「陶工」として濱田庄司の姿や、柳宗悦が大正期に熱心に研究した木喰仏を『NIPPON』が紹介していることも忘れてはならないであろう。

日本の一九三〇年代の工藝・デザインをめぐる問題は、一見したところ西洋のモダン・デザインの受容を中心に展開したようにみえるが、実は様々なレヴェルにおいて見出された「伝統」を一つの中心とし、もう一方の中心を広い意味でのモダニズムとしつつ、これら二つの中心をめぐってあたかも様々な楕円が描かれるかのような様相をみせているように思われる。この時代に「地方の工藝」に光があてられたこと一つを取り上げてみても、単純に伝統への回帰として片付けることができない錯綜した問題を孕んでいた。それは明らかに、様々な思惑のもとに「外」からの視点と「内」からの視点の交錯するところに見出されたのであった。

第三章　柳宗悦と「工藝」の思想

柳宗悦における「眼」と「もの」の位置

一　序

柳宗悦の生涯にわたる、多彩で、その一つ一つが窺い知れない広がりと深みを予感させる思想および活動のなかで、一つ一つを区別し、どの一つが最も独自であったかと問うことは恐らく無意味にちがいない。それらは互いに密接に絡み合う連鎖をなしており、一つだけを切り離して取り出すことはできないし、その絡み合った全体を通じてこそ、柳宗悦はきわめて独自の思想家として日本の近代に足跡を残すことになったのである。

しかし、矛盾するようであるが、あえて何が柳宗悦の思想を最も独自のものにしたかと問えば、それは柳の「もの」に対する「眼」であったのではないだろうか。この「眼」を出発点として、ある時点から柳は、彼にとっての「もの」、すなわち「民藝」を核とする「工藝」を彼の思想の中心に据えた。その「もの」をめぐる思想は単なる「工藝思想」の枠内に留まらず、専門の宗教哲学を核に、ときには倫理や社会の問題を含んだ彼の思想全体のなかに見事に嵌め込まれているが、これに比べられる思想を展開したのは、確かにしばしば柳を論じる際に引き合いに出されるウィリアム・モリスを措いてないであろう。

柳は、従来、精神的価値とは最も遠いと考えられてきた「もの」、すなわち日常的な、人々が必要最低限の道具として作り続けてきた「もの」、柳自身の言葉でいえば「下手もの」あるいは「民藝」に最も深い美と宗教的真理の内在を認めた。何か思想が盛られているわけでもなければ、それによって特別な感情や感覚を喚起しようとつくられたのでもない「下手もの」は、一般にはありふれた道具にすぎない。いわば人間の精神からは最も遠いところにあると見なされているものである。この価値の逆転においてこそ、柳宗悦の独創性は最大に発揮されたのではないか。だとすれば、柳にとって「民藝」としての「もの」とは何であったのか。またその「もの」を捉える「直観」の働きを柳は非常に重視し、知識や論理的思考の上位にすら置いたが、この「直観」、すなわち「もの」を直かに見る「眼」の働きは思想家としての柳宗悦のなかで実際にどのような位置を有していたのだろうか。

二 「もの」への関心

柳宗悦と「もの」との関わりを探っていけば、ごく早い時期から様々な萌芽が見て取れる。たとえば、柳は学習院在学中にすでに朝鮮の染付牡丹壺をある骨董屋で買ったと回想している。また伊万里の藍絵の猪口との出会いも早く、それを通じて器物の美に関心を持ち、それらを用いる生活に喜びを感じるきっかけになったという。後の朝鮮の陶磁器や「下手もの」の蒐集に直接つながる「もの」との関わりばかりでなく、種村季弘氏が指摘しているように、フォーゲラーとのやり取りにみられる「ものの手触り」への愛着が早くから柳にあったことも事実であろう（「ものの手触りについて」『柳宗悦全集 第一巻 月報九』、筑摩書房、一九八六年）。さらには柳の蒐集への情熱が書物に傾けられたことはいうまでもない。洋書は当然のことながら、鈴木大拙の影響などから、学生時代から禅籍に関心を持ち、蒐集を始めていたことは興味深い事実である。柳の旧蔵書のうち洋書にはバーナード・リーチの木版によるたんぽぽの図案の蔵書票のあるものがみられ、現在松が丘文庫に所蔵される禅籍

図94 野島康三《柳宗悦》
1923（大正12）年

類には、二種類の「宗悦」の朱印が捺されている。明らかに柳は書物の中身だけでなく「もの」としての書物にも深い愛着を抱いていたのである。『白樺』で紹介された西洋美術の数々の作品も、複製や画集という「もの」の色や形、手触りとともに柳の精神に入り込んだものであっただろう。

恐らく柳には「もの」に対する先天的といってもいい感覚が早くから働いていたにちがいない。その柳が「もの」と決定的に出会ったのは、浅川伯教が朝鮮からもたらした《染付秋草文面取壺》〔図95〕である。折しもそれは柳自身が最初の仕事らしい仕事と感じていた大著『ヰリアム・ブレーク』を書き上げてまもない頃のことであった。「我孫子から　通信一」（『白樺』五巻一二号、一九一四年一二月）で柳はその出会いを語っているが、この随想風の一文は、柳にとって、ブレークの世界が朝鮮の陶磁器へ、さらには台湾や南洋の工藝そして光悦の蒔絵手箱へとごく自然に繋がっていったあたりの事情を伝えてくれる点で非常に興味深い。柳は『ヰリアム・ブレーク』を書き終えた感想を記した後、

図95　《染付秋草文面取壺》　朝鮮時代

彼から受けた精神的刺激を別にしても、自分には様々な美の世界、真の世界が彼を通して現はれてきた。微細なものに対する自分の一々の驚愕は彼の精緻な精神によつて表現された様々な装飾的図案を通して自分に与へられた。枝に沿う線條、花葉の形態、又はその多様な旋律的運動は人間の無辺な情趣をさへ自分に暗示してきた。……自然に顕はれる線（ライン）と形（フォーム）とには限りない愛の恋情がある。（自分は画家に生れてはこなかつた。然し此喜びをいつか自分の思想に画き出し得ると思つてゐる。何故に哲学者は自然に現はれたラインの美、フォームの優

をその思索的字句に表現し得ないのであらう。自分にとつては之は少しの不可能をも不自然をも意味してゐない。未来の哲学者は凡ての美に対する驚愕を以て彼の筆を起さねばならない。）

と述べ、すぐに朝鮮の陶器に話が移っていく。

自分にとつて新しく見出された喜びの他の一つを茲に書き添えよう。それは磁器に現はされた型状美(Shape)だ。之は全く朝鮮の陶器から暗示を得た新しい驚愕だ。嘗て何等の注意をも払はず且つ些細事と見做して寧ろ軽んじた陶器等の型状が、自分が自然を見る大きな端緒になろうとは思ひだにしなかつた。「事物の型状は無限だ」と云ふ一個の命題が明瞭に自分に意識された時此の単純な真理は自分にとつて新しい神秘になつた。その冷な土器に、人間の温み、高貴、壮厳を読み得ようとは昨日迄夢みだにしなかつた。

さらに柳は、この頃博覧会（一九一四［大正三］年三〜七月に上野公園で開催された東京府主催即位記念大正博覧会）の会場で見た台湾と南洋の染織品、土器、武器こそ、なかで最高の藝術的賞揚を受けるべきものであることを付け加えている。明らかに後の民藝に繋がる「眼」の萌しをここにもみることができる。次に柳の話は光悦に及んでいる。

然し古日本の藝術家が此型状美に対して持つてゐた感覚の鋭さは、かの光悦等の作品によつて証明されてゐる。此秋上野に催された数多い展覧会のうち只一つ自分を驚かせたのは日本美術院の主催にかゝる光悦、乾山、光琳、雪舟、若冲等の作品展覧会だつた。中でも自分の新しい注意を引いたのは光悦作蒔絵の硯箱だつた。その盛れ上つた殆ど円球に近い大胆な硯蓋の型状には、嘗て何人も試みなかつた充実がある。一言 Richness だと云ふより外はない。彼等の作品はどんな西洋の巨匠の作品の前に出しても優に彼等自身の位置を保有する事が出来る。

ここで柳の「眼」ははっきりと自然における「ラインの美」、「フォームの美」、そして陶磁器や漆器の「型状美」を捉え始めている。これ以前に柳は『白樺』でビアズリー、ロダン、セザンヌ、フォーゲラーらについて語ってきた。しかしそれはデカダンスの画家としてのビアズリーや「宗教家としてのロダン」、「愛の画家フォーゲラー」、あるいは「革命の画家」としてのゴッホやセザンヌであった。ところがここに、ブレークの影響と朝鮮の陶磁器との出会いから、そうした人格の表現としての藝術、天才による藝術とは別個の、「自然」や工藝品における純粋な視覚的世界が柳の前に姿を現してきたのである。柳が「民藝」を発見するために、これは欠かせない視点であったと考えられる。

ただし、朝鮮の陶磁器の美は柳宗悦を決定的に捉えたものの、柳はここからストレートに「民藝」の発見へと向かってはいかなかった。朝鮮の藝術への傾倒はむしろ柳に内在する倫理的な態度と結びつき、日本の植民地として朝鮮が置かれた状況への発言、朝鮮民族美術館の設立運動という実践的な行動へと向かうのである。その途上に登場してきたのが、朝鮮の美の特質を「美しく長く〱引く線」のなかに見出し、民族の歴史と結びつけて意味づけたいわゆる「悲哀の美」論であった。

図96　ウィリアム・ブレーク《『ヨブ記』挿絵》1825年

三　陶磁器の美

柳宗悦の最初の工藝論である『陶磁器の美』の私家本（一九二二年）［口絵13］には、次のようなバーナード・リーチと富本憲吉への献辞が掲げられ、挿絵には古陶磁とともに二人の作品が取り上げられている。

此書を余の友として又陶工として敬愛する富本憲吉、バーナード・リーチ両兄に贈る。言葉なき兄等の器から、是等の言葉の多くを学び得たことを、こゝに紀念したい。

一九〇九（明治四二）年に来日したリーチと柳は、前者が『白樺』同人に銅版画を教えたのをきっかけに知り合い、すぐに親しくなり、一九一四（大正三）年には最初のリーチ論を柳は書いている。翌年リーチは北京に移るが、訪ねて行った柳の説得で日本に戻ったリーチは、千葉県我孫子の柳の住居の隣に築窯するなど、相互に深い影響を与え合いながら自己の確立をはかっていった。もう一人、リーチと同様の関係にあったのが一九一〇（明治四三）年にイギリス留学から戻った富本憲吉であり、柳と富本の間にも親しい行き来があった。

こうした一九一〇年代における三者の交友が柳にもたらしたものの一つが「陶磁器の美」（『新潮』三四巻一号、一九二一年一月）という、宗教哲学者としては異色の著述であったが、その間に富本とリーチは一九一〇年代の「工藝」をめぐる革新的な動きのなかで中心的な役割を演じていた。二人は従来とは全く異なる新しいタイプの工藝家として、個人主義に立脚しながら東西の区別を越えた新しい工藝のあり方を探ろうとしていた。まもなく二人はともに陶磁器を専門分野に選び、楽焼を中心に作陶を開始する。その際、中国や日本の陶磁器だけでなく、一九一二（明治四五・大正元）年に東京上野で開催された拓殖博覧会で見た朝鮮の陶磁器、本を通して知ったイギリスのスリップウェアやオランダのデルフト、ペルシャの陶器等から影響を受けている。古今東西の区別を越えて自らの「感覚」＝「眼」がよしとするものを見出し、制作に貪欲に取り入れていこうとする姿勢が見て取れるが、「陶磁器の美」のなかで、柳もまた宋窯およびそれと同じ性質をもつ高麗や三島手、スリップウェアやデルフトやペルシャなど、楽焼の系統を最も好むと述べている。富本とリーチが自作の楽焼［口絵6、図40、56］の形で表現した「陶磁器の美」を、柳自身はまさに文章をもって表現しようと試みていたといえよう。

まずはその本質を「親しさの美」と柳は呼び、なかでも柳の心を捉えた宋窯の品について次のように述べている。

宋窯は実際私には無限の美を示すが故に、同時に無限の真理の贈り手であつた。何が故に宋窯はしかく貴い気品と深い美とを示すのであるか。私は其の美がいつも「一」としての世界を示してゐるが故であらうと思ふ。「一」とはあの温かい思索者であつたプロティヌスも解したやうに、美の相ではないか。私は宋窯に於て裂かれた二元の対峙を見る場合がない。そこにはいつも強さと柔かさとの結合がある。動と静との交はりがある。あの唐宋の時代に於て深く味はれた「中観」や「円融」や「相即」の究竟な仏教思想が、其のまゝに示し出されてゐる。

図97 《柳宗悦著『陶磁器の美』（私家版）挿絵「磁州窯陶枕」》1922（大正11）年刊

柳は「此の世での最も美しい作は皆之に類似した性質を有つ」として高麗期の作、三島手、ペルシャ、マジョリカ、デルフト、スリップウェア、日本では古唐津や古瀬戸を挙げている。この見方を具体的に伝えているのは、当初『新潮』に掲載された文章の一年後に出版した私家本に添えられた一八点の写真である。宋窯はじめそれぞれ具体的な作例を柳はすでに自ら所蔵していたが、そこから選ばれた蒐集品は、はっきりと「民藝」を予告している。柔らかな宋の白磁、のびのびとした絵付けの磁州窯の陶枕［図97］、李朝辰砂の壺、彫三島の扁壺。李朝の辰砂の壺を除いて日本ですでに価値がある程度確立されていた種類に属していたが、いずれも隙のないいわゆる名品とは異なっている。さらにこれら東洋陶磁のみでなく、西洋のものやペルシャ、リーチら現代まで、誕生の地も時代も多様なものを全く同列に扱い、共通するものを見て取ろうとする姿勢は、既成の陶磁器への価値評価とは異なる一つの基準や見方を示す「眼」が柳のなかにすでに確立されつつあることを示している。やがて「下手もの」の発見につながる「眼」であるが、たとえば陶磁器に模様が描かれている場合、たいてい裏の模様の方が美しいとしているのも、柳ならではの見方の具体的な発現として興味深い。

こうして富本憲吉、バーナード・リーチとの交流を通して、柳は陶磁器を中心に、工藝品のもつ美しさについて独自の「眼」を確立しつつあった。その美しさを一方では専門である宗教哲学関係の著述において論じていた「一」など、普遍的概念と結びつけて説明しているが、朝鮮民族美術館設立運動と並行する時期に書かれた「陶磁器の美」にはもう一つ別の思想が含まれている。後に詳しく触れるが、一言でいえば美や芸術の「民族性」というべきものへの着眼で、その背後には朝鮮問題への柳のこの時期の強い関心が働いている。

「陶磁器の美」は、一九二〇年代初頭の時点で、柳の「眼」が「眼」として独自の自立的な働きを始めていることを窺わせる一方で、その「眼」が見出した「美」の特質を、やや強引にその当時の自身の思想的関心、社会的関心に引き寄せ結びつけて理解しようとする柳の姿勢を示してもいる。その意味では、工藝品に個別の「美」を見出す柳の「眼」は、そのまま「思想」から離れていくどころか思想のうちに回帰し、確かな着地点、拠り処を求めているかのように思われる。

四　普遍と個別――「もの」の位置

柳宗悦が朝鮮民族美術館の設立準備のために京城（現在のソウル）を訪れるたびに、ブレークの複製版画展や西洋複製名画展覧会、あるいはゴシック彫刻の写真展、木喰仏の写真展等を開催しているのは興味深い事実である。その一つ「西欧複製名画展覧会」の開催について柳は『東亜日報』（一九二一年一二月二、三、四日付。原文は朝鮮語訳）に次のように書いている。展覧会にはロダン、ゴッホ、セザンヌはもちろん、ミケランジェロやレンブラントの複製画が出品されていた。柳はまず『白樺』誌上におけるそれらの紹介の意味を述べている。

我々はほとんどなんらの偏見にもとらわれたことはなかった。率直に表現された美の内面の意味を求めた。それを一枚の画布、一個の彫刻と見るよりは、むしろ真理の生きた表象として玩味した。……我々はこのようにして、単に美そのものに触れたばかりでなく、その美を通して表現された生命の深さと力を明白に目撃することができた。

『白樺』にとっての西洋美術の「意味」をこのように語った上で、それをいま朝鮮で紹介する意義についてさらにこう述べる。

しかし、真に偉大な藝術は普遍的である。美には東西の別がなく、空間を超え、地方を超える。美に対して、我々は国境のない、共有の世界で楽しむ。

それは「生気を失った伝統的思想」に対して新しい刺激となる。

我々はもう一度、正統に自らを批判するために西欧文化に接触するのである。我々はこうすることによつて、再び伝統的見解にとらわれることなく、東洋の偉大な思想を新しい刺激によつて理解することができるのである。

柳の考え方は次の一文に尽きる。

西洋の美を真に知る者が、同時に東洋の美も真に知ることができる人であろう。

柳にとってすでに「西洋」は模倣や学習の対象としての役割を終え、「東洋」を映し出す鏡として機能し始めているが、それは両者の間に相違を見出し、東洋（あるいは西洋）の優越性を確認するためではなく、あくまでも「現代美術」としてゴッホ、セザンヌ、あるいはミケランジェロ等を通過することによって、東洋を固定した「伝統」としてではなく、ゴッホらと同じく現代の視点から捉え直すための触媒なのである。ちょうどこの頃『白樺』で柳は初めて東洋美術を挿絵に取り上げ、「今号の挿絵について」を執筆している（『白樺』一〇巻七号、一九一九年七月）。ここで先の展覧会についてと同様、『白樺』の挿絵がこれまでも単なる西洋の作品の紹介ではなく、同人にとっての「生長への必要な糧」であり、「吾々自身の心を表現しようとした」ものであったとし、その点で東洋美術の紹介も同じ意味を持つとする。

今迄何人も見なかつた東西の美と真とを新しい目によつて共に見る喜びを味ひ始めた。吾々は全然新な要求からして西洋を見たのと同じ様に、今迄何人も持たなかつた目によつて東洋を見る事を始め出した。眠つてゐると思はれる過去が、再び現在の生長に甦る時期が到来した。そうして吾々は新しく東洋を理解し始めた。然しそれは在来の人々がなした様に固定した伝習的な見方によるのではない。それは普遍的な意味に於ける東洋の理解、云ひ換えれば東洋であり乍ら、然も普遍な価値に於て東西の差別をすら越える真理の理解である。

西洋と東洋を明確に対比しつつ、柳は東西の「差別」よりも東西を越える「普遍な価値」の方を重視している。これは同時期の彼の宗教哲学上の態度にも通じている。しかし柳の関心は必ずしも一方的に「普遍」の方へ収斂していくというわけでもない。

朝鮮民族美術館の設立に奔走していた時期は、前章で論じた「陶磁器の美」の執筆時期と重なっているが、このなかでやきものの普遍的な「親しさの美」に言及しつつも、柳は国によって陶磁器が帯びる固有の特質やそれぞれの違いを、中国の「形」、朝鮮の「線」、日本の「色」としてむしろ明確に特徴づけ、「其の国の歴史や自然が何時も陶磁器の美の方向を定めてゐる」とも述べている。少し後に、フランスの美術史家エミール・マールの著書を下敷きにして柳が書いた「ゴシックの藝術」(『白樺』一二巻一一号、一九二一年一一月)の最後にも、それが「共通の思想と意志とから生み出された民族の藝術」であるという一節があることが想起される。「民族の藝術」がここまで強調されるのは、恐らくこの時期、朝鮮の問題が強く柳を捉えていたからでもある。『朝鮮とその藝術』(叢文閣、一九二二年)の序に柳はきっぱりとこう述べている。

私にとつては現はされた作品の客観的攻究が主題ではない。その作品を通じて民族の心理に触れようとしたのである。私は目下の所朝鮮民族の運命と直接交渉を持たぬ「ものゝ見方」に興味を持たぬ。

柳にとって、朝鮮の芸術と美の独自性こそ朝鮮民族の本質的な独立性を保証するものであり、だからこそ、中国、朝鮮、日本の陶磁器の上に現れた違いは重要なのである。ただたとえそうであっても、それらの違いは単に抽象的、観念的なものではなく、一つ一つの陶磁器を通して具体的に実感されたものであったことも確かであろう。

一九一〇年代末から一九二〇年代にかけて、東西の間に区別を越える「普遍な価値」を求める一方、「東洋」として括られる中国、朝鮮、日本の間に差異を見出していた柳の「眼」は、やがて一九三〇年代に日本の各地方ごと、各県ごとの手仕事が描き出す「工藝文化」へと焦点をスライドさせていったとき、次のように見定めようとしていた。

吾々はもつと日本を見直さねばなりません。それも具体的な形のあるものを通して、日本の姿を見守らねばなりません。さうしてこのことはやがて吾々に正しい自身を呼び醒まさせてくれるでありませう。只一つここで注意したいのは、吾々が固有のものを尊ぶといふことは、他の国のものを誇るとか侮るとかいふ意味が伴つてはなりません。若し桜が梅を謗つたら愚かだと誰からもいはれるでせう。国々はお互に固有のものを尊び合はねばなりません。それに興味深いことには、真に国民的な郷土的な性質を持つものは、お互に形こそ違へ、その内側には一つに触れ合ふもののあるのを感じます、この意味で真に民族的なものは、お互に近い兄弟だともいへるでありませう。世界は一つに結ばれてゐるものだといふことを、却つて固有のものから学びます。

「昭和十八年正月中浣」の日付があり、戦時下に書かれたことがわかる『手仕事の日本』（靖文社、一九四八年）の「後記」のこの言葉は、「真に国民的な郷土的な」をはじめとする表現が、柳や民藝運動もまた「新体制」下にあったことを強烈に想起させるが、柳の基本的なものの見方が『白樺』時代とそれほど変わっていないことを同時に示しているのではないだろうか。柳は『手仕事の日本』の本文では、各県ごとに代表的な手仕事の品々を、「もの」に即し一つ一つ具体的に紹介していく。同様の素材、似た技法を用いてもそれらはそれぞれに独自の姿を示している。「固有の日本の姿」を描き出すのは、それら地方に遍在する多様性に富んだ手仕事の数々である。洋の東西、国や民族、地方など、比較対比される単位や規模はその都度変わっても、異なる文化の単位の間に差異と普遍性を同時に見て取り、絶えずその間を行き来し続けているのが柳の「眼」に特徴的な働きである。

このようなダイナミズムを孕んだ「もの」に対する「眼」の働きから生じる認識は、その点で、宗教的なものを貫く普遍的な「究境」の思想の探求を常に志していた柳の宗教哲学とは異なる性質を孕んでいる。「もの」に対する「眼」は、普遍的なものと同時に個別性、多様性の尊重を彼の思想のなかに育み続けていたように思われる。それは「民藝」という理念や「工藝」をめぐる思想の普遍性と「もの」の個別性との間の行き来についても同様である。「民藝」の発見は一定数の「下手もの」を見出すことで終わらず、またそこから理念や思想を導き出して終わりにもならず、柳の蒐集は亡くなるまで続けられた。柳の思想家としての営為に終わりがなかったように、「もの」との出会いにも終わりがなかったのは、彼において普遍の探求と個別の「もの」の発見が常に表裏一体であったからではないだろうか。

五　眼＝直観の働き

大正の半ばから昭和の初めにかけて、柳宗悦の「眼」は朝鮮の工藝品、古今東西の陶磁器、大津絵〔図109〕、木喰仏〔図117〕、そしてさらに「下手もの」と、次々と新たな関心と蒐集の対象と出会うことになった。最後の「下手もの」との出会いは「民藝」の発見として語られてきたが、考えてみればそれ以前の『白樺』の活動を通じて出会ったビアズリー、フォーゲラー、ロダン、ゴッホ、セザンヌといった西洋「現代」美術以来、柳宗悦の「眼」は発見を繰り返してきたことになる。しかしそのなかでも確かに「下手もの」＝「民藝」の発見は彼にとって決定的な意味を帯びていた。それは何ゆえなのだろうか。

そもそも「下手もの」や「民藝」は何を指している言葉なのか。柳によれば「下手もの」は京都の朝市で店を開いている女性たちが、柳や河井寛次郎が買う品物に対してしばしば用いていたという（「京都の朝市」『蒐集物語』中央公論社、一九五六年）。しかし「下手もの」は一般的な用語ではなかったらしく、『日本国語大辞典』にも大正末以前の用例はみられないことから考えると、一種の俗語であったのが、民藝運動によってむしろ一般的に用いられるようになったと推測される。また柳もそのように回顧している。だとすると、「下手もの」の対義語とされる「上手もの」もまた「下手もの」と同時に一般化したと見なし得る。さらに、「下手もの」は猟奇的な響きなどもあり、誤解を生みやすいとして「雑器」も用いられるようになったが、最終的に最も広く用いられるようになった「民藝」は、柳自身の回想に従うならば、柳と河井と濱田庄司の三人が考え出した造語であった。今日、民藝運動の普及によって「民藝」も「下手もの」も言葉としてすでに一人歩きを始めて久しいが、言葉もその中身も柳たちによって大正末につくられた、あるいは一般化したのだということをあらためて認識する必要があるだろう。

いずれにしても一九二六（大正一五・昭和元）年九月に『越後タイムス』という地方紙に掲載された最初の本格的な民藝論のタイトルは「下手もの〻美」と名付けられた。それでは「下手もの」は当初、具体的に何を指していたのだろう。朝鮮の工藝に関心を持ち始めたとき、すでに価値が定まった高麗時代のものよりも朝鮮時代のものに強い愛着を抱いた柳の眼は、たとえば日本の陶磁器に向かったとき、江戸時代のものに主な関心を向けた。「民藝」といえばすぐに想起される馬の目皿や瀬戸の行燈皿、石皿などが典型であるが、磁器では鍋島ではなく伊万里、なかでも藍絵の猪口をはじめとする染付の日常的な食器類を非常に重視した。また時代的にはさらに新しい肥前の方の朝鮮系の窯で作られた大ぶりの捏鉢［図11］なども特に柳の好んだものであった。志野や信楽については伝世品として茶の湯で重んじられてきたタイプをはずれるものを蒐集している［口絵10、図99］。漆器でいえば精巧な蒔絵よりも漆絵の皿や盆［図98］。染織品では丹波布や裂織、こぎん刺し。絵画では大津絵に加え泥絵［口絵12］や小絵馬。以上のものは民藝運動以前には古美術の世界ではほとんど評価されておらず、価格的にも買い求めやすかったと思われるし、多少の異論はあっても「下手もの」と呼ぶのに違和感のないものだろう。確かに民藝運動の初期にはこうした蒐集が中心であった。しかし次第に、すでに茶人や他の蒐集家が注目していた秀衡椀、中国の呉須赤絵や古染付なども蒐集品に含まれていく。またヨーロッパの中世や中国の漢、唐、宋代のものは積極的に蒐集はしていないが、一部蒐集品もあり、文章を読むと、時代全体が醜いものを生みようのなかった時代として高く評価している。また、柳が決して全くの「下手もの」のみをよしとしたわけではない証拠に、当初から「上手もの」を積極的に取り上げることもしばしばあった。たとえば染物として高く評価した沖縄の紅型の衣裳が基本的に王族用であることは柳も充分承知していたし、そうした例はこれだけに限らない。

結論からいえば、「民藝」の発見とは「下手もの」の発見ではなく、「下手もの」を中心とする器物の「美」の発見であって、「もの」が何であれ、自らにとっての「美」をただ一つの基準とする一貫した眼で「もの」を見ようとした結果であるということであろう。それが新しい一つの価値体系の創造であったことは今日広く認められているが、その意味でも、「民藝」は客観的な事実として民衆に用いられてきた道具の集合体ではなく、「美」を唯一の基準に自らの「眼」を一貫して働かせる過程を通じて徐々に形成されてきた一つの理念であったことは明らかではないだろうか。柳が常に信頼を寄せたのは自らと同質の眼の持ち主であり、民藝運動をともに推進した作り手や賛同者も多かれ少なかれいずれもそうであった。こうして柳の周辺では確実に共有され得た「眼」のあり方は、結果として当初は既存の価値とは相容れない場合が多かった。古い時代のものほどよしとされる風潮の中で、むしろ江戸期の雑器のなかに美を見出し、そこにこそ日本固有の工藝があるとみたのもその一つであるし、陶磁器では「官窯」よりも「民窯」、どこから見ても完璧なものよりもどこか不完全なもの、あるいは疵のあるものにも美を認めた。いずれにしても必ずしも民衆的道具だからこそ美しいという理念からのみ導き出されたのではない眼の働き方である。

図 98　《漆絵盆》　江戸時代

図 99　《信楽黒釉流文壺》　江戸時代

「陶磁器の美」のところですでに指摘したように、むしろ柳宗悦の眼の働きとして著しいのは、すべてを同じ地平で見るということである。一例を挙げれば、工藝的な文字として一方で中国の六朝時代の文字の拓本を取り上げるかと思えば、他方で将棋の駒の文字を取り上げるというような眼のあり方である。当然それは、通常、六朝の拓本と将棋の駒などおよそ比較の対象になり得ないと思い込ませている一切の知識や情報をいったん脳裡から取り除かなければ成立しない見方である。

「眼」は瞬時に「もの」を捉える。そのほんの一瞬、「もの」が持つ意味や背景は払拭され、すべてを等しく見ることを可能にする場合がある。そこに「もの」を見る「眼」の可能性も限界もあるのではないか。「眼」は一方できわめて制度化された感覚器官であるのも事実である。多くの場合、我々は「眼」によって「もの」を認識し、瞬時に言語に置き換え、すでに構築された観念の体系のなかに位置づけ、意識の流れを中断させることなく行動を続けられる。「民藝」の場合、その多くは道具であるから、通常はその用途や機能において認識され、どんな色や形をしているかはほとんど意識にすら上らない。耳や舌や手よりもはるかにそうした機能を眼は帯びている。しかし他方で、瞬時に「もの」を捉えることができる「眼」は、そのものにまつわる情報をすべて捨象し、概念に頼らざるを得ない思考、思想の枠組を一挙に飛び越えて見ることもできる。それが既存の価値の体系を覆すことをときに可能にするのではないか。その眼を「曇りがない」と呼べば即座に反論が返ってきそうであるが、「曇りがない」かどうかはともかく、朝鮮の工藝品や「下手もの」に向けられた柳の「眼」が少なくとも既成の価値観を逆転させるだけの自由さを持ち得たことは認めてもよいのではないだろうか。

柳は物を見る力において「直観」を「知」よりも上位におく。

多くの人は見方に純度が乏しい。即ち見るのではなく、考へに支配されて見る場合が多い。「見る」ほかに「知る」力が加はつて見るのである。……純に「見る」事を「直観する」といふが、直観はその文字が示す通り、見る眼と見られる物との間に仲介物を置かず、ぢかに見る事、直ちに見る事であるが、この簡単なことがなかく出来ぬ。（「日本の眼」『心』一〇巻一二号、一九五七年一二月）

「見る眼」と「見られる物」との間に「知る」を介在させる距離を置かず、「即」に見る働きである「直観」は、対象を見分け、認識する働きをする眼ではない。むしろそうした「眼」の通常の働きを否定したところで「もの」が美しいか美しくないかを判断するもう一つの「眼」を意味している。

柳が「もの」と出会った瞬間を自身でどのように表現しているか、初期の代表的な蒐集品の一つ、信楽の流し釉の茶壺［図99］の例をみてみよう。それは近江八幡の道具屋の片隅で、ある秋の夕暮れに柳の眼に入った。

一日あの近江八幡の、とある小さな古道具屋のうす暗い棚の隅に、塵にまみれ乍ら、此壺の下部が燦然として私の眼を射た瞬間を忘れることが出来ない。（「挿絵に就て」『工藝の道』、ぐろりあそさえて、一九二八年）

柳が一方で丹念に論理的思考を積み書ね、展開する宗教哲学を専門としながら、究極において理知の働きや分析的な思考の限界を意識し、宗教の真理のうちに二元論的思考の限界を乗り越えようとしたとき、究境語として「即如」を取り上げた。このうち「即」は「すなはち」であって「直下」ということ、「二個のものに間隔の介在を許さない」ということであると柳はいう（「宗教的究境語」『白樺』八巻四号、一九一七年四月）。この「即如を光で示しうるのは宗教の信と藝術の美」のみで言葉では積極的に語り得ない（「即如」『白樺』九巻一号、一九一八年一月）。ただしこの「藝術の美」を捉えるのが直観＝眼であるとはまだここでは明言されていない。しかしこの後、柳は様々な美的経験を積み重ねるなかで、眼がときに「直下」な働き方、すなわち思考の入り込む余地がないゆえにきわめて自由な働きをするということを実感していったと考えられる。確かに柳に限らず、それまで思ってもみなかったようなものをふとした瞬間に美しいと感じることは誰しもあるだろうが、柳にとっては朝鮮の工藝品や木喰仏との出会いがまさにそれであり、最終的に「下手ものの美」の発見に至って、分別し分析する言葉や「知」の限界を超えて「眼」が働くときの自由さを確信するようになったのではないか。こう考えるとき、柳が宗

図100　《スリップウェア皿》　18世紀

教哲学の延長上に民藝運動を実践した必然性は充分に理解できるように思われる。
「直下」な眼の働きという点で柳は「初期の茶人たち」を自らの先駆者と位置づけた。柳にはるかに先立ち、「井戸茶碗」の発見によって、それ以前の唐物崇拝からの価値の転換を行ったのが柳のいう「初期の茶人たち」であった。彼らを先駆者にもつ日本が、この眼の働きにおいて独自の伝統を持つことを、柳は最晩年の「日本の眼」(前掲)という文章で書いている。「完全の美」を指向する「西洋の眼」に対し、

「日本の眼」が深く追つたものは「不完全の美」なのである。之を私は、「奇数の美」と名付けたい。この美の認識を日本人ほど深く追求した国民はない。

図 101　《大井戸茶碗　銘「山伏」》 朝鮮時代(16 世紀)

さらに「不完全の美」を柳はこう説明している。

完全とか不完全とかの二元から寧ろ離脱した様の美こそ「茶美」であって、私は寧ろ「茶美」を禅語を借りて、「無事の美」と呼びたい。即ち「平常底の美」、「無碍の美」と解すべきで、完全にも不完全にも執せぬ「自在美」こそ「茶美」なのである。

それは室町以来の能楽や茶道の発展に由来する「背後に充分な伝統をもった鋭利な眼力」であるが、こうした眼力は美の基準における一種の価値の逆転、さらにいえば新たな価値の創造を本質としているといえよう。かつて柳は、青山二郎が朝鮮で買い集めてきた工藝品で構成された朝鮮工藝展覧会(晩

翠軒、一九三二年)について「青山の創作として一番面白い」と書いたことがある(「第二回朝鮮工藝展覧会案内状」、一九三二年)。このいわば「眼による創作」ということについて、井戸茶碗を「発見」するというよりも「創作」した初期の茶人のうちに、日本の文化の底に流れる重要な一面を見て取っているのである。この「日本の眼」の是非については、文化史的な非常に大きな問題としてあらためて検討していかなければならないが、ここでは柳が自らの「眼」を孤立した存在とせず、歴史的、文化的にも位置づけようとしていたことに着目しておきたい。

六 「眼」から思想へ

「民藝」の発見を経てこれほど「眼=直観」の働きを重視するようになった柳であるが、しかし同時に「眼」が「眼」として自足することを最も嫌ってもいた。何ものにも拘束されない「眼」が「眼」として自足するとき、「もの」を単に弄び、それ以外の何ものにも眼を向けない骨董趣味が誕生すると柳は繰り返し批判している。確かに日本には井戸茶碗はじめいわゆる「高麗茶碗」を発見した初期の茶人たちの眼の伝統というべきものがあり、「もの」に対してある種の洗練された眼を有してきたのは事実であるが、それが一方で極端な「もの」への耽溺を生み、箱書きを生み、また茶道を堕落させる要因にもなったと柳はみていた。眼が真の自由を獲得することの難しさもまた柳は身をもって感じていたように思われる。

実際すでにみてきたように、柳自身は「眼」を通して新しい「美」を発見することだけに留まっているような場合は一度もなかった。眼が見出したものから柳は常に何か真理を引き出し、自らの社会的関心や思想的展開との関連で居場所を見出さずにはいられなかった。その手続きはときに性急にすぎるのではないかと思われることもある。朝鮮の藝術に関しては、朝鮮民族美術館の設立という具体的な事業へ展開すると同時に、そこに朝鮮民族に固有の美感として線の美しさを指摘し、その歴史と関連づけて「寂しみ」と意味づけたが、このいわゆる「悲哀の美」論はその後

図102　《紙縒八角盤》　朝鮮時代

たびたび批判されることになった。

あらためて朝鮮民族美術館のために柳が蒐集した朝鮮陶磁器や工藝品の数々を一つ一つ思い浮かべるとき、果たしてそれらは「悲哀の美」に結びつくだろうか。柳が「線の美」に触れてしばしば引き合いに出す高麗の陶磁器は彼の蒐集品には実はほとんど含まれていない。朝鮮の陶磁器の蒐集をみても、染付とともに柳が好んだと思われるのは鉄砂や辰砂で、全体の印象はむしろ力強いものが多い。『白樺』の李朝陶磁特輯の別冊で「私は此壺が好きだ」と述べている蔦模様の壺［図121］の線を柳自身「単純な自由な筆致」と呼んでいる（「李朝陶磁器の特質」『白樺』一三巻九号別冊、一九二二年九月）。陶磁器以外で柳が高く評価した木工品や石工品も「悲哀の美」からはむしろ遠い特質を有している。柳が「朝鮮の美術」ほかの文章で繰り返し語っている内容とは裏腹に、当時、柳が蒐集していた朝鮮の工藝品は「美しく長く〱引く線」を彼自身が言うほどには特徴としていないように思われるのはなぜだろうか。そしてまた朝鮮時代特有の壺の形について、「朝鮮の美術」（『新潮』三六巻一号、一九二二年一月）では安定度が失われ、「地上に置かれるが為の形ではな」く、「それが朝鮮の姿」としているが、数ヵ月後に書かれた『白樺』の「李朝窯漫録」（一三巻九号別冊、一九二二年九月）では「長い淋しい線」を繰り返しつつも、一方で「形は高麗のものに比すれば総じてはるかに単純になり力強くなる」としている。そしてこれ以後、柳の見方そのものが「悲哀の美」から離れていくのである。

鶴見俊輔氏は著書『柳宗悦』（平凡社、一九七六年）のなかで、柳の直観はそれほど誤らないものであったのだろうかという問いを発しているが、実は柳を誤らせたのは直観ではなかったのではないか。柳の「眼」は確かに朝鮮の工藝品を美しいと見たが、それを悲哀の観念と結びつけたのは、むしろ当時の朝鮮が置かれた状況に対する柳の現実認識、知識であり、倫理観であろう。すでに引用した柳の説明から考えても、柳の「直観」が捉えることができるのは「美」そのもの以外ではないはずである。美は美にすぎない。だとすれば誤りが生じたのは、直観が捉えた「美」を思想のなかに位置づけるその手続きにおいてではなかったのか。その際には柳のもつ様々な「知識」や「感情」が総動員され、「悲哀の美」論の生成へと向かっていったと思われる。一九一九(大正八)年三月一日に朝鮮で独立運動が始まって以来、白樺的なヒューマニズムと自らの強い倫理観に衝き動かされ、柳は「悲哀の美」論をはじめとする言論活動およびその他の活動(具体的には朝鮮民族美術館の設立など)を通じて、自らが朝鮮のために何ができるかを考えずにはいられなかったにちがいない。戦後まもなく私家本として出版された『今も続く朝鮮の工藝』(『工藝』編輯室、一九四七年)の冒頭でも「あれほど多くの人々が朝鮮の古作物を愛してゐるのに、なぜその民族に敬念を抱くことが薄いのであらうか。之が第一に不思議である。心とその暮しとこそは、どんな場合でもその作物の泉ではないか。物を通して人をも視ることなくば、充分に物をも視てはゐないのだと云へるであらう」と柳は嘆いている。柳の場合、「もの」を見、「美」を見出す行為はそれだけでは終わらず、常に新たな思索や活動へと繋がっていくのがむしろ常態であった。

近代藝術の洗礼を受けた柳にとって美は自律的な価値であった。しかし美も工藝品も、近代絵画や彫刻のように他の何ものからも自立して存在し得るとは柳は考えていない。柳のきわめて倫理的な姿勢と相俟って、直観が捉えたいわば白紙の美を、思想や現実の社会の中に正当に位置づけようとする力が柳にはいつも強く働いている。柳にとって美は動かしがたい事実であるが、その美の存在理由を柳はどこまでも問い続けるのである。「民藝」が見出されたとき、美術館の設立や工藝協団の組織を通して、柳は一方で工藝を社会性のなかで捉え、民藝運動という社会的な実践運動として展開していったが、他方で「他力道」という宗教の道と結びついたとき、「下手もの」の美はにわかに決定的な存在意義を彼にとって有し始めたのではないだろうか。

七　下手ものと他力道

柳は「下手もの丶美」を次の文章で始めている。

無学ではあるけれども、彼は篤信な平信徒だ。なぜ信じ何を信ずるかさへ、充分に言ひ現はせない。併しその貧しい訥朴な言葉の中に驚くべき彼の体験が閃いてゐる。手には之とて持ち物はない。だが信仰の真髄だけは握り得てゐるのだ。彼が捕へずとも、神が彼に握らせてゐる。それ故彼には動かない力がある。私は同じ様な事を、今眺めてゐる一枚の皿に就ても云ふ事が出来る。それは貧しい「下手《げて》」のものに過ぎない。奢る風情もなく、華やかな化装もない。作る者も何を作るか、どうして出来るか、詳しくは知らないのだ。信徒が名号を口ぐせに何度も〳〵唱へる様に、彼は何度も〳〵同じ轆轤の上で、同じ形を廻しているのだ。……無心な帰依から信仰が出てくる様に、自から器には美が湧いてくるのだ。

ここで無意識のうちに名号を唱える信仰の徒と「下手もの」は完全にパラレルな関係に置かれている。「下手もの丶美」に続いて、最初の本格的な工藝論として書かれた『工藝の道』（ぐろりあそさえて、一九二八年）の序では次のように述べている。

想へばこ丶に現れた一つの思想に到達する為に、十有余年の歳月が其観察と内省との為に流れた。そうして過去一カ年の間休む折もなく筆を続けた。私には真に追ふに足りる意味深き問題であると考へられた。だが或友達はなぜ私が宗教への思索を離れて、か丶る奇異な問題に外れたかを嘆いてくれた。昔に帰る様にと同じく忠告してくれる人々が他にもあるであらう。私は其志を嬉しくは受けるが、此書を読まれるならば大方の誤解は解け去るであらう。私は宗教の真理に懶惰であつたのではない。工藝と云ふ媒介を通して、私の前著「神に就て」に於て漸く模索し得た最後の道、「他力道」の深さと美しさとをまともに見つめたのである。従つて工藝を物語つてはゐるが、私としてみればやはり「信」の世界を求める心の記録である。

その前著『神に就て』(大阪毎日新聞社・東京日々新聞社、一九二三年)の「第七信　神の愛と救ひとに就て」で「神の救ひ」について柳はこう語っている。

私たちは啻に自らに於て救ふ力がないと云ふ事を自覚すべきのみならず、更に救はれる資格があるから救はれるのではないと云ふ事を内省せねばなりません。

『工藝の道』は一九二七(昭和二)年四月号の『大調和』創刊号から連載が始まっている。柳はここに到達するまでに「十有余年」を要したと述べているが、確かに「我孫子から　通信一」に記された陶磁器の「型状美」への注目から数えれば十年余りが過ぎたことになる。そしてこれらの言葉を繫ぎ合わせて考えるならば、タイトルとなった「工藝の道」は、「下手もの」=「民藝」を中心とする「工藝」のうちに見出された「他力の道」という意味であり、「下手もの」と「他力道」が結びつくに至ってようやく柳の直観=眼は自身の思想と最終的な邂逅を果たし得たのだということが了解されるのではないか。『神に就て』でようやく辿り着いた「他力道」という宗教的真理が、「下手もの」のなかに具現化されていることに気づいたとき、初めて柳の蒐集してきた「もの」は彼の宗教的思索のなかに揺るぎない居場所と存在意義を獲得したといえるからである。その意味において「下手ものゝ美」の発見は、「眼」と「もの」の側からいえば、柳を引きつけてきた美を支える根本原理の発見であったが、柳が専門としてきた宗教哲学の側からみると、まさに奇蹟の経験にも準ずる一つの宗教体験であり、宇宙の神秘、この世に潜む不可思議の決定的な「味識」というべきものであっただろう。

確かに柳の精神には、漠然とした永遠なものへの憧れが早くから芽生えていた。ホイットマンの詩集『草の葉』と出会った中学時代を回想し、「晴れた晩に大空を眺め天体に見入る時、私達は何か大きな存在を感じる。それと同じ様な感じがホヰットマンにあつた。自分達の心が如何にも小さく思へると共に、厖大な世界の存在が意識された。それは私を元気づけた。さうして小さな此自分にも亦他人にも凡ての周囲にも何か不思議な大きなものがある事が感づかれた」（「ホヰットマンに就て」『ブレイクとホ井ットマン』一巻一号、一九三一年一月）と述べているような感情であるが、しかしそれは漠然とした「感じ」にすぎなかった。柳の宗教哲学は「哲学」であり、それまではあくまでも言語による論理的な手続きを踏むことによって一歩一歩構築されていた。しかし「民藝」の発見は「感じ」ではなく「体験」であり、このとき柳宗悦の宗教哲学は一つの閾を越えたのだと考えられる。柳が彼にとって工藝研究と宗教への思索は一つであると述べた真の理由はここにあると思われる。柳の宗教的体験は「もの」を通して「即」に働く「眼」によって成就された。片隅で埃をかぶった「もの」がそのあるがままの存在において内側から光を得て輝き出す瞬間に柳は立ち会ったのである。柳にとってはこのあるがままの「もの」こそ始まりであり終わりであった。

柳宗悦と「民藝」――「工藝自体Craft-in-Itself」の思想

近年明らかにされてきたように、絵画も彫刻も工藝も、建築を除く視覚的造形物のほとんどは、明治以降、「美術」として確立されたものを中心にその位置づけが行われてきた。そのなかで、伝統とモダニズム、東洋と西洋といった対立軸が絶えず問題とされてきたが、つい最近まで「美術」という枠組だけは絶対であり続けてきた。伝統への回帰も、アヴァンギャルドの反逆も、東洋的要素の見直しも、同時代の西洋の動きの吸収も、すべて「美術」という価値の軸をめぐって行われ、またそうしたものだけが「美術史」として語られてきた。その「美術」という枠から、一九〇〇(明治三三)年のパリ万国博覧会以降、制度の上で排除されてしまったのが「工藝」であったが、以来「工藝」は絶えず何らかの形で「美術」への接近あるいは同化をはかろうと試みてきたように思われる。そうしたなかで、「美術」という枠組そのものの絶対的な優越性に対して真っ向から疑念を呈した人物が柳宗悦であったのではないか――現在、筆者は柳の重要な一面(一面にすぎないが)をそのように理解したいと考えている。その意味で柳は、単に「下手もの」と呼ばれる一定の共通する特質で括ることのできる一群の工藝品に美を発見したに留まらず、「民藝」という概念を積極的に創り出し、それを中心に「工藝」を一つの理念として再構築することによって、「美術」とは異なるもう一つの価値体系を創造したのではないだろうかと。

もっともその価値体系の創造という作業を呼び起こし刺激したのは、逆説的ではあるものの「美術」であった。その意味で、「美術」なくしては柳の民藝論、工藝論はあのような形では存在し得なかったと考えられる。すなわち、大正半ば、身辺に朝鮮陶磁器を置いて楽しんでいた柳の関心が、三・一独立運動とその弾圧という事件によって、政治嫌いであったはずの本人にとって思いもかけぬ方向に動き出したように、大正末、柳の「下手もの」への関心を、「民藝」という概念の創出から美術館の設立運動、さらに体系的な工藝理論の形成にまで導いたのは、帝展における工藝部（第四部）創設に象徴される、工藝家自らが望んで「工藝」を「美術」に近づけようとする状況であったように思われるのである。当時、柳自身はあくまでも自らを宗教哲学者と考えていたことをあらためて想起したい。ありふれた日常的な道具である「下手もの」の持つ美しさは、美の領域にも「他力道」が存在することを柳に確信させたが、宗教哲学者としての柳にしてみれば、その発見を自らの専門領域のうちに回収すればよかったはずである。事実、戦後の柳はその道を辿っているように思われる。それがなぜ工藝理論、工藝思想として、また工藝運動としてその後数十年にわたって展開されることになったのだろうか。もちろん、柳が『白樺』の初期からバーナード・リーチや富本憲吉ら、近代工藝史上のキーパーソンと深い関わりを持ち、その活動を間近に見、また活発な議論を交わしていたことも、やがて彼が「工藝問題」に本格的に取り組む強力な伏線であった。実際、彼らの間ではすでに一九一〇年代から土着的、日常的な工藝品への関心が芽生えつつあったのである。と同時に、かつての自らの西洋近代美術への傾倒が、ウィリアム・ブレークから朝鮮の工藝品、木喰仏を経て出会った「下手もの」の存在によって根底から揺るがされ、日本においても確実に浸透し始めていた「美術」の絶対性への懐疑を浮かび上がらせたからではなかっただろうか。「下手もの」の蒐集と民藝美術館設立の計画から始まった民藝運動の初期の段階において、柳は最初の民藝論である「下手もの丶美」に続いて工藝協団の設立を提案し、さらに『工藝の道』という体系的な工藝論の執筆に着手するというように、「他力道」の思想に拠りながら、急速に工藝そのものの問題に関心を集中させていったのである。

「美術」の境界の外に追いやられた「工藝」を、「美術」と対等の位置に立つもう一つの価値体系として再構築するという、柳宗悦による前例のない試みを支えたのは、平行して展開されていた彼の宗教哲学であったが、もう一つは、誰が何と言おうと「下手もの」は美しいという確信であった。柳はその根拠を彼自身の「直観」に置いた。この「直観」という立脚点を柳は「立場なき立場」、「絶対的立場」と呼び、主観的であるどころか、一切の立場を越えた客観的な真理を含むと主張した。また一瞬のうちに働くがゆえに「直観」はあらゆる独断から自由で、ありのままに「もの」を見るとも言っている（「序」『工藝の道』、ぐろりあそさえて、一九二八年）。現在、このような「直観」はいかにも胡散臭く耳に響くにちがいない。「直観」の問題については最後で再び触れたいが、ここではとりあえず、一旦日本に浸透し始めた「美術」という制度に絡め取られずにいるために、柳にとって「直観」以上に有効かつ強力な立場が果たしてあっただろうか、と問うておきたい。少なくとも柳にとって、自分が美しいと見たものが従来の美の基準からかけ離れているという実感は偽りのないものであったと思われる。美の基準のずれが暗黙のうちに了解されている枠内に留まっていれば、「何」が美しいか、また「なぜ」美しいかとあれほどストレートに問う必要はなかっただろう。民藝運動はわずか数人のグループによって始められた運動であり、眼の点で唯一彼らにとって先駆者と思われたのは「初期の茶人たち」だけであった。

とはいうものの、『白樺』時代からの柳の活動と著作を辿っていくかぎり、柳がその確信に至るまでに十数年を要したのは事実であり、彼にとっても最初は「美」はきわめて観念的なものでしかなかった。その十数年の間、柳の関心の中心は短い周期で移り変わっているようにみえるが（後期印象派からブレーク、朝鮮と中国の陶磁器、木喰仏、下手ものへと）、専門の宗教哲学にも劣らない造形藝術への強い関心が途切れることなく続いていることは確かで、そのなかで「美」という観念が自分にとって具体的に何を指すかが柳のなかで次第に明らかになっていったといえるだろう。柳のいう「直観」そのものが、その過程を通じて徐々につくり上げられ、また絶えず変化していったのである。『白樺』創刊時に柳が二十歳そこそこであったことを思えば当然であるが、民藝運動を開始して以後も恐らく同じことであった。柳は亡くなるまで絶えず憑かれたように新しい「もの」を求め続けたし、とりわけ後期の蒐集品が示すようにその眼は「民藝」に留まることはなかった。

『白樺』同人による「後印象派」の受容が「美術史的」な理解でなかったことは周知の事実であるが、同人中随一の勉強家として、丸善を通して入手した相当な数の専門書に眼を通していたと思われる柳にしても、セザンヌ、ゴッホ、ゴーギャン、ロダンらのなかに後に確立される「モダン・アート」の展開など見ているはずもなかった。かといってそこに、後に「下手もの」に見出したような「美」をまともに見ていたのでもない。後期印象派の受容に関していえば、第三年目の『白樺』（一九一二年一月号）に発表した「革命の画家」を通じて柳は重要な役割を演じているが、そのなかで「従つて美とは藝術の目標に非ずして、自己の表現こそは其目的である。美とは只其表現に伴ふ必然の開発に過ぎない。然も藝術が人生の厳粛なる全存在の表現たる限りそは常に真にして美である」と言う時、彼が複製図版を通してゴッホやセザンヌの絵画に熱心に見て取ろうとしたのは、画面から伝わってくる画家の生命であり、表現行為を通じて自己を十全に活かし、それによって自然と響き合うことができる「天才」としての個人の姿やその生き方であった。そこに新しい生き方や価値観への指針を見出すことが、旧世代との間に深い溝を感じていた白樺同人にとってきわめて切実な問題であった一方、この段階では柳のなかで「美」はまだまだ抽象的な観念に留まっている。作者本人から直接送られてきたロダンの彫刻［図103］やフォーゲラーの版画の場合、その事実自体が、すでに柳や他の同人たちを極端な興奮状態に置いたのであり、彫刻や版画そのものの「美」を云々することよりもはるかに重要であった。そしてまた、「革命の画家」を書くにあたってルイス・ハインド Lewis Hind の『後印象派 *Post Impressionists*』を特に参照したと柳自身断っているように、切実な問題意識に基づき独自の見解を示しつつも、そこに書かれたことの半ばはいわば借り物であった。

図103　オーギュスト・ロダン《或る小さき影》

それではいつ頃から柳は造形物のなかに「美」を自分の眼で見ているという自覚を持ち始めたのだろうか。柳にとって最も魅力的な神秘主義の藝術家としてのウィリアム・ブレークに本当の意味で出会い、彼をテーマに最初の大著を書き終えるとほぼ同時に、浅川伯教によって李朝陶磁器が手元にもたらされた直後、柳はようやく自分の眼が捉えた具体的な「美」について次のように言及している。

彼［注・ブレークのこと］から受けた精神的刺激を別にしても、自分には様々な美の世界、真の世界が彼を通して現はれてきた。微細なものに対する自分の一々の驚愕は彼の精緻な精神によつて表現された様々な装飾的図案を通して自分に与へられた。……自然に顕はれる線(ライン)と形(フォーム)とには限りない愛の恋情がある。(自分は画家に生れてはこなかつた。然し此喜びをいつか自分の思想に画き出し得ると思つてゐる。……未来の哲学者は凡ての美に対する驚愕を以て彼の筆を起さねばならない。)自分にとつて新しく見出された喜びの一つを茲に書き添えよう。それは磁器に現はされた型状美(shape)だ。之は全く朝鮮の陶器から暗示を得た新しい驚愕だ。
(「我孫子から通信一」『白樺』五巻一二号、一九一四年一二月)

続いて柳はこの年(一九一四［大正三］年)の春に上野で開かれた大正博覧会に展示されていた台湾先住民による布や土器や武器が、博覧会出品物の中で「最高の藝術的賞揚」を受けるべきことや、日本美術院主催の展覧会(柳はこう書いているが、日本美術協会第五二回展のことと思われる)で見た光悦作蒔絵硯箱の硯蓋の型状に「嘗て何人も試みなかつた充実」を見て取ったことを記している。自然の「美」への関心と未分化ながら、柳は造形物の「美」を自らの眼を通して見るきっかけをようやくつかみ始めていたのではないだろうか。

それでもなお『ウィリアム・ブレーク』のなかでは、ブレークの作品の造形的な側面にはほとんど触れられていないが、ブレーク、朝鮮の陶磁器や仏教美術、法隆寺や正倉院の宝物、ゴシック美術と、柳の関心が近代美術から次第に遠ざかるとともに、彼が「美」について語る量は急速に増えている。一九二〇年代初めに書かれた「朝鮮の美術」

や「陶磁器の美」で、中国、朝鮮、日本の造形を、それぞれ形と線と色で代表させて語る視点には、朝鮮の「民族美術」の独自性を強調するあまり、図式的、観念的な部分が目立っているが、文章に添えられた図版の方は、その選択にある「偏り」が見て取れるという点において、柳がすでにある程度自分にとっての「美」の基準を確立し始めていたことを示しているように思われる。あるいは同じ頃、一九一六(大正五)年の朝鮮旅行で実際に見た石窟庵の彫刻の美しさについて語る柳の言葉は、かつてビアズリーや後期印象派の作品について語っていたときのような半ば借り物の言葉ではなく、確かな実感に基づいて書かれていることが見て取れる。ここからさらに木喰仏、そして「下手もの」に関心を移していくとき、柳の眼と言葉はますます確信に満ちたものになっていく。

図104　ポール・セザンヌ《風景》1885–87年

後期印象派から「下手もの」までの決して一筋ではない十数年は、柳が関心の範囲を徐々に広げながら、半分は借り物として出発した眼と言葉とを、ともに自分のものにつくり替えていく過程であった。同時にこの十数年は、彼のなかで「天才」よりも「無名の工人」が美の担い手として重視されるに至るのに要する時間でもあった。一九一〇年代末に朝鮮問題に深く関わることによって、柳は美の担い手として「民族」に注目するようになるが、一九二三(大正一二)年にはゴシック美術について「個人の藝術」ではなく、「一切の民衆の信仰の現れであつた」と述べており(「中世期への弁護」『文化生活の基礎』三—八〜九、一九二三年八〜九月)、さらに「下手もの」に至って「無名な民衆」、「無名の工人」が登場する。「悉くが名なき人々の作である。……殆ど凡ての職工は学もなき人々であつた。なぜ出来、何が美を産むか、それ等に就ては無心である。伝はりし手法をそのまゝに承け、惑ふ事もなく作り又作る」(「下手ものゝ美」『越後タイムス』七七一、一九二六年九月一九日)。「天才」から「天才」の対極にいるつくり手への関心の推移は、一見したところ、この十数年の最も劇的な変化に思われる部分である。

ところが、「無名の工人」という概念から逆に遡ってみると、すでに一九一五(大正四)年にリーチに宛てた手紙(一一月一九日、二四日付)のなかで、柳は「ゴッホよりもセザンヌの方を確信をもって支持する」理由として次のようなことを述べていることに気づく。「真実、神、我々の故郷、我々のエルサレム」に至る道は多岐にわたっているが、「大雑把に言えば、二種類の道、特殊なものと普遍的なものがあると思われ」る。ゴッホはビアズレーやロートレックとともに前者に属し、セザンヌはホイットマンとともに後者に属している。特殊の道があまりにも個人的で応用が効かず、「不自然」なのに対し、普遍の道はバランスがとれて「自然」な「大道」である(「ここで普遍とは、我我本来の自然が主張する一般理念という意味です」)。しかしながらアンバランスな現代においては前者が栄え、哀れな模倣者を輩出している。柳はそこに現代の悲劇を見て取っている。

ここで柳は『白樺』で取り上げてきた「天才」たちを二つに分類し、その違いは個人の気質(性格、内的原因)や環境(外的原因)によって生じるとしている。柳自身は「普遍の道」に共感を抱いていることを明言しているが、彼がやがて「天才」から生まれる「美術」よりも、「無名の工人」をつくり手とする「民藝」をよしとするに至る重要な着眼点をここに見て取ることができるだろう。「民藝」こそは究極の「普遍の道」にちがいない。初期の段階では「天才」への関心と一見矛盾しているようであるが、柳のいう「個人の気質」によるものなのか、柳には早くから異常なものよりも尋常なものの方に共感を寄せる傾向が確かにある。「普遍の道」から「他力道」までの距離は、これと平行する後期印象派から「下手もの」に至る道のりと同じく、その間に横たわる十年という歳月を考えれば決して近くはなかったかもしれないが、方向においては実は変わっていないように思われるのである。

「下手もの」の美しさとそのつくり手としての「無名の工人」、そして「他力道」による救いが一つに結びつき、さらに体系的な工藝思想へと展開されていく過程は、柳が思想家として生涯のなかでも最も独創性を発揮した時間であったのではないだろうか。「下手ものゝ美」の冒頭にくる「序」の短い文章が持つ一種独特の調子は、その最初の現れのように思われる。柳は日本民藝美術館設立趣意書を起草したばかりの一九二六（大正一五・昭和元）年初頭の手紙のなかで、「したき仕事多く、それが専門以外の事多く、自分でも妙な気がします。併し凡てが何れ専門の方へと回転して行くつもりではいますが」（一月一六日付、吉田正太郎宛）と語っているが、「下手ものゝ美」が書かれるのは半年以上経た同じ年の九月である。下手ものの蒐集と民藝美術館の設立準備が本格化した一九二五（大正一四）年暮れから一九二六（大正一五・昭和元）年初頭にかけての段階では、恐らくまだ柳のなかで「下手もの」と「他力道」は結びついていなかったと考えられる。美術館設立趣意書のなかで「下手もの」の作者を「名なき工人」とは呼んでいるが、「他力道」への言及はみられない。河井寛次郎や濱田庄司らと頻繁に行き来するなかから非常に密度の濃い刺激を受けつつ、宗教、哲学、藝術など多岐にわたる、彼のそれまでのすべての関心が次第に一つの環を成し、明確な思想の形を取り始めたのは、恐らくこの年の春から夏にかけてのことと推測される。

しかしながら、「下手もの」において美と宗教の道が一致した時点では、それでもなお柳には体系的な工藝思想の形成へと導くような動機は希薄であったように思われる。このあたりの変化を窺うことができるのは、一九二六（大正一五・昭和元）年から翌年にかけて書かれた、吉田正太郎らにあてた書簡である。柳自身や妻兼子の回想、書簡などから考えると、「下手もの」や大津絵への関心は一九二四（大正一三）年に京都に移る以前からすでに始まっていたと思われるが、柳の関心の中心を「下手もの」が占めるようになったのは、木喰仏の調査が一段落した一九二六（大正一五・昭和元）年の年明けからである。その嚆矢として四月に日本民藝美術館設立趣意書を発表し、九月には吉田が発行していた『越後タイムス』に「下手もの〻美」の原稿を送った。この時点では彼の書簡にはまだ「工藝」という言葉は出てきていないのである。ところが一二月三日付の手紙に「此頃は工藝の美、特に純正美術に対する其位置と云ふ様な事について考えてゐます、もう少し熟してきたら書くつもりです」（吉田正太郎宛）と書き、同じ頃児島喜久雄にあてても「僕は此一年近く工藝の問題で暮して了つた。例の美術館の仕事もかなりはかどつた。蒐集品を見て、段々日本への親さがこくなる。驚くべき世界が漸次回転されてゐる」（一九二六年一二月一四日付）と書いている。一九二六（大正一五・昭和元）年の後半になって「下手もの」をめぐる思考が次第に「工藝」の問題として意識されようとしているのがわかる。さらに吉田宛に「工藝の協団に関する一提案」を同封した翌二七（昭和二）年二月二〇日の手紙には「最近小生の工藝に関する思想は一進展を来し、目前に広い展望が開けてきました、その思想の総決算を四月号創刊の『大調和』でこゝろみるつもり」として、「工藝の道」の連載の予定を知らせている。さらに連載が始まる直前の三月一六日の手紙には「四月創刊の『大調和』を読んで下されば幸ひです。之は大きな論文になる筈で、今迄の小生の書きものゝ内、一番独創的価値を持つものかと思ひます」と自負を覗かせている。武者小路実篤が創刊した雑誌『大調和』への連載は創刊号から翌年一月号まで九回にわたり、一九二八（昭和三）年一二月にぐろりあそさえてから単行本の『工藝の道』として出版された。

図 105　《伊万里染付番茶茶碗》　江戸時代

ここであらためて想起したいのは、「下手もの」は当時の一般的な工藝概念にすら含まれていなかっただろうという点である。少なくとも、工藝概念形成の中心的な場であった種々の博覧会や展覧会と「下手もの」は無縁であった。ところが柳は、この「下手もの」を「民藝」、すなわち「民衆的工藝」と言い換え、さらにその「民衆的工藝」なるものを「工藝」の中心の位置に据えたのである。このことは、柳がはっきりと「工藝」を「美術」に対置し、「美術」によってその境界の外側に規定される「工藝」ではない、「工藝」の側から「工藝」を捉える視点を確立したことを意味しているのではないだろうか。『工藝の道』の一章「正しき工藝」のなかで、「工藝を純粋の相に於て見つむる事、之が此一篇で私の果たそうとする任務である」とし、同時に「『工藝そのもの』とは何かと云ふ問ひでなければならぬ」と述べているのは、明らかに「純粋美術」から除外された「工藝」という明治三〇年代以来の工藝観に対する異議申し立てと捉えることができるだろう。柳は「正しき工藝」を、「正当なる工藝 Craft proper」、「工藝自体 Craft -in-Itself」と言い換えている。美術に最も近い位置にではなく、むしろ対照となる位置に「工藝自体」を構築すること、それは「工藝」のうちに中心点、すなわち核となる本質を見出すことであり、この逆転において、近代以降の「工藝」をめぐる数々の思考のなかで柳はひときわ独自の位置を占めているのである。

このとき見出された「工藝」の本質、それが「用」であった。考えてみると「用」という概念は柳のそれまでの思想には表だって登場していない。陶磁器等について「日常に親しく交わる」ものであるという言い方はみられるが、「用」や「実用」は「工藝問題」が意識されることによって初めて彼の議論に登場してきた概念といえる。とはいうものの、「工藝」という概念を「用」によって規定すること、それは何ら目新しくもないし、独創的でもないだろう。むしろ「工藝」を語る際に「用」の問題は常についてまわる。実際に「実用」に供されるかどうかはともかく、一般的な通念でも、実用的な形をしているかどうかによって「工藝」は「美術」から区別されてきた。そして、このほとんど形骸化した「用」によって、純粋美術の核となるべき精神的価値とは無縁と見なされた「工藝」は、近代の日本においても「美術」から排除される憂き目をみたのである。一九二〇年代の半ば、工藝にとっての実用性をどう考えるかという問題は、一方で新しい時代にふさわしい実用的工藝品の生産への対応を迫られながら、純粋美術に対して余儀なくされた劣勢を跳ね返し、帝展参加を目指す工藝家たちが直面していた最も切実な問題であった。たとえば、高村光太郎の弟であり、无型の中心メンバーであった鋳金家の高村豊周は、実作者としてこの問題についての考え方に大きな揺れを見せており、一九二〇年代前半には実用品制作への工藝家の関与を重視していたが、无型を結成した一九二六（大正一五・昭和元）年には《挿花のための構成》［口絵7］という記念碑的な作品を発表して、実用性を形の上でも切り捨てるところまで進もうとしていた。翌二七（昭和二）年には、長い運動の末に帝展に工芸部（第四部）が設置されることによって、制度の上で部分的に「工藝」は「美術」の側への復帰を果たす。帝展のほとんどの出品作において「用」が形の上のものであったことはいうまでもない。しかしながら、「用」を完全に捨ててしまえば「工藝家」

は「工藝家」ではなくなり、自らのアイデンティティを失いかねない。工藝家にとってのジレンマの種が「用」であった。そのちょうど同じときに、柳はこの「用」を自らの工藝論の核に据え、工藝の美しさの根源に位置づけることによって、「美術」に対する「工藝」の道を理論化、体系化していこうとしていたことになる。一九三〇（昭和五）年から三年にわたり柳は依頼されて帝展工藝評を書いており、出品作に即した具体的な批判を展開しているが、一九二六（大正一五・昭和元）年の民藝運動の開始、および『工藝の道』の発表そのものが、こうした工藝界の動きに対して明らかに異議を提出した形になっていたのである。

> 実用を離れるならば、それは工藝ではなく美術である。用途への離別は工藝への訣別である。その距離が隔る程、工藝の意義は死んでくる。あの美術品を作らうとする今の工藝家の驚くべき錯誤を許し得ようや。哀れむべき凡ての失敗は此顚倒から来るのである。（「工藝の美」『工藝の道』）

図 106　《船箪笥》　江戸時代

図 107　《真鍮鋏付小燭台》　江戸時代

「用」をめぐって工藝家と柳の態度はちょうど逆転している。

しかしながら、柳は「美術」そのものを否定しているのではない。「美は一つであるが、美の都へ至る道は二つであると考へられる。一つは『美術』Fine Art と呼ばれ、一つは『工藝』Craft と呼ばれる」（「緒言」『工藝の道』）という議論は、一九一五（大正四）年のリーチ宛書簡に記された「特殊の道」と「普遍の道」という議論を想起させる。気質の異なるゴッホとセザンヌが同じ頂きに至ったように、「天才」も「無名の工人」も同じく「美」に達することができる。ただ、そこに至るためには「工藝」はあくまでも「工藝の道」に徹しなければならない。すなわち「工藝」は「美」に至るもう一つの道であり、その点で「美術」と対等の位置づけにある。にもかかわらず、「工藝」と「美術」が区別された近代以降、「工藝」は「美術」の下位に置かれ、「美術」のみが栄えてきた。この事実に対して、柳は強い疑念を提出しているのである。柳にとって、「工藝」が「美術」ではなく「工藝」であることを最もよく示しているのが「民藝」であり、その意味において「民藝」を「正しき工藝」と呼んでいるのである。したがって「民藝」以外の「工藝」をすべて一括りにして批判しているのでもなく、『工藝の道』のなかでは、高麗の陶磁器や個人作家である奥田頴川を例に挙げ、「下手もの」でなくとも美しい理由を説明している。ただその美の基盤は「下手もの」と同じであると柳はみていた。また、『工藝の道』執筆中に、新潟柏崎在住の吉田正太郎にあてた書簡（一九二七年八月八日付）のなかで、越後上布への強い関心を述べており、上布がはたして「民藝」にあたるのか、疑問を呈したらしい吉田に対し、「やはり広い意味での民藝として見て一層意味が出てくる様に思ひます」と答え、その理由として個人の作でないこと等を列挙している。いずれにしても柳の場合、「直観」が下す判断に対して理屈や理論は一歩あるいは半歩遅れて従いてくるというのが実際のところではないだろうか。

それにしても昭和の初めに、なぜ柳にとって「工藝」がそれほど重要な問題となったのだろうか。確かに柳は美術や工藝に常に関心を持ち続けてきた。しかし本来柳は工藝家でもなければ何らかの工藝の専門家でもないのである。にもかかわらずそうならざるを得なかったのは、そのときまでに「自力道」である「美術」の道がいかに「美」に至る困難な道であるかに柳が気づいていた、からである。その認識が正しかったことを、数十年後の我々はある程度は認めざるを得ないのではないか。明治以来、多くの人々が「藝術家」を志してきた。が、少し冷静な眼をもって眺めるとき、その結果、「美術」の世界も「工藝」の世界も、「美」という点に関して過去に劣らない豊かな成果を遺してきた、と果たして躊躇なしに言えるだろうか。もちろん、「美術」の立場からすれば、常にアヴァンギャルドたる藝術家は、むしろ積極的に美と訣別することで、「モダン・アート」という前人未踏の道へ突き進んできたのだということになるだろう。その成果は確かに一見華やかにもみえる。しかし実のところ、自らを先細りの袋小路に追い詰めてきているような気がしないでもない。最先端の話を別にしても、安易な「個性」と「藝術表現の自由」という旗印が幅を利かしてきた反面、「個性」を標榜したはずの作家たちが、端からみれば互いに似通った作品を作りだしてきたというようなことはなかっただろうか。もちろんみながみなそうであったわけではないが、「天才」は全体のなかの数少ない例外的存在であればこそ、近代以降の「藝術家」像を代表してきたのではなかっただろうか。社会そのものが、そして藝術の分野もまた大衆化を迎えつつあった時代において、そこに含まれる根本的矛盾を柳は見抜いていたといえないだろうか。もちろん、柳の民藝論と民藝運動もまたその矛盾を乗り越えられたのでないことは検討していかなければならないが。

図 108 《筒描松竹梅文風呂敷》 沖縄

柳はこの予見の正しさを「下手もの」の存在によって示そうとしたのかもしれない。が、ここでも恐らく柳は批判されるだろう。「美術」と対等でありたいと願っていた工藝家たちにとって、自ら工藝家ではない柳の議論は、門外漢からの余計な横槍以外の何ものでもなかったにちがいない。たとえ道が狭くとも、「自力道」という選択肢は誰にも許されているはずである。それこそが「自由」の意味であると誰もが信じてきた。確かに何も悪いはずはなかった。ただ、最近になってわずかながら、その結果として目前に広がる、実際には死屍累々たる光景を、美術という名の沃野とみなが信じてきた、というようなことは本当になかっただろうか、という問

図109　《大津絵「瓢箪鯰」》　江戸時代

いが意味を持ち始めているような気がしている。そうだとするなら、「美術」の側から境界線を引き、「工藝」がその内か外かを問うのではなく、「工藝」を「工藝」の側から捉えようとした柳宗悦の工藝思想の真価を、その矛盾や限界を見据えつつ（従来の批判を検討するだけでなく、批判そのものを深めていかなければならない）、冷静にはかるときがようやく来たのではないだろうか。すなわち、柳が提示した「民藝」とそれをめぐる思想のうちに、既存の美的価値観、および「美術」というものの絶対性を根底から揺るがすものが本当に含まれていたのだろうか。あるいはまた、現時点においてなお柳の「眼」に一貫性のある説得力を認めることができるだろうか、できるとすればその「眼」が取り上げた「もの」のなかに「美術」がつくり出してきた価値とは異なる何らかの価値（名づけるとすれば「工藝的なるもの」）の創造に繋がるもの、およびそうした価値を出発点に文化の問題を広範に見直すための「もう一つの」視点を見出せるのだろうか。

　これらの問いに答えるための鍵は、何よりも日本民藝館に残されたコレクションにあるように思われる。なぜなら、柳のいう「立場なき立場」としての「直観」がいかなるものであろうと、それが最も具体的、直接的な形で示されているものがあるとすれば、民藝館のコレクションだからである。柳自身がこの「直観」を彼の立場として選んだかぎりにおいて、我々もまた、柳の思想の真価をはかるためには、一度は柳のいう「直観」によって日本民藝館に残されたコレクションに対峙し、柳の「直観」そのものを問わなければならないはずである。柳の民藝運動が「下手ものゝ美」という一文や『工藝の道』という体系的理論の形を取る以前に、美術館の設立運動が立ち上げられ、さらに遡れば個々の「もの」の蒐集があったことをあらためて想起したい。民藝運動のなかで、雑誌『工藝』等を通じて個々の具体的な「もの」を取り上げること、そしてそれらを多様な観点から紹介することに柳が何よりも力を注いでいたことは確かである。柳の場合、「もの」は常に時間的にも位置的にも「言葉」の前にある、と思われる。最晩年に至るまでの柳自身の軌跡が体現しているように、彼の遺したコレクションの一つ一つが、それぞれに他とは絶対に異なる「もの」という存在を通して、「美しい」という価値について投げかけてくる問いは、それらの「もの」への関心をただ「美しい」という事実への満足だけに終わらせたり、安易な解答を求めたりするようなものでは本来ないのである。ただ、問いをどこまで深く受け止めるかは最終的に一人一人に委ねられており、逆に我々自身があらゆる知識や既成の価値観など、自らが背負っているものに対してどういう姿勢を取ろうとするかが問われることにもなるだろう。そもそも「直観」を立場とすることによって、「民藝」の発見という行為の本質にはそのように開かれた問いが含まれていたのではないだろうか。確かに柳自身は「直観」という立場を主張することによって、自らの工藝論に主観を脱した絶対的な客観的根拠を与えようとしているが（「緒言」『工藝の道』）、一九二七（昭和二）年の時点で、美的価値や工藝観をめぐって対立する様々な主張が繰り広げられるなかでは、「直観」こそ非専門家である柳が拠るべき唯一の強力な立場だったのである。しかし現在、「直観」という立場が本当に意味を持つとすれば、問いをどこまでも開かれたものにするという一点においてであると筆者は考えている。そしてまたこの意味において、「民藝」の発見は近代におけるすぐれた「創造」行為の一つだったと思われるのである。

「工藝」の課題――柳宗悦の視点から

一

「工藝」という言葉が孕んでいる問題の領域は果たして大きいのだろうか。小さいのだろうか。

いまから八〇年ほど前に柳宗悦は「なぜ工藝問題が私の心を強く引くか」という文章を残している。一九二九（昭和四）年に書かれているので、工藝に関する最初の本格的な著書である『工藝の道』を出版してまもない頃である。『経済往来』という雑誌に発表された短文で、「美術」が偏重されている現状に対し、「近い未来の美学が、工藝論で多忙である」べきであるという主張を展開している。その後再録はされていないので、柳にとってもそれほど重い意味を持つ文章ではなかったかもしれないが、ここで柳が「工藝問題」という言い方を用いていること、そしてそれを経済誌のために執筆したことを興味深く思う。確かに柳は後々まで「工藝問題」という言い方をしばしば用いているが、現在でも「社会問題」「経済問題」「教育問題」等はよく使うものの、「工藝問題」はもちろんのこと、「美術問題」「藝術問題」なども聞き慣れない。「文化問題」も稀である。ごく一般的な常識から推測すると、柳は「工藝問題」というあまり一般的ではない言い回しをあえて使うことによって、「工藝」に含まれる問題の大きさを世間（この場合は恐らく一般には「工藝」とは無縁と思われる経済界の人々）に訴えようとしていたのかもしれない。確かに柳の思いとは裏腹に、その後八〇年の間に「工藝問題」が「社会問題」や「経済問題」と並ぶ社会全体の先行きに関わる重要な問題として意識されたことは一度もなかったように思われる。けれども、意識されたことがなかったからといって、実際に重要性を持たなかったとは言い切れない。むしろ近年になってようやく研究が開始された「工藝」という言葉の誕生をめぐる様々な経緯や、実際に「工藝」と呼ばれる領域が辿ってきた道筋を垣間見ても、日本の近代において「工藝」は決して見過ごすことのできない問題を孕んでいる領域であったことは間違いないように思われる。そしてまた、現代美術ギャラリーの減少と反比例するかのように、ここ数年増加してきた工藝ギャラリーが示すように、研究者間に限らず、様々な形で近年再び「工藝」は人々の関心を集めつつあるようにみえる。それは、肯定と批判が相半ばするようにみえるにせよ、柳宗悦に関する著作や論文、言及が近年増加してきた現象とも関係しているのではないだろうか。柳が「工藝問題」という言葉で捉えようとしていた近代の課題が、長きに亘る停滞状態を脱して再び息を吹き返し、現代的意義を持ち始めたように少なくとも筆者には思われるのである。

研究ということでいえば、各地の美術館、博物館等における、近代工藝史を多様な視点から回顧する展覧会やシンポジウムの開催、共同研究などの増加とともに、「工藝」という概念の成立をめぐる実証的研究が進められ、「工藝」は、日本が近代国家への第一歩を歩み始めた時期に、近代化の過程に必要不可欠な枠組をつくり出すために用いられ始めた言葉であり、それ以来、その位置づけは「美術」と「工業」という概念の間で大きく揺れ動きつつ複雑な様相を呈していることが徐々に明らかにされてきた。こうした概念をめぐる実証的な解明が急速に進んでいるのに反して、「工藝」と呼ばれるようになった領域で実際に何が起きたかを明らかにする作業は未だ途上にあるが、「美術」などよりはるかに複雑で一筋縄ではいかないという印象を受ける。この印象は、「工藝」という言葉の中身が一つの理念として真剣に議論されることが少なかったのとは裏腹に、輸出産業の柱の一つである各種の工藝品を、海外市場に売り出していくために必要不可欠な万国博覧会参加というきわめて現実的な観点からは、工藝をどう位置づけ、そのなかに何を含め、何を含めないかが重要な関心事であったという事情と表裏一体となっているように思われる。これまでの研究によれば、概念としての変遷は、一九〇〇（明治三三）年のパリ万国博覧会参加の際に、出品規定をめぐる事務官長林忠正の最終決定によって、「美術」と「工藝」（「優等工藝」となる）は分けられたのに加え、一九〇九（明治四二）

年に開設された文部省美術展覧会からも「工藝」は排除されたことで、最終的な決着がついた。確かに一九〇〇（明治三三）年までは、「美術」と「工業」という言葉もまたそれぞれに揺れ動いていたが、パリ万博をきっかけに「美術」の領域はほぼ確定され、「美術」以外のものに関して「工藝」か「工業」かという議論が残った。そして「工業」が主として「手工業」ではなく「機械工業」を意味するようになっていったとき、「工藝」は「美術」と「工業」の側から二重に境界づけられたといってよいのである。この後、昭和初期に至るまで「工藝」に関して一体何が問題となっていたかを次に辿りつつ、そのなかでの柳宗悦の位置を確認してみたい。

二

近年の展覧会で明治の工藝を代表するものとして紹介されている作品は、欧米の万国博覧会等でも高い評価を得て、各地の博物館に残されている輸出工藝品、あるいはそれによって確立された価値基準に基づいて国内の博覧会向けに制作された品々が大半を占めている。ジャンルとしては陶磁器、金工品、漆器、七宝、染織品等に及ぶが、それらも一九〇〇（明治三三）年のパリ万博以降は「美術」である絵画・彫刻から「工藝」（「優等工藝」）として区別され、その下位に置かれることになった。同時に、パリ万博の結果は工藝関係者にとって思わしいものではなく、またこの博覧会で華々しく紹介されたアール・ヌーヴォーの工藝は、日本の関係者に少なからぬ衝撃を与え、日本におけるアール・ヌーヴォー様式の受容と図案改革への強い要求を生むことになった。一九〇〇（明治三三）年以降のほぼ一〇年間はその流れの中で捉えることができるだろう。現在アール・ヌーヴォーは、工藝・建築・デザインのみでなく、絵画・彫刻をも包括する、総合的な「モダニティ（＝現代性）」追求の運動と位置づけられているが、パリ万博以降の日本では、すでに大衆化しつつあったアール・ヌーヴォー様式を取り入れることによって、欧米に立ち後れた図案の世界を一新し、輸出産業としての「工藝」を立て直すことに力が注がれることになった。すなわち、明治の時代を通じて「工藝」は、明治政府が打ち出した殖産興業政策の一つである輸出振興を担うという点において、「近代化」の最前線に位置していた。規模からいっても、一部のエリートが担っていた「美術」よりはるかに大きな規模で日本の「近代化」に関わっていたことになる。その目的を達成するために、各工藝の産地は、ときに既存の技術を生かし、ときに欧米の新しい技術を取り入れて、これまで手がけたことがないような手の込んだ大型の鑑賞用の工藝品を次々に製作した。その流れは京都のような産地をも巻き込み、各地に公の教育機関や研究指導機関が設立され、「工藝」をめぐるシステムを大きく変貌させていったといえるだろう。

もちろん明治の工藝を輸出工藝だけで語れるわけではない。手工藝の分野における機械化は急激に進行したわけではなく、輸出工藝とは無関係な分野では、従来どおりの手法で宮中用の高級品から庶民向けに至るまで、生活用品や道具が各地でつくり続けられていたし、京都においても、神坂雪佳の仕事などは、図案界の中心的役割を担っていたにもかかわらず、輸出工藝よりも地元京都の需要層向けの仕事に力が注がれている。雪佳は、本阿弥光悦がこの地で達成し、尾形光琳へと受け継がれたもののなかに、京都の地が育んできた工藝の最高のものを見出し、急激に近代化していく社会のなかでそれをいかに継承していくかという点において最も重要な仕事を遺した。またその同じ京都において、新設された京都高等工藝学校に着任した浅井忠と武田五一は、アール・ヌーヴォーからの刺激を経て図案の仕事に関心を深め、高等工藝の生徒を中心にその影響が広がっていったことも、すでに紹介されているとおりである。

そのなかで特に注目したいのは、その影響下に活動した『小美術』のグループである。一九〇四（明治三七）年、花道家の西川一草亭、その弟で後の洋画家津田青楓、蒔絵師の杉林（浅野）古香の三人は、文藝雑誌に倣う形の図案研究雑誌『小美術』を刊行し、従来の職人主義的な図案制作の手法を批判しつつ、はっきりと「図案の藝術化」を目指した。そこでは、「工藝」の領域においてオリジナリティの追求を第一義に考える、近代的な「藝術」志向の姿勢がはっきりと表明されている。それは「工藝」そのものというより、その意匠に関わる「図案」の領域の方でまず始まったということであるが、続いて一九一〇年代に入ると、富本憲吉とバーナード・リーチによって「工藝」そのものの「藝術化」もまた始まるのである。

雑誌『白樺』が創刊されてまもない一九一一（明治四四）年頃から、富本憲吉とバーナード・リーチは、六世尾形乾山のもとで手ほどきを受けた後、ほとんど自力で試作を重ね、自ら窯を築き、製陶技術を少しずつ身に付け、そうして制作した当初はほとんどアマチュア的な作品を、美術新報主催の展覧会や個展を通じて発表し始めている。当時の工藝界にとって、彼ら二人の存在がいかに革命的であったかは想像に余りある。彼らが工藝の世界にもたらしたのは、アマチュアリズムを積極的によしとする個人主義であり、画家・彫刻家と同じような意味での個人作家としての工藝家のあり方であった。当時、絵画の方では、文部省美術展覧会に出品された山脇信徳の《停車場の朝》をめぐって「絵画の約束」論争が繰り広げられており、絵画は何よりも自己の「内生命」の表出であるべきなのか、あるいは一定の技術や約束事は必要なのかという議論が行われていたが、アマチュアリズムを実践する富本とリーチの姿勢はその工藝版であって、徒弟修行を通じて何よりもまず技術の習得を第一とする工藝の世界において全くの常識破りであった。同時に彼らは「工藝」を自己表現の手段に変換することによって、殖産興業の一翼を担うという国家的使命から、たとえ一部とはいえ解放することに成功したのであった。

柳宗悦に話を戻すと、彼もまたこの当時、『白樺』同人の一人として「自己の人格の十全な実現」こそが藝術の目的であるという立場に立っていた。英語の文献等を参照しながら柳が後期印象派について書いた「革命の画家」（『白樺』三巻一号、一九一二年一月）は、その主張によって貫かれている。その柳は一九一四（大正三）年という時点で、東洋陶磁やフォーク・アートへのリーチの関心に着目しながらも、リーチを陶工としてよりはエッチャーとして評価し、象徴的・神秘的な方法で自己の生命の表現に向かっていると捉えていた（'The Art of Bernard Leah' と題して *The Far East* 誌に発表）。今さら指摘するまでもないが、こうして柳もまた「無名の工人」の手から生まれる「民藝」とはおよそ対極の立場から藝術観を出発させながら、次第に工藝の領域に近づいていった。一方、柳もすでに気づいていたように、いわば工藝の個人主義の旗手であり、柳とも親しい関係にあった富本やリーチは、「個人作家」としての自らの創作活動の源泉として、後の「民藝」に重なるような造形物を見直し、新たな価値を見出していた。それらに対してリーチは「農民藝術」、富本は「民間藝術」という名を与えている。また二人は、一九一二（明治四五・大正元）年に東京上野で開催された拓殖博覧会に出品されていた李王家博物館所蔵の朝鮮の陶磁器、あるいは台湾先住民やアイヌの工藝品に注目するなど、柳の関心に先行するような視点をすでに身に付けていた（柳は一九一四［大正三］年の大正博覧会で台湾の工藝品に注目するが、民藝運動のなかで本格的に取り上げるのは一九三〇年代以降になる）。いずれにしても、富本、リーチとの交流を通して、柳の中で徐々に工藝への関心が芽生えてきていたと思われるが、朝鮮在住の浅川伯教が偶然にもたらした朝鮮の陶磁器によって、さらに決定的なものに展開していくのである。

ところで、再び柳から眼を転じると、一九一三（大正二）年に農商務省主催図案及応用作品展覧会、略して農展が創設され、工藝家にとっても全国規模の公の展覧会が用意された。ただしそれによって工藝が文部省ではなく農商務省の範疇であることが鮮明になり、美術と工藝の間の距離は一層広がったともいえるが、玉石混淆の混乱した状況を呈しながらも、いわゆる大家に至るまで多数の応募があり、以後しばらく工藝界の一つの焦点となった。そのような状況のなかで、既成の工藝のあり方に強い不満を抱く若い工藝家たちにとって、富本やリーチ、あるいは同様の活動を行っていた藤井達吉らの活動は非常に魅力的であった。たとえば一九一〇年代の前半に東京美術学校の図案科や金工科に在籍していた学生たちであり、彼らもまた新たなグループを

図110　バーナード・リーチ《手賀沼》
1918（大正7）年

結成し、展覧会を通じて作品発表を始め、富本らのアマチュアリズムに触発された作品を制作している。これらの活動は、一九一〇年代には、絵画における在野の団体の活動に比べれば、規模においても数においてもはるかに劣ってはいたが、一九二〇年代にかけて確実に活発になっていった。たとえば代表的なものとして、一九一九（大正八）年に開催された「装飾美術家協会第一回作品展覧会」がある。装飾美術家協会は「藝術品（OBJET D'ART）を製作発表し、従来の所謂工藝美術品の品を高め其帰趨を示す事」を目標に結成され、フューザン会に唯一の工藝家として参加していた藤井達吉、東京美術学校出身の高村豊周（高村光太郎の弟）、広川松五郎、今和次郎らに洋画家の岡田三郎助も加わり、この時期の展覧会としては注目を集めた。その目録［図63］に収められたメンバーの文章には、「装飾美術」（「工藝」という呼び名を嫌って付けたと断っている）が「自己の表現」たり得ることが繰り返し述べられている。

一九一〇年代には、既存の工藝の世界に否定的な工藝家たちの関心は、絵画・彫刻に比べて藝術のジャンルとして「近代化」が立ち後れている工藝の世界で、いかに個性の表現を実現し、造形の上で新しさを打ち出していくかという課題に向けられていたといえる。しかしながら、一九二〇年代に入ると、一方で日常的な実用品の生産にも積極的に関わっていかなければならないという意識も強まってきていた。バーナード・リーチは一九二〇（大正九）年に濱田庄司とともにイギリスに帰国したが、富本憲吉はこの頃から陶磁器の量産の問題に真剣に取り組み始めている。具体的には九州の波佐見で大量の絵付けを行ったりしており、この方向は様々な試行錯誤を重ねながら後々まで続けられている。また高村豊周もこの時期には「帝展に工藝部を設置する運動はもとよりいい。しかしもっと実際生活に直接して、作家を督励し家庭の趣味を向上するといった意味の仕事をする人はいないかと思う」（「藝術の生活化」、一九二二年）という考えを抱き、一九二三（大正一二）年に発表された「工藝の解放」のなかで、柳に先行して「民衆工藝」という言葉を使っている。

文展、および文展を改組した帝展に工藝部を設置するための運動は、すでに一九一八（大正七）年に始まっていたが、帝展に工藝が加わるためには、工藝は産業ではなく、美術に近いということを強く訴えていくことが何よりも必要であった。一九二五（大正一四）年に開かれたフランスのアール・デコ国際展で日本の工藝は目覚ましい成果を上げることができず、その反省に加え、同年にフランスから帰国した津田信夫の発言も大きな推進力となり、一九二六（大正一五・昭和元）年六月には新旧の派閥が結束して日本工藝美術会を結成し、帝展と同時期、同会場で展覧会を開いた。それを反映してか、先の高村豊周なども、この年を境に「実用工藝」から「工藝美術」へと大きく主張を方向転換している。またこの同じ年の三月、高村はじめ金工家が中心となって无型が結成され、様式の上では構成主義やアール・デコを取り入れ、実用性を形の上でもはっきりと拒否した作品を発表するのである。これらの活動が一定の成果を上げたことにより、翌一九二七（昭和二）年一〇月には帝展に第四部として工藝部が設置されている。

富本、リーチの個人作家としての活動を契機として始まった「工藝」の「藝術化」という流れは、一九二〇年代半ばには、制度的にもはっきりと美術の側に位置を定めることで一応の決着がついたと大きくはいえるだろう。しかしその一方で、工藝と工業との連携を重視し、明治以来の輸出産業としての振興こそ工藝の第一の存在意義と考える立場も健在であった。帝展グループが自らの作品を「工藝美術」と呼び、後に柳宗悦が「美術的工藝」と名づけたものにあたるとすれば、後者は「産業工藝」や「生産工藝」と呼ばれており、柳の用語では「資本的工藝」にあたる。この「産業工藝」の流れにおいても同時期にやはり目立った動きがあり、工藝家の教育養成機関として新たに東京高等工藝学校が一九二一（大正一〇）年に設立されたのをはじめ、「本邦工藝ノ産業化並ニソノ進歩発達ヲ図ル」ことを目的に帝国工藝会が一九二六（大正一五・昭和元）年七月に結成され、さらには中心となって指導的役割を果たすべき商工省工藝指導所が一九二八（昭和三）年一一月に仙台に設置されるなど、やはり一九一〇年代末から一九二〇年代にかけて動きが活発化している。

図111　《肥前緑釉指描き文捏鉢》　江戸時代

柳宗悦が、朝鮮の陶磁器への関心と一九一九（大正八）年の三・一独立運動を契機とする一連の執筆活動、続く朝鮮民族美術館の設立運動、さらには木喰仏の調査研究と、それぞれエネルギーを集中させた後（一方で宗教哲学研究は一貫して続けられているが）、漠然とした関心が芽生えかけていた「下手もの」に活動の矛先を転じ、「下手もの」の蒐集と民藝美術館の設立という具体的な目標を見据える下地が準備されつつあった時期は、工藝家や工藝関係者たちが、それぞれに帝展工藝部の設置、あるいは帝国工藝会の創設という、工藝をめぐる具体的な事業へ向かっていく時期とぴたりと重なっている。すなわち民藝運動の最初のマニフェストである「日本民藝美術館設立趣意書」［図112］や「下手ものゝ美」が発表された一九二六（大正一五・昭和元）年は、无型および帝国工藝会が結成された年にあたるのである。果たしてこれは単なる偶然の一致だったのだろうか。

これを偶然と考えるにせよ、考えないにせよ、帝展参加を歓迎した工藝家たち（保守的なグループと无型に代表される前衛的なグループとの呉越同舟であったが）と帝国工藝会のメンバーたち、そして民藝運動を始めた柳、富本、濱田、河井寛次郎らが、そこに至る過程ではときに互いに交錯しつつ、このとき、「工藝」という概念をめぐってちょうど互いに背中合わせの立場に立とうとしていたということは、「工藝」概念を一つの軸として日本の近代化という問題を考える際に、非常に興味深い事実であると思われる。博覧会参加に象徴されるように、西洋近代がもたらした「世界」という土俵に自ら登場することによって、様々なレヴェルで生じてきた混乱や従来の枠組との齟齬は、「工藝」という一つの概念をめぐる複雑な動きを通して、発展的に解消されるどころか、この時期

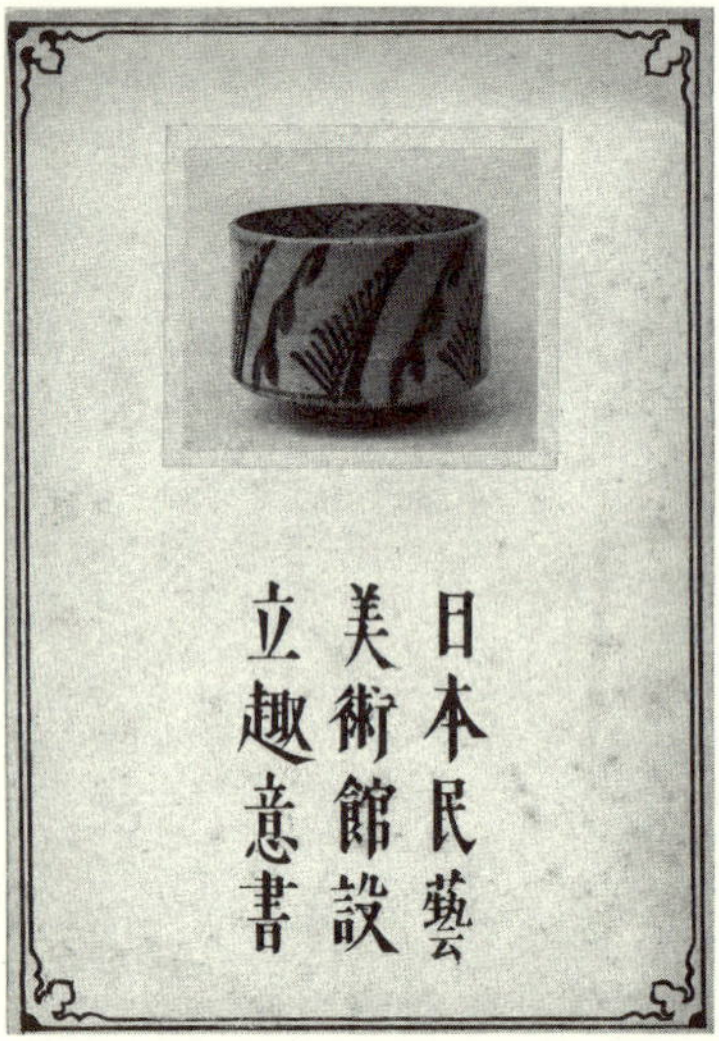

図112　《日本民藝美術館設立趣意書》
1926（大正15・昭和元）年

になって複雑に入り組みながらもますますはっきりとした対立構図の形で現れてきているといえるのではないだろうか。具体的に述べると、柳たちが「発見」した「民藝」は、一方で「工藝」が「美術」に近づくために切り捨てようとした要素を掬い上げた形になっているように思われる。その最大のものが「用」である。柳は『工藝の道』で「凡てを越えて根底となる工藝の本質は用である」と述べている。すでにみたように、高村豊周や杉田禾堂らにとって、形の上で「実用性」を切り捨てることは「モダニティ」を志向する工藝家として切実な闘いを意味していた。その一方で実質的に、ほとんどの輸出工藝品でも、あるいは展覧会に出品される工藝作品においても、「用」は形骸化していた。「用」あるいは「実用性」は「美術」と「工藝」の間に決定的に境界線を設定する要因であるが、しかしそれを完全に否定すれば自らの工藝家としてのアイデンティティまで失いかねないという、「工藝美術」を目指す工藝家にとってのジレンマの種、それが工藝における「用」であった。その「用」をむしろ「工藝」の本質、核にあるものと捉え直し、「工藝」の側から「工藝」という概念を再構築していくこと、それが『工藝の道』の執筆を通じて柳が行おうとしていたことであったのではないかと筆者は考えている。その意味で、「用」が最も活きている「工藝」として、柳が「民藝」を「工藝」の中心に据えたことは肯ける。『工藝の道』の「正しき工藝」の章において柳は、「用」以外に民衆性、多数性、廉価、労働との結びつき、協同性、手工性、自然性、地方性、無意識性、伝統性、没我、単純性が「正しき工藝」を生み出す法則であるとしている。これらの法則が、一方で「美術」としての「工藝」を、他方で近代的な「産業」としての「工藝」を意識しつつ抽出されていることは明らかである。ただ、柳のいう「正しき工藝」は単に「誤れる工藝」の対となっているだけでなく、柳自身断っているように「正当なる工藝 Craft proper」、「工藝自体 Craft-in-Itself」を同時に意味していることに注意したい。最初の体系的な工藝論である『工藝の道』において、「美術」、あるいは「工藝」の他の陣営を意識しつつ、「民藝」を中心にあくまでも「工藝」の側から（美術から排除されたものとしてではなく）「工藝」という概念を再構築しようと柳は試みていたと考えられる。

ただし、柳が少なくとも「純粋美術」という概念を明確に意識しながら民藝や工藝の本質を考え始めたのは、あく

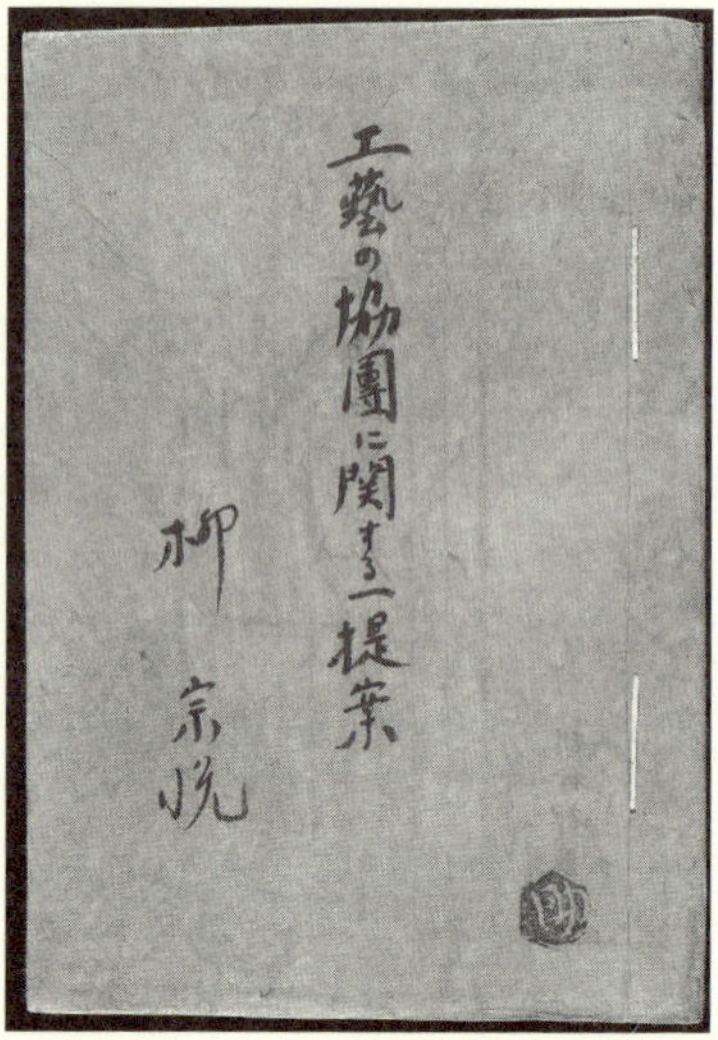

図113 《工藝の協団に関する一提案》
1927（昭和2）年

までも「下手もの」に出会って以後である。時間軸に沿って整理するならば、「下手もの」の蒐集は柳が京都に移り住む頃から本格化していたが、その成果を最初に形にするはずの日本民藝美術館の設立趣意書が一九二六（大正一五・昭和元）年一月に起草され、四月に配布されている。同じ年の九月に「民藝」の美を初めて言語化した「下手ものゝ美」が『越後タイムス』という地方紙に掲載され、続いて一九二七（昭和二）年二月に第二の具体的な計画として「工藝の協団に関する一提案」［図113］が配られ、さらに四月から「工藝の道」の連載が雑誌『大調和』で始まっている。このあたりの柳の関心の重心の微妙な移り行きは、主として新潟柏崎在住の吉田正太郎宛の書簡によって知ることができるが、柳は、西洋近代の藝術思想を反映していち早く領域を確定した「美術」という概念を合わせ鏡とすることによって、最も「純粋」な形での「工藝」を「民藝」のなかに発見していった、あるいは発見しようとしたように思われる。无型を中心とする「工藝美術」を標榜するグループ、帝展の審査員を務める各分野の大家たち、帝国工藝会を中心とする国を挙げての産業振興を目指すグループ、あるいは「つくられたるもの」すべてを「工藝」と呼んだ今和次郎、当時の様々な工藝観のなかでも、柳宗悦はある意味で最も「純粋」な相において「工藝」を見出そうとしたのではないだろうか。現在の視点から考えるとき、「民藝」という概念が意味しているのは、何らかの共通する特質で括ることのできる種々の陶磁器や木工品、染織品など、日本民藝館のコレクションに代表される個々の「もの」の集合体というだけでなく、それらの「もの」をあくまでも出発点としつつ柳によって新たに構築された一つの価値体系であるといえるだろう。それによって柳は、近代に表舞台に登場した「工藝」という言葉に、国家主導の産業振興・輸出振興や、個人作家による自己表現とは異なる視野に立つ、明確な一つのヴィジョンをもたらしたのである。

三

非常に大雑把ではあるが、民藝運動の出発点に至るまで、近代の工藝をめぐる紆余曲折を辿ってみた。近代以前には「工」という各種のものづくりに携わるすべての人々に関わってきた領域のなかから、藝術に関わる領域として「美術」が境界づけられ、産業に関わる領域として「工業」が境界づけられた後に「工藝」が取り残され、そのことがはっきりした時点で、「工藝」に携わる人々の間であらためて「工藝」のアイデンティティとは何か、「工藝」の存在意義、存在価値をどう位置づけるか、が真剣に議論され始めたことが見て取れる。このような事態は、もともと「工藝」という言葉が、明治初めの混乱期に、博覧会参加という現実の状況に対応していく必要から便宜的に使用された時点において、いずれ必然的に生じてくるはずのものだったとも考えられる。すなわち「工藝とは何か」に対する明確な解答が最初から用意されていなかった以上、昭和の初めに至り、それぞれの立場からそれぞれの主張が展開されたのもまた必定であった。繰り返すと、それら多様な工藝観のなかで、柳の立場の独自性は、「工藝」の外側を限定する境界ではなく、「工藝」のうちに核＝中心を見出すことによって「工藝自体 Craft-in-Itself」(「正しき工藝」という言葉より柳の意図したものを正確に伝えていると思われる)とは何かを明確にし、「工藝」を一つの理念として提示しようとした点にあると思われる。日本近代の工藝のあり様を振り返る時、筆者は、柳のこの姿勢は後で述べるようにきわめて重要な意味を持っていると考えている。しかし、それは、柳の工藝思想が同時代のなかで最も客観的、普遍的な立場を確立しているという意味においてではない。むしろほぼ零の地点から構築されたといえる柳の「工藝自体」には、強烈に柳のものの見方、考え方が映し出されており、様々な偏りや限界がみえてくるのも当然といえる。そこで柳が、彼にとって「工藝」の核となるものをどのような形で見出したかをもう少し検討したい。

すでにその経緯について触れたように、柳が彼の工藝理論の形成に先立って発見したのは、「下手もの」、より厳密にいえば「下手もの丶美」であった。柳は「下手もの丶美」の有名な冒頭の部分で、陶工が轆轤をまわす様子を念仏宗の信者が念仏を唱える姿に重ねつつ、そこから美しい器物が生まれるさまを生き生きと描写している。そのように柳は、「下手もの」という聞き慣れない言葉の中身を読者に提示する際に、まず「つくる」側に焦点をあて、次に「下手もの」が民衆の「用いる」日々の生活道具であったことに注意を促し、そして最後に「一生のうち一番多く眼に触れるものであり乍ら、その存在は注視されること事なくして過ぎた」と、「見る」側の視点へと移っている。これは、実際に「下手もの丶美」に注意が向けられていった際の順序とは逆であると思われる。柳はしばしば通っていた朝市や道具店の店先等で、まず「見る」ことによって美しいと思われる品物を見出し、それらが「下手もの」と呼ばれる日々「用い」られる器物であることを確認し、誰がどのように「つく」ったかに関心を向け、さらに「下手もの」をめぐる思索へと展開していったはずである。この順序が実は重要なのではないだろうか。

「下手もの」という言葉はもともと朝市で使われていた俗語であると柳は説明を加えているが、この言葉が指し示す品々と、その対義語として柳が用いた「上手もの」との区別は、制作者の側でも需要者の側でも本来明確で、曖昧になったり逆転したりすることはあり得なかっただろう。すなわち、「上手もの」の作者が「下手もの」をつくる、あるいは「下手もの」の使用者が「上手もの」を用いるなどの例は通常起こり得なかったと考えられる。またその価値の上下が逆転することも通常は考えられなかっただろう。ところが柳は最初にそれらを「見た」のであって、この「見る」立場は、最初から「つくる」側や「用いる」側における上下関係を無化、あるいは逆転する働きをし、そこに「下手もの丶美」が成り立ち得た。それは、明治政府の産業振興の立場とも、また明治三〇年代以来「工藝」の「藝術化」を志向してきた制作者たちの立場とも異なる「見る」立場からの価値観として、柳の工藝思想と民藝運動に独自の性格を決定的に与えていると思われる。

周知のように、柳自身は作家でなかったにせよ、十数年にわたって柳の身近には富本憲吉、バーナード・リーチ、河井寛次郎、濱田庄司らすぐれた作家たちが常に存在し、彼の工藝思想の形成に刺激を与え続け、民藝運動を支えていた。その点では、柳は「つくる」立場からの見方を常に感じていたはずである。実際、運動の開始と同時に民藝美術館設立計画を発表した後、すぐに制作集団としての工藝協団設立を提案し、その提案は幸いにも黒田辰秋、青田五良らによって早速実現に移された。それらの作家たちは、いずれもすでに近代の個人作家としての意識を明確に持っていただけでなく、不思議なことに、それぞれに独創的な「眼」の持ち主として柳以上にすぐれて「見る」人でもあり、自らの制作にその「眼」を強く反映させている点でも共通している。その点でも、古作品の蒐集活動から始まった民藝運動は、よくも悪くも「つくる」立場からの運動である以上に「見る」立場を出発点とした運動であったといえる。そして何より柳自身は「見」て、そして「考える」人として、「見る」立場の価値観から出発し、そのような美が成立するために「つくる」側の組織がどのようにあるべきか、遡って考えていこうとしていた。そこからやがて理念としての「無名の工人」と現実に個人作家が果たしている役割の大きさの間でのジレンマというしばしば指摘されてきた矛盾も生じているし、わずか二年で終焉を迎えた工藝協団の試みにしても、「つくる」という側面に関して柳自身に構想の当初から具体性が欠けていたようにも思われる。

一方、すでにみたように『工藝の道』で柳は「用」を工藝の第一の本質としてその核に置いた。そして「用いる」ということがその美しさと深く関わっていると認識していた。この「用」と「美」の相関関係は、柳の工藝思想の根幹を成すものとしてあらゆる著作で繰り返されている。一般に「用」と「美」というと、同じ頃から日本に紹介され始めたいわゆる「機能主義の美学」の普及によって、機能的な形の追求は必然的に美しい形をとるという狭い意味に解釈されがちであるように思われる。たとえば同じ一九二〇年代に、高村豊周より一世代下の金工家信田洋は、「一つの工藝制作に於いて、それが用いられるべき器具への与えられた造型であり構成であれば、そこに出現した形態は機能的に活躍する限りに於いて、客観的に美を持つという事が現代の工藝のイデオロギーと言えるものであろう」と述べている。しかし、柳が「用」と言うときに指しているのは、むしろ「美術」に対して「工藝」が帯びている性格としての実用性というかなり広い意味であるように思われる。あるときは「物心両面の用」という言い方をしているように、物理的な実用性ばかりでなく、心に対する心理的な影響力をも「用」に含めている。またある箇所では「用」を「生活」と言い換えた方がいいかもしれない、とも述べており、柳の言う「用」とは広く日常生活に根ざしているというような意味に解釈することもできる。その意味では「下手もの丶美」は広く「日常の美」とも言い換えられる性質のものである。しかし一方で「美は用の現れである」あるいは「用に即さずば工藝の美はあり得ない」といった言葉に代表されるように、「用」と「美」の間の因果関係を、証明不要の一つの命題として提出しているのも確かであり、柳の工藝論を考える際に一つの鍵となる点と思われる。

「用」と「美」の間の因果関係の是非についてはここでは措くとして、「下手もの丶美」から『工藝の道』に至る柳において、実際に「用」と「美」を結びつけたのは、むしろ柳自身の眼による広い意味での「見立て」(ここで「見立て」を用いるのは、「見立て」には服部幸雄氏が指摘するように[「『見立て』考」『変化論』、平凡社、一九七五年]、「既成の知識や形状に引き寄せられていくのではなく、それを意図的に犯し破壊し、引き寄せることによって、新しい創造を果たす」という意味での「見る」働きがあると考えるからである)、すなわち当時すでに現実には「用」を失っていた生活道具を「下手もの丶美」という「工藝美」として積極的に「見立て」る行為であったのではないだろうか。すでに述べてきたように、柳が最初に「見た」のはあくまでも美しい品物としての「下手もの丶美」であって、実用的な生活道具としての「下手もの」ではなかった。むしろ「見た」瞬間には実用性への関心は働いていなかったのである。いうまでもなく、「初代の茶人たち」に対する柳の関心と高い評価もこの「見立て」という一点に由来しており、「下手もの丶美」と題した文章の最後を、柳はこの初期の茶人たちへの言及で締めくくり、「大名物」もかつては「下手もの」にすぎなかったことを指摘している。続く『工藝の道』でも彼らは、ラスキン、モリスとともに「工藝美論の先駆者」として位置づけられ、大きく取り上げられており、これ以降晩年まで、茶の湯、とりわけ初期の茶人たちに対する柳の関心と高い評価は変わることなく続いているが、粗末な飯茶碗を当時万金で取り引きされていた茶道具として取り立てたとされる茶人の「眼」の働きに、柳がどれほど共感を寄せていたかが見て取れる。「つくる」立場より「見る」立場が先行したのと同様に、「用」を工藝の本質に据えながらも、「用」と「美」を結びつける契機となったのは柳の「眼」の働きにほかならず、彼の工藝論がそもそも「用いる」立場より「見る」立場から成立したという点もまた否定しがたいといえるだろう。この「見立て」が持つ意味については、次に触れる「直観」の問題とともに後に詳しく触れたい。

確かに、五感のなかでも「視覚」に極端に比重が置かれた近代という時代のあり方は、柳の工藝思想と民藝運動をもはっきりと特徴づけているようである。そのため、工藝に関わる様々な立場を視野に入れるだけでなく、社会改革、経済問題など、ラスキン、モリスの思想やギルド社会主義をも取り込んで、できる限り広範囲の問題を包摂する工藝論、工藝運動であろうとしていたにもかかわらず、個人作家の位置づけの曖昧さや歴史的存在としての無名の工人への軽視など、これまで指摘されてきたその矛盾点等を考えていくと、どうしても「見る」立場に重心が傾きがちであったことに大きな原因が求められるように思われる。「見る」立場の重視は、結局のところ、すべての議論が常に「美」という価値の問題から発し、そこに帰結するということに繋がっており、その根本において、何よりも「見る」側の価値観の問題であったことを強く印象づける。そこには近年盛んに指摘されているような「見る」という行為や「まなざし」が孕んでいる「見る」「見られる」という関係における権力構造の問題も当然絡んでくる。それでは、柳はその自らの「見る」立場にどれほど自覚的であっただろうか。「上手もの」と「下手もの」、「美術」と「工藝」の間の価値の優劣に異議を唱えた柳は、決して無自覚ではあり得なかった。『工藝の道』の冒頭ではっきりと自らの立場について数頁を割いて語っているほどである。周知のように、そこで柳が自ら規定した立場は、「直観」という「立場なき立場」であった。彼自身の主張が何であれ、近代の「まなざし」をめぐる議論の場では、もちろん柳も容赦なく俎上にのせられるにちがいない。しかし柳の「見る」立場については、単純に「視覚」の問題と考えるだけでは捉え切れない部分があまりにも大きいように思われる。それについても後で考えてみたい。

いずれにしても、柳が再構築しようとした「工藝」概念は、主として「見る」立場（「直観」）から「見立て」られた美的な価値を中心に据えている。しかし、ただ「見る」ことに留まらず、用いるためにつくられ、実際に用いられてきたもののうちに発見された「美」の側から「つくる」現場や「用いる」現場へ遡行し、その「美」の拠ってくるところについて思考を深めていった。その思考方法も中身も、明治の初めに採用された、広範囲にわたるものづくりに関わる産業全体を含み得るような「工藝」概念とは全く異質な性格を帯びていたのはもちろん、当時「工藝」が置かれていた状況のなかで、主として制作者の立場から「工藝」のアイデンティティを探っていた人々からもまた遠いものであった。後者との比較で興味深いのは、主として制作者の集団である彼らが、展覧会を中心的活動の場とし、制作の方向を「見る」こと、すなわち「鑑賞」重視に傾けていったのに対し、民藝運動は「見る」立場から出発しながら、そこに留まることなく、「見る」立場の価値観に基づいて積極的に「つくる」あり方を新たに組織しようとし、また美術館や展覧会、雑誌という視覚重視の手段や媒体を活用しながらも、実際に「用いる」人々に向けて自ら流通ルートを開拓しようと試みている点である。民藝運動は新たに構築された理念および価値概念としての「工藝」を、一般社会に向けた啓蒙・普及活動として企画し、推進していく一つの運動体の中心としても機能させていったのである。

四

冒頭でも触れたように、この十年余り再び「工藝」に関心が寄せられつつある。それはモダニズムの価値を体現する領域として、造形藝術に寄せられる期待をひとり担ってきた観のある「美術」の消耗と停滞が顕著になってきたことと密接に関連しているようである。その点では柳が「なぜ工藝問題が私の心を強く引くか」で半ば予言のように指摘したことは、数十年のタイムラグをもって的中したようにも思われる。しかし、その間に恐らく柳も予想しなかったほどの大きな社会の変化があり、「美術」と「工藝」の境界はほとんど消滅したかのように思われる一方で、伝統産業と呼ばれる「工藝」の多くが危機に直面し、「工藝」の主たる部分を占めていた「手仕事」の多くは「無形文化財」

として保存の対象となっている。それどころか、世界は実体のある「もの」よりもさらに視覚に比重を置いたヴァーチャルなものと記号としての情報が氾濫する世界に向かっているようである。そのなかで二〇世紀の造形の花形であった「美術」や「デザイン」も大きな変貌を遂げてきた。それにもかかわらず、あるいはその反動としてか、今さら「工藝」に新たな価値を求めようとしているのは、どこかに、二〇世紀の主流をなしてきた「美術」や「デザイン」の領域とは異質な価値、場合によってはさらに広く現代の有形無形の藝術や文化、社会から零れ落ちてきた大切な価値がそこに見出せるのではないかという淡い期待を抱かずにいられないからなのだろう。それが果たして妥当な期待であるのかどうかは正直に言ってまだわからない。にもかかわらず、筆者自身、この十年余り、日本の近代に「工藝」が描いてきた複雑な道筋や柳宗悦の仕事の軌跡を辿りつつ、「工藝」について考え続けてきたのは、やはり同様の期待を抱かずにいられないからにほかならない。

しかしなぜ柳宗悦なのか。一つには、すでにみてきたような矛盾に満ちているとしても、日本近代の工藝思想としてこれほどの大きさとはっきりとした輪郭を備えたものをほかには見出せないからである。そこには制作の問題に加え、「見る」立場や「用いる」立場が視野に含まれているだけでなく、工藝をいかに流通させ普及させるかという「運動」としての側面など、工藝を多面的に捉える視点があるのに加え、それらすべてを総合し、一つの「思想」として言語化し、理論化し、体系化しようとする姿勢が明確に貫かれてもいる。また、最初に触れた「工藝問題」という切り口が示すように、「工藝」を既成の確立されたジャンルや大まかに括られる現象の集まりとして考えるのではなく、人間にとって重要な価値を形成している一つの大きな問題として捉えているのである。すでにみた一九二〇年代の状況が示しているように、明治の初めに「工藝」と名づけられた時点で「工藝」が帯びていた輸出産業としての役割が一段落するとともに、「美術」からは疎外され、「工業」にも完全に帰属しない「工藝」という概念について、価値の問題や思想、理念が語られるようになったのはある種の必然であったといえる。同様に、そうした議論ぬきでは、いままた「工藝」は「アート」や「デザイン」や「ニュー・テクノロジー」という隣接し、重なり合う諸領域のなかに雲散霧消していく以外ないと思われる。そのかぎりにおいて、明確に価値の問題を中心に据えて一つの理念として構築された柳の思想が持つ意味は大きいのである。もちろん「工藝」の定義を緩やかに設定して、それがどのような様相を示しているかを歴史上の事実に即して探っていくことも重要な作業であるし、柳とはある意味で対極的な視点（「工作物」）や方法（「考現学」）から、広範囲に「工藝」を捉えようとした今和次郎の遺した仕事も同様に重要性を帯びていると思う。しかし、近代においてある領域が「工藝」として括られたことによってどのような問題が浮かび上がってきたかを考えるだけでなく、「工藝」という言葉を軸として、隣接する諸領域から零れ落ちてしまう何らかの価値を見定める一つの起点としては、批判するにせよ、解体するにせよ、価値の問題を軸に構築された柳の思想を試金石とすることは、避けて通れない過程に思われるのである。語源ははるか以前に遡るとしても、「工藝」という言葉の主たる歴史は、近代以降の日本におけるわずか百数十年に限られる。しかもその間、全体を見通すような価値体系はほとんど不在であった。それに比して、「工藝」に含まれるであろう領域の歴史ははるか過去に遡り、地域もまた限定されない。そのような逆転現象を考えるとき、重要なのは「工藝」とは何かではなく、百数十年後にいわば近代の置き土産のように残された「工藝」という一語を軸に新たにどのような価値を探っていくことが可能か、について考えていくことであろう。いわば価値空白の領域として、あるいは幾つもの価値の軸が交錯しつつ併存する領域として、明確な価値体系不在の曖昧な状態のまま残されてきたからこそ、「工藝」という領域には、価値の問題を問うていく余地がなお見出せるのではないだろうか。

五

ここまで主として言語化される理念としての「工藝」の可能性について考えてきた。しかしすでにみてきたように、「工藝」と呼ばれてきた領域において、理念が問題にされるようになったのはせいぜい百年にすぎない。むしろそこにおいて重要だったのは、言葉による伝達とは別の方法で伝えられてきた価値や思想なのではないだろうか。この領域に含まれてきた個々の「もの」や「もの」をめぐる営為という具体的な世界に即した、言語化されにくい思想や価値は、現在どのような意味を帯びているのだろうか。

失われつつある手仕事の現場については、これまで多くの人が聞き書きという地道な作業を積み重ねてきた。その一人、二十年以上にわたってそうした作業を続けてきた塩野米松氏は『失われた手仕事の思想』（草思社、二〇〇一年）のなかで「手の時代の倫理や職業観、経験を尊ぶ社会は暮らしやすさを求めたうえに生みだされたルールであった。これらは手仕事の時代の思想であった。思想というのは何も学者たちが論理の上に築きあげるものだけではない。人々の生活と実践と、その基礎を支えている生き方が社会の共通観念として行き渡れば、それも思想である」と述べている。手仕事そのものやその産物と同様に、それらの思想が実際に生きている時代にはその「思想」はあえて言挙げする必要のない思想であった。しかしそのまま放っておけば消えていこうとする時代に入り、聞き書きという方法や映像等を通じて残さなければという思いが切実に生じてきたのである。そうして聞き書きや映像に残されたものは、具体的な「もの」に即した思想が確かにあったということを我々に伝えている。すなわち、手、素材、技、地域、自然環境、用いられるものと用いる人の関係など、「工藝」に含まれる「つくる」、「見る」、「用いる」などの営為に含まれる個々の具体的な側面、あるいはその相互の関係に即した、必ずしも言語化されることのない日常の思想、無言の「もの」のなかから汲み取られることによって初めて顕在化する、いわば「言挙げしない思想」のようなものが、現に様々な形で存在してきたのである。「精神」というよりむしろ「気質（かたぎ）」の所産と呼ぶ方がふさわしいそれらの思想をいかに伝えていくことができるか、ということも「工藝」の重要な課題の一つと思われる。

一方「もの」に即した価値についてはどうだろうか。柳宗悦は「工藝」というよりは「もの」という次元を論じつつ、次のように語っている。

「もの」とは具体的な実在するものを意味するのである。それ故民藝学は「もの」に即する学と言つてもいゝ。実在するものを離れて民藝学はない。だから此の学問にとつては具象的な「もの」は、記述的な「こと」よりも、一層本質的な位置に置かれる。

一九四一（昭和一六）年に書かれた「民藝学と民俗学」からの引用である。柳が「もの」という言葉を意識的に使い出すのは、民俗学を意識し始めてからであるように思われる。「民藝学と民俗学」を執筆する前年、一九四〇（昭和一五）年に柳田國男と柳が対談し、民俗学と民藝学の違いについて直接の議論が交えられたが、さらにその前の年（一九三九［昭和一四］年）に柳は『もの』と『こと』いう論文を書いており、そのなかですでに「もの」を重視する民藝の立場に対し、「こと」を重んじる「民俗学」という比較論を提出し、その上で次のように述べている。

凡ての吾々の意向は、「もの」が「こと」よりも一層本質的なものだといふ真理を明らかにしたいのである。

価値への認識は「もの」をぢかに見ることなくしては捕へることが出来ない。ここに一つの品物があるとして、その存在理由の最後のものは何であらうか。それは品物が有つ美的価値に外ならない。若しこの価値が乏しいなら、存在の理由はその本質的な根據を喪失するであらう。凡ての問題のうち価値問題は最後の問題である。ここに触れるためには「もの」はぢかに見届けられねばならない。

ここでの「もの」は単に実用的な道具を指すのではない。『こと』は主として抽象的な無形の世界に属し、『もの』は主として具象的な有形の世界に属する」と柳は説明しており、さらに「もの」と「こと」という対照は、「見る」立場か「知る」立場かという議論へ敷衍されている。創始の時期も重なる民俗学と民藝運動の関係という興味深い問題についてはすでに展覧会や論考もあるが、ここでは柳の民藝という立場が、民俗学との多くの共通点を認めながらも、「こと」の抽象性に対して有形の「もの」の具体性を確認した上で「もの」の方が本質的であるとしている点に注意したい。とりわけ、主として「こと」を扱う（と柳が考えた）民俗学を意識しつつ「もの」と価値の関係を述べた二つ目の引用は、柳宗悦の思想の最も核心に触れている。『もの』はぢかに見届けられねばならない」というのは、すでに触れた「直観」という立場の問題であり、柳が繰り返し主張してきた立場であるが、ここでは「もの」と「こと」という視点から、柳にとって「もの」の価値が最終的に美的価値に収斂すること、それに触れるには「もの」を直かに見なければならないとあらためてはっきりと語っている点が興味深く思われる。

すでにみてきたように、柳にとって「工藝」は「見る」行為の対象としてのみあったのではないし、「美」もまたそれだけで自律し、完結する価値でもなかった。「美」は「用」と深い関わりをもち、「もの」はつくる、見る、用いる、考える、研究、流通など、様々な営為の中心に置かれていた。むしろ柳は「もの」の価値が「こと」との関係のなかで生まれてくることを充分意識していたのではないかと思われる。しかし一方で柳が「こと」より「もの」の方が本質的であると感じ、「もの」の持つ多様な価値のうち第一のものを美的価値に置いていたことは、民藝運動が「もの」の蒐集に始まり、美術館の設立を最初の目標としたこと、そして一〇年近くかけてそれを実現したことにも示されている。その理由は何なのだろうか。

「下手もの〻美」の成り立ちに関してすでに詳しく触れたように、柳の工藝思想および民藝運動が立脚していたのは、柳自身が個々の品物を見出していく過程で繰り返し体験し、身近な人々と共有することができた新たな価値発生の場の実感である。すでにみたように、近代国家の体制づくりに従って価値体系が形成されていった「美術」とは異なり、一九二〇年代の半ばまで価値の真空地帯として取り残された「工藝」の混沌とした状態のなかに、柳は確信犯としてそうして発生した価値を引き入れ、「工藝」を国家主導の産業振興の手段から日常の場に引き寄せた。柳たちの蒐集の対象となった「もの＝民藝」の多くは、「用」という長年人々にとっての価値の基盤となっていたものを失い、あらゆる価値の対象外とさえなっていままさに廃れようとする生活道具類であった。それらもまた価値真空状態のまま放置されていたのである。同じくそれらに着目した民俗学においては「民具」として、それらが実際に「用」を果たしていた人々の生活という総合的な場に戻して理解し、価値を見出したのに対し、柳はそうした場から取り出された「もの」そのものの美的価値に最も重要な価値を置いたのである。民俗学の側からもしばしば指摘されるように、確かにその違いは大きい。ただし、いずれにしても「もの」に本来の道具としての居場所を取り戻させたのではなく（民俗学はそれらを再び用いたのではないし、民藝運動は用いたとしても本来の場においてではなかった）、いわば柳のいう「作物の後半生」のさらに先に別の意味と価値を見出したという点では変わりなかったとは思われる。そうすることでいずれの立場も、放っておけば自然に消え失せるはずの「もの」を、片や「民俗学」および「民具学」、片や「民藝運動」という新たな体系のなかに組み入れ、生き延びさせたのである。

民俗学・民具学の立場から考えても、とりわけ「美的価値」を担ってきたわけではない「もの」に、何を措いても「美的価値」を見出そうとするような立場は、それまで「もの」が担ってきた意味や価値を全く無視した近代的態度と批判されたとしてもしようのない一面を持っている。柳自身、「無名の工人」と呼んだつくり手にも、また日々道具を用いてきた人々にも、美的価値が第一に意識されていなかったことは充分承知していた。にもかかわらず、彼がそのように主張する理由は何なのか。柳にとって、浅川伯教が土産として持参した朝鮮の白磁、甲府の小宮山清三宅に偶然あった木喰仏、濱田庄司がイギリスから持ち帰ったスリップウェア、京都の朝市で見つけた丹波布や陶磁器等々と出会ったとき、彼自身が経験した、彼にとって新しい価値が発生する瞬間がきわめて重要な意味を持っていたことは理解できる。しかしその場合、なぜ「もの」を直かに見なければならないのか。そこで発生するのはなぜ「美的価値」なのか。

やや唐突ではあるが、「もの」の美的価値について桜を例に少し考えてみたい。桜を美しいと思う感覚や意識もまた特定の社会や文化という背景のなかで形成されてきたものである。その意味で桜の美しささえも人間との関わりなくして成り立たず、人によってつくられたものであるというのが定説である。しかしそのことを知ってもなお、人は春が訪れると本物の桜を見続ける。西山松之助氏によれば、日本人が桜を美しいものとして観賞の対象とするようになったのは、奈良時代になって唐の先端文化が日本に入ってきてからであり、それ以前は花の咲き具合いでその年の豊作を占う予祝的な意味を持つ、農耕生活と関わりの深い花であったという（西山松之助「花の文化史」『花――美への行動と日本文化』、日本放送出版協会、一九六九年）。奈良時代以前の人々は、いわば実用的な花として桜に重要な意味と価値を見出していたが、その背後にあるのは自然の神秘的な生命力に対する深い畏敬の念であった。そして桜が都市生活者の貴族にとって純粋に観賞の対象となっても、その神秘的な感覚は人々のどこかに生き続けていたという。しかし古今集の時代から新古今集の時代にかけて、桜の美しさが揺るぎない位置を確立する一方、歌のなかで詠われる桜の花の実感は次第に薄れ、観念化、抽象化の度合いを強めていった。明恵上人に語ったと伝えられる「物語り」のなかに「華を読むとも実に華と思うことなく」という名高い一節がある西行は、「花」そのものを虚しいものと観じるような境地を至ってもなお、異なる場所、異なる時間に存在する無数の桜と出会う直接的な経験を誰よりも求め続けた。そうして「花」を抽象化から救い出した。確かに「桜」の持つ意味や価値は時代とともに変遷していく。それでも、桜をめぐる文化の根底に、農耕生活のなかに桜があった時代の生命の花としての記憶が残り続けている、と西山氏は指摘している。桜の花を美しいと思うことと、桜の生命力に触れることは実は一つだということではないだろうか。桜を見る習慣は、人が自然の生命との繋がりを感じているかぎり、恐らく連綿と続いていくのだろう。もちろん、個々の直接的な経験もまた、即座に社会的、歴史的文脈という制約のなかに連れ戻されるだろう。それでも肝心なのは、それらすべてが「花を見る一瞬」だけは背後に退き、桜の生命に直接に触れている感覚を取り戻せるということではないだろうか。

話を柳に戻せば、一面において柳の「下手もの」＝「民藝」としての「工藝」に対する姿勢は、人々の「桜」に対する姿勢に通じているところがあるのではないだろうか。すでに長い観賞の歴史を持ち、美的規範として確立された「桜」と近代に生まれた概念である「工藝」を同列に論じることはできないかもしれない。しかし両者は「美的経験」の質と内容に関して根底で共通点を持っているように思われる。あまりにも一般的な概念であるためか、柳を論じる際にあまりキーワードとして取り上げられたことはないが、柳の工藝思想に通底する概念、いわば伏流水のようなものとして「自然」は実は非常に重要なのではないかということが、このことに関連して思い当たる。「下手ものゝ美」の冒頭に次の言葉がある。

名号は既に人の声ではなく神の声だと云はれてゐるが陶工の手も既に彼の手ではなく、自然の手だと云ひ得るであらう。彼が美を工風せずとも、自然が美を守つてくれる。

またたとえば『工藝の道』の一節では、

器には自然の加護があるのである。器の美は自然の美である。何人も自然の恵みを受けずして、一つだに美しき作を生む事は出来ぬ。

とも述べているが、これはほんの一例にすぎない。枚挙の暇がないほど、「自然」は素材、手法をはじめ、美しい工藝品の根底にあるものとして柳のテキストに絶えず現れてきている。「民藝」に関して人々の注目を集めてきたのは常に「無名の工人」という概念であったが、「無名の工人」の作であるということをさらに遡れば「自然」の所産ということであり、そうであるがゆえに美しいという考え方が柳のなかにあったのは確かである。

問　無学な職人達から生れる民藝がなぜ美しくなるか。
答　職人達の無学とか無知とか、無個性とか云ふ事に、美を生む力があるのではない。だが自然に従順である為、自然が彼等に美を保證してくれるのである。民藝の美は他力的な美である。自然な材料、自然な工程、素直な心、之が美を生む本質的力になる。

とりわけ「民藝」においては素材、材料が直接自然に由来する。

一つの器の背後には、特殊な気温や地質や又は物資が秘められてある。

春になると漲る自然の生命力に感応することが桜の美しさに触れることと一体であったように、柳が一つ一つの「もの」に直かに向き合うことによって「触れ」得たもの、彼自身が「美的価値」と呼んでいるところのものもまた、「もの」の背後に働いている自然の存在への実感と無関係ではなかったのではないだろうか。もちろん、上記のような考えは、柳のいう「もの」に直かに触れた後で、跡づけられ言語化されたものにすぎないのであるが。

確かに柳がいうように、「民藝」の主要部分を占める日常的な器物は、天然の素材を用いているだけでなく、そうした素材本来の性質に従う形で手法を発展させてきたといえる。しかし、木や草、粘土や岩石等の「もの」が素材として人間の眼に触れ、手の技と結びついた瞬間から「もの」は人の営為が生み出す様々な「こと」と不可分の関係を結ぶ。さらに柳が「作物の後半生」という論文で述べているように、「もの」はつくられた後も、日々見られ、用いられ、ときには考える対象となることによって人との間に多彩な関係を結んでいく。柳はそうした「後半生」もまた「もの」に新たな生命を付け加えると考えていた。しかし「もの」にまつわる「こと」の比重が増せば増すほど、「もの」の存在感は薄れ、ただ人間に奉仕する、あってなきが如き存在として意識されることもなくなるだろう。すでに触れたように、そうして何重にも「こと」に取り巻かれ、がんじがらめになった「もの」が、「もの」そのものとして姿を現すふとした瞬間を、実感として経験することが柳にはたびたびあったのではないだろうか。『工藝の道』の「挿絵に就て」に、民藝運動の初期の蒐集品としてよく知られた信楽の茶壺〔図99〕について次のような具体的な回想がある。

一日あの近江八幡の、とある小さな古道具屋のうす暗い棚の隅に、塵にまみれ乍ら、此壺の下部が燦然として私の眼を射た瞬間を忘れる事が出来ない。

「もの」についてあれほど言葉を尽くして語り続けた柳にとってさえ、「もの」を直かに見た瞬間、個々の美的経験とはこのような形でしか語り得ないものではないだろうか。それは、「もの」を取り巻いていた「こと」が背景に退き、傷や手擦れの痕など、それまでの「前半生」と「後半生」の刻印そのままに、「もの」そのものが姿を現す瞬間、「もの」の生命に直かに触れる瞬間といえるのかもしれない。柳がこの茶壺に出会ったのが古道具屋であったように、確かに「もの」が直かに見られるためには、実用的な器物として消耗され、消費される運命にあった本来の居場所を離れることがむしろ必要であったとも考えられる。

先に、「用」と「美」を結び付けたのは柳の「見立て」であったと言ったが、「見立て」と呼ぶべき行為は、柳の場合そのような仕方で働いたのであって、実用品として人に用立てられてきた「もの」そのものが再生し、新たな存在意義を得る真剣な契機であったといえる。制作の段階における「用」と「美」の関係は措くとしても、道具を用いる側にとってしばしば「用」への関心と「美」への関心が相容れない関係にあるというのは確かである。「用」を失って初めて「もの」はそれまでとは違って見える、あるいは見えなかったものが見えるということであり、むしろ「見立て」ともいうべき眼の働きによって両者を能動的に結び付けたところに柳の本当の独創性があるというべきではないだろうか。

柳のいう「美的価値」が言語化できないのは、それが個別の経験そのものだからである。経験について語ることはできるが、経験そのものを伝えることはできないことは、誰もが知っている。それは個別の「もの」と一人一人の人間との間でのみ起こり、しかも「もの」に直かに触れることができるのは一瞬でしかない。一瞬後には「もの」は再び「こと」の洪水の中に引き戻され、語られ、理論づけられ、体系化されていくものとなる。柳もまたその流れに棹さし、「下手もの」や「民藝」や「工藝」について語り、意味づけ、理論化し、体系化したかにみえる。ただしそれは、「もの」を直かに見る以前に「もの」が属していた文脈のなかではなく、新たに用語を創り出し、そこから構築した新たな文脈のなかに置き換え、さらにそれに基づいて実践を重ねていくという方法によってであった。柳が一つとして同じものがない「もの」の個別性、多様性を何より大切に考え、常に様々な視点から「もの」を捉え、語ろうとする姿勢を最後まで失わなかったこと、そして、個別の経験に基づく美的価値に第一の価値を置くことをやめなかったことは、記憶しておいてよいことであろう。柳には「もの」と思想の両方、そしてその間を行き来することが不可欠であった。恐らくそれは『白樺』以来の態度なのである。ここで詳しく触れることができないが、『白樺』の同人はやはり、西洋美術の複製図版をあくまでも個人の個別の経験の次元で受け止めていた。と同時に、それが個人の壁を越えて共有可能であるとも信じていたのである。そしてまた『白樺』の初期に書かれた「革命の画家」における「自然と自己とが一つの韻律に漂へる時」あるいは「物如 (Ding an sich) を捕へたる人」として柳が言おうとしていたことも、意外に真っ直ぐにここに通じているように思われる。その間に柳は、複製図版という「もの」であると同時に抽象的な「こと」の媒体から次第に具体的なものへ焦点を移していき、そして遂に「もの」そのものに辿り着いたのである。

「桜」という言語が普通に機能することとともに、一つとして同じ桜がないことも我々は知っている。だからこそ我々は、「桜」が何かを問うことなく、桜の美的経験を通して、一つ一つ異なる桜の多様性とそれをめぐって営まれるすべての営為の多彩さに、ある程度安んじていられる。しかし「工藝」や「民藝」は、すでにみたように、言葉としての成り立ちも歴史も「桜」とは全く異なり、実は「桜」ほど自明の言葉ではないのである。「もの」の個別性に立ち返り、「もの」に籠められた生命を新たな形で繋いでいく重要な契機として「もの」の直接の美的経験を最も貴重なものとしつつも、柳はそうした「もの」の個別性と「もの」をめぐる営みの多様性を、語り得るものとして「こと」のなかに投げ返し、「工藝」という理念および運動体という形で「もの」と「こと」の関係を新たに紡ぎ出そうとした。かつては誰にとっても自然の賜物であった「もの」の生命の貴重さを伝えていくためにはそれもまた必要な過程であっただけでなく、その投げ返し方こそが重要であったと思われる。

柳が「『もの』はぢかに見届けられねばならない」というとき、その言は「ものを直かに見ているか」という問いとなって個々の人間に投げかけられている。「もの」と「こと」との間のバランスが極端に「こと」に傾きつつあるように思われるいま、「もの（＝民藝、工藝）」そのものに即した思想や価値を、「もの」そのもの、およびそれをめぐるあらゆる営みとして、また同時に言語で語り得る理念として、いかに伝えていくことができるかが「工藝」、あるいは「工藝的なもの」の領域に関わる大きな課題であるといえないだろうか。

柳宗悦と〈近代美術史〉――〈見る〉という実践

一　序――複製受容と〈もの〉の手触り

『柳宗悦全集』第一巻の月報で種村季弘氏が「ものの手触りについて」という一文を書いている（注1）。種村氏はそのなかで、一九一一（明治四四）年一二月二五日付のフォーゲラー宛の柳宗悦書簡に、『白樺』同人からフォーゲラーに日本の造園術の本と千代紙を送る旨が書かれている点に触れつつ、両者の間のコミュニケーションが「ものの次元」に終始し、双方の書簡には藝術理念がほとんど語られていないことを指摘している。確かに書簡でのやり取りを通じて『白樺』同人はフォーゲラー本人から銅版画作品を購入することを企てたが、それが成功し、フォーゲラーの肖像画と銅版画七七点が到着したのが一九一一（明治四四）年一二月一二日であった。そのことに対する感謝のしるしとして、同人たちはフォーゲラーが望んだ造園術の本とともに千代紙を贈ることにしたようである。種村氏は触れていないが、同様に、同じ頃彫刻作品三点を入手したオーギュスト・ロダンに対して、彼らは浮世絵を贈っている。千代紙と浮世絵は、視覚的な色や形、イメージとともに和紙の手触りを伝えたであろう。種村氏は日本におけるフォーゲラー受容に関して、『白樺』世代の「もの」の次元を、一九二〇年代の秦豊吉における「こと」の次元（フォーゲラーとの面談）、一九三〇年代の立原道造における「観念」の次元（藝術家コロニーという理想）と比較しているが、この指摘は『白樺』における西洋近代美術の受容のある一面を鋭く突いているように思われる。

ただし、『白樺』全体のなかではあくまでも「ある一面」にちがいない。種村氏も見て取っているように、こうした〈もの〉の次元でのやり取りの中心にいたのは柳宗悦ではなかったかと思われる。フォーゲラー宛のドイツ語の書簡二通は柳が差出人となっている。初期の『白樺』において年少の柳が果たした役割が決して小さくはなかったことは誌面からも読み取れるにしても、圧倒的な求心力が武者小路実篤にあったことは確かであろう。その武者小路が中心となって推進した「ゴッホ熱」、および『白樺』での紹介に始まり、その後「美術」の領域をはるかに越えて様々な反響や展開を呼び起こした複製図版を通じての「ゴッホ受容」については、木下長宏氏によって『思想史としてのゴッホ——複製受容と想像力』というすぐれた評論が十年以上前に書かれている。『白樺』から始まった「複製受容」の最も重要な側面については、この著作によってほぼ言い尽くされているように思われる。とりわけゴッホ受容に関して、「美術意識よりも文学意識の活動が先行し、積極的であった」という木下氏の論は説得力を持つ（注2）。柳もまた、武者小路によってゴッホら「後印象派」の画家を知ることになったと断りつつ、それらの画家を論じた「革命の画家」という一文を武者小路に捧げている（注3）。確かに『白樺』の初期においては、恐らく四歳という両者の年齢差によって、柳への武者小路の影響力は、その逆方向に比して圧倒的であったと考えられる。しかし、フォーゲラーとのやり取りが柳に任されていたことにみるように、柳はすでに『白樺』のなかで自身の独自の位置を見出し始めていたのも事実であろう。確証はないが、千代紙を贈るという発想は柳が出所である可能性は高いのではないだろうか。

あらためて〈もの〉の次元でのコミュニケーション、やり取りという点に目を向けてみると、書籍や複製図版をはじめとして、そうした〈もの〉のやり取りは、白樺同人間、あるいはその周辺で恐らく頻繁に繰り返されており、とりわけ柳の周辺では〈もの〉が新たな人間関係を取り結んだり、あるいはすでにある絆を強めたりするケースが非常に多いように思われる。なかでもよく知られているのは、『白樺』同人がロダンから直接入手した三点の彫刻［図103］が、後に柳が朝鮮の陶磁器に関心を抱く直接のきっかけをつくったことであろう。一九一一（明治四四）年の暮れに日本に届いたロダンの彫刻を、その後少なくとも一定期間保管していたのは柳であったらしく、一九一四（大正三）年九月、それらを見るために浅川伯教が我孫子の柳邸を訪問した。浅川は当時京城（現在のソウル）で教職に就きながら彫刻家を志していたが、その彼が手土産に持参したのが朝鮮の陶磁器であった〔図95〕。また、それより早い時期の話として、*Quaint Old English Pottery* というイギリスの陶磁器の本（注4）をめぐって興味深いエピソードが残っている（注5）。柳はすでにバーナード・リーチや富本憲吉との密な交流を通じて工藝に関心を持ち始めていたが、富本が丸善で手に入れ、三人の間を行き来したこの本を通じて、リーチと富本はトフトウェアと呼ばれる一群の陶器から直接の影響を受け、また柳におけるその記憶は、後に民藝運動においてスリップウェア〔図100〕が重要な位置を占める布石となっている。

柳は一九二〇年代に入っても友人との間で書籍や複製図版の貸し借りを続けており、たとえば一九二二（大正一一）年二月には法隆寺の宝物集である『法隆寺大鏡』を木下利玄から借りたことが書簡によって知られるが、それは私家版で刊行した『朝鮮の美術』の挿絵に用いるためであったと考えられる（注6）。また、同じく書簡からは、朝鮮旅行の際に志賀直哉や木下利玄のために朝鮮の工藝品を購入したことや（同時に彼らは朝鮮民族美術館のために寄付金を出している）（注7）、我孫子を去るにあたってそれまでの所蔵品の売り立てを行う旨を友人たち（岸田劉生も含まれる）に知らせたことなどが窺われる（注8）。朝鮮の陶磁器は、志賀をはじめ何人かの『白樺』同人が所蔵していたが、木喰仏は志賀や武者小路も入手しており（注9）、次第に書籍や複製図版以外の〈もの〉のやり取りも盛んに行われていったようである。

こうした〈もの〉のやり取りは、柳にとって何か特別な意味を持つものではなく、ごく自然な行為であり、〈もの〉を通じての繋がりは彼の人間関係において大切な要素であったように思われる。もちろん、それぞれが忙しくなるにつれて同人間の行き来は初期ほど活発でなくなっていったが、距離が次第に開いていった相手でさえ、場合によっては〈もの〉を介してのやり取りは続いていたようである。柳が企画した『白樺』十四巻七号の挿絵の一つとして、当時中国絵画の蒐集を始めていた岸田劉生所蔵の八大山人の作品を掲載しているのはその一例で（注10）、柳は同時にテキストの執筆を岸田に依頼しているが（岸田の都合で流れた）、この時点で二人の行き来はさほど活発ではなかったと思われる。

〈もの〉を通じての盛んなコミュニケーションは、恐らく無意識のうちに『白樺』同人、そしてとりわけ柳に〈もの〉の手触りへの愛着をますます深く潜在させていったにちがいない。そしてやがて民藝運動においてはその根幹に関わる部分へと繋がっていくのである。

二　私家版『陶磁器の美』と挿絵

柳を中心とする〈もの〉のやり取りの次元においても、当初は書籍や複製図版、あるいはせいぜい版画に限られていたものが、『白樺』同人がフォーゲラーの版画やロダンの彫刻を入手し、柳が中国や朝鮮半島の陶磁器の蒐集を始めるなどするにつれて、次第に〈本物〉に重心が移っていった様子が窺われる。ところがその一方で、朝鮮民族美術館設立準備のために訪れた京城で、柳はウィリアム・ブレークの複製版画展や西洋名画複製展覧会を開き、さらにはゴシック彫刻や木喰仏の写真展を開催するなど、朝鮮の工藝品の蒐集や木喰仏の調査など、〈本物〉を中心とした活動を進めていたこの時期になってもなお、複製展示や写真展示を盛んに行っていた。複製図版の果たす役割が決して終わったわけではなかったのである。それどころか、柳の生涯にわたる旺盛な出版活動が示すように、〈本物〉の蒐集を開始して以後は、蒐集品の写真を図版として出版物に掲載することに一貫して相当な情熱を注ぎ続けた。もちろん、近代以降の藝術運動にとって、雑誌ほかの出版物の刊行とそこに掲載される複製図版は欠かせない手段であった。ただ、柳の場合、彼が関わった出版物のなかで複製図版が占める重みは、当時のその他の出版物におけるそれをはるかに超えている。たとえば、私家版での出版を試みた『陶磁器の美』では、そのために写真家の野島康三に撮影を依頼している［口絵13、図97］。また木喰仏に関しては、全国を行脚して調査とともに撮影を行い、柳自身の装幀による豪華本の写真集『木喰上人作　木彫仏』（木喰五行研究会、一九二五年）［図114］を刊行した。さらに一九三一（昭和六）年からは柳が中心となって、図版を核とし、芹沢銈介の型染布等を装幀に用いた雑誌『工藝』〔口絵14〕の刊行を始めている。これらはごく一部の例にすぎないが、〈本物〉が持つ価値を充分に認識して以後も、柳にとっては複製図版が重要性を失っていないどころか、ますます重要性を増していったような感さえある。

ここで具体的な出版物を取り上げてみたい。出版社から刊行したものであれ、私家版であれ、柳は非常に多くの書物の出版に熱心に関わっており、一体そのうちのどれが代表的かを決めることがむずかしいほどである。すでに触れた木喰仏の写真集や、一九三一（昭和六）年から戦後にかけて全一二〇冊の刊行が続けられた雑誌『工藝』も非常に重要であるし、理由はわからないものの未刊に終わった『朝鮮李朝陶器』や、大阪の印刷所に原稿一切を預けており、一九四五（昭和二〇）年四月の空襲で灰燼に帰したという『日本民藝図譜　現在篇』なども、刊行されていれば柳を代表する出版物となっていた可能性がある。そのなかからここでは、工藝に関わる最も早い時期の出版物である私家版の『陶磁器の美』を取り上げたい。文章としてはすでに『新潮』三四巻一号（一九二一年一月号）に掲載されていたが、同様の私家版として先に出版された『朝鮮の美術』が好評だったこともあり、『陶磁器の美』もまた私家版として挿絵を加えて刊行することにしたようである。この二冊、とりわけ後者に、当時の柳が書物に対して抱いていた理想の形が全面的に展開されているが、それらを手に取った時、何よりも手漉きの和紙を表紙にも本紙にも用いた和綴の本であることに驚かされる。

図 114　《柳宗悦著『木喰上人作木彫佛』（甲種）（発行：木喰五行研究会）》1925（大正 14）年刊

本の大きさは凡そ四六倍版で、寛永時代頃の細長い古形にする。用紙は本文は信州で出来る宮本紙、表紙は松崎紙にし和綴にする。表題用紙は朝鮮の苔紙を用いる事にしてある。出来上つたら気持ちがいいかと思つている。此本は町では売らない。出版部数は二百部故、希望される方は直接小生宛に前金で（書留送料共金一円六五銭）申込んで頂きたい。（注11）

『朝鮮の美術』を出すにあたり、『白樺』一三巻四号（一九二二年四月）の「六号記」に柳はこう書いている。「気持ちがいい」書物にしようと、造本に関するすべての面にわたって柳が神経を働かせている様子が窺われる。柳が関わった書物で和綴の本は少ないが、柳は江戸期の和本の美しさを高く評価していた。ここには触れられていないが、活字の選択や組み方、余白のとり方にも柳の好みが強く反映しているように思われる。『朝鮮の美術』の図版はすべてモノクロで、コロタイプ印刷の挿絵が十点入れられていた。『白樺』一三巻七号（一九二二年七月）の「私事一束」によると、二百部はすぐに売り切れたという。これに続いて、同じ形式で出版されたのが『陶磁器の美』である。当初挿絵をすべて色摺りにしたいと考えていたが、最終的にモノクロになり、十八点の挿絵はすべて印画紙をそのまま貼り込んである。その写真を撮影したのが野島康三である。周知のように、野島は日本における「藝術」としての写真のパイオニアであるとともに、岸田劉生や富本憲吉のパトロンでもあり、その自宅ではこの二人の個展が開催されている。柳が野島と知り合った直接の経緯は明らかではないが、柳は一九二一（大正一〇）年一二月に野島邸で開催された富本の個展を訪れており（注12）、また、野島宛の柳の書簡（未公刊）における文体の変化から推測するかぎり、この写真撮影をきっかけに交友が始まり、親しくなっていったと推測される。『白樺』一三巻一二号（一九二二年一二月）で、「余りよく写せたので挿絵十二枚の予定が十八枚も入れる事になつた」と述べているなど（注13）、柳は図版の質に相当なこだわりを抱いており、それが撮影を野島に依頼する動機であったのではないかと推測される。三年後に出版された『木喰上人作　木彫仏』とは異なり（注14）、カメラのアングルやカット、照明に特別に凝るというわけでなく、一点一点陶磁器の全体像をほぼ正面からオーソドックスに写しているが、柳を感心させた野島の技術によって、個々の陶磁器の姿が立体感を帯びて鮮明に浮かび上がり、陰影も美しく存在感すら感じさせる。図版の美しさという点では、柳が関わった出版物のなかでも確かに傑出している。

『朝鮮の美術』の発行部数は二百部、『陶磁器の美』は三百部であった。後者について「部数は三百位よりすれない」と柳が断っているのは、手間暇のかかる装本や図版の手法から考えて当然といえば当然である。すでにテキストそのものは発表されていることもあり、柳はここで一冊の書物としての質を、印刷という複製手段による普及、啓蒙という役割より優先させたといえるのではないだろうか。とりわけ、印画紙をそのまま貼り込み、写真の質を印刷によって損なわないように努めているのは、限定された部数だからこそ可能であり、図版に対する柳の並々ならぬ熱意が伝わってくる。その成果によって図版の陶磁器は手触りを確かめてみたくなるような距離の近さを感じさせ、あたかも『陶磁器の美』のテキスト中の「陶磁器の美は親しさの美である」という一文を読者に実感させようとしているかのようであるが、本そのものもまた、手にした時のはっとするような軽さ、柔らかさ、頁を繰るときの空気の感触など、手触りに強く訴えかけてくるのである。

三　「創作的仕事」としての挿絵と〈私〉の価値

確かに、柳にとって複製図版は〈複製〉ということにのみ重きが置かれていたわけではなかった。また、複製に〈本物〉の近似値であることを求めるというより、図版そのものとしての美しさを重視していたようにも思われる。果たして書物における挿絵の役割を柳はどのように考え、その価値をどこに置いていたのだろうか。柳による最初のまとまった工藝論として一九二八(昭和三)年に刊行された『工藝の道』は二六点の図版を掲載しているが、それに関して「それ故是等の挿絵は美を伝へる為ではあるが、同時に工藝に於ける真理問題への挿絵である。……或は裏から云つて此本全体が是等の挿絵への理論的解説だと云つてゐゝ」とあらためて挿絵の意義を説明している(注15)。「挿絵は其本が有つ内容の懺悔である。選択に於て著者は遂に彼自身を偽る事が出来ない」とも述べているが、この見解は、雑誌

『工藝』第九号の「挿絵の取り扱ひ方」でさらに詳しく独特の挿絵論へと展開されている。

要約すると、柳は「今日は書物の挿絵時代とも云へる」という認識に立って、挿絵は「たかだかものゝ紹介とか説明位ゐなものに過ぎぬ」ようなものではなく、「一つの立派な創作的仕事になる」、さらには「著者は彼が語る対象物を如何に取り扱つてゐるかを挿絵に於て偽る事が出来ない」と言う。具体的には挿絵の選択、写真の写し方、部分の場合はいかに切り取るか、また立体であれば「見る眼の位置」や向き、輪郭の定め方、光などが重要であるとし、「よき写真は見方によつて創造された写真である」と言う。また、かつて木喰仏の実物と写真を共に展覧した時、「写真ほど実物は面白くない」と評された例を紹介しつつ、「挿絵は須らく実物より美しく」、また「実物以上に真実」であるべきであると説いている（注16）。

最後は柳一流の強弁とも受け取れるが、全体を読むかぎり真意は、人が「実物」をどう見ているかその見方が挿絵にこそはっきりと示されるという点にあるようである。そのために部分の挿絵が持つ意義を重視しており、全体図よりも人の直観や想像力に訴えるからこそより美しく見えるのだとも主張している。柳にとって写真図版が単なる普及や啓蒙の手段を越える意味や可能性を持っていたのは確かであろう。柳は常に藝術運動に関わりながら、作品の〈制作〉という形では創作活動を行わなかった。その彼にとって挿絵は一つの重要な表現媒体であり、〈制作〉にも匹敵する積極的に「創作的な仕事」と位置づけていたともいえる。

それでは柳はいつ頃からこのような挿絵観を抱いていたのだろうか。恐らくこれほどはっきりと意識され始めたのは、朝鮮の工藝品から木喰仏、民藝へと至り、柳自身〈眼〉による創造ということに確信を持ち始めてからであろう（注17）。そこに至って挿絵は、柳にとって「直観」によって〈もの〉を〈見る〉ことの延長上にあり、自らの眼のあり方を具体的に提示する手段となった。けれどもこのような挿絵の取り扱いを遡っていくと、『白樺』誌上で最初に「東洋の藝術」を取り上げた一九一九（大正八）年七月号（十巻七号）において、すでに法隆寺壁画を部分図の形で取り上げていたことに思い当たる［図115］。その号の「今度の挿絵に就て」に柳は次のように書いている。

今迄何人も見なかつた東西の美と真とを新しい目によつて共に見る喜びを味わひ始めた。吾々は全然新な要求からして西洋を見たのと同じ様に、今迄何人も持たなかつた目によつて東洋を見る事を始め出した。……そうして吾々は新しく東洋を理解し始めた。然しそれは在来の人々がなした様に固定した伝習的な見方よるのではない。（注18）

『白樺』は挿絵によって「単に西洋の絵画や彫刻を紹介し」ようとしてきたのではなかった。同じ文章の中で柳は、挿絵は「吾々の生長への必要な糧」として「其前後には必ず統一がありいつも有機的な連絡をその間に示してきた」のであり、「挿絵に於ても吾々自身の心を表現しようとしたのである」「吾々を離れてはあり得ない意味があつた」と述べている（注19）。確かにビアズリー、フォーゲラー、「後印象派」やブレークなど、それ以前に日本でほとんど紹介されていない藝術家の場合、それらを取り上げることそのものが『白樺』という雑誌の「表現」たり得た。それに対して「東洋の藝術」の場合にはすでに「在来の人々がなした様に固定した伝習的な見方よるのではない」見方を示す必要があるという意識が柳にはあった。先の引用文で「新しい目」、「新な要求」、「今迄何人も持たなかつた目」といった言葉が必要以上に繰り返されているのはそのためであろう。

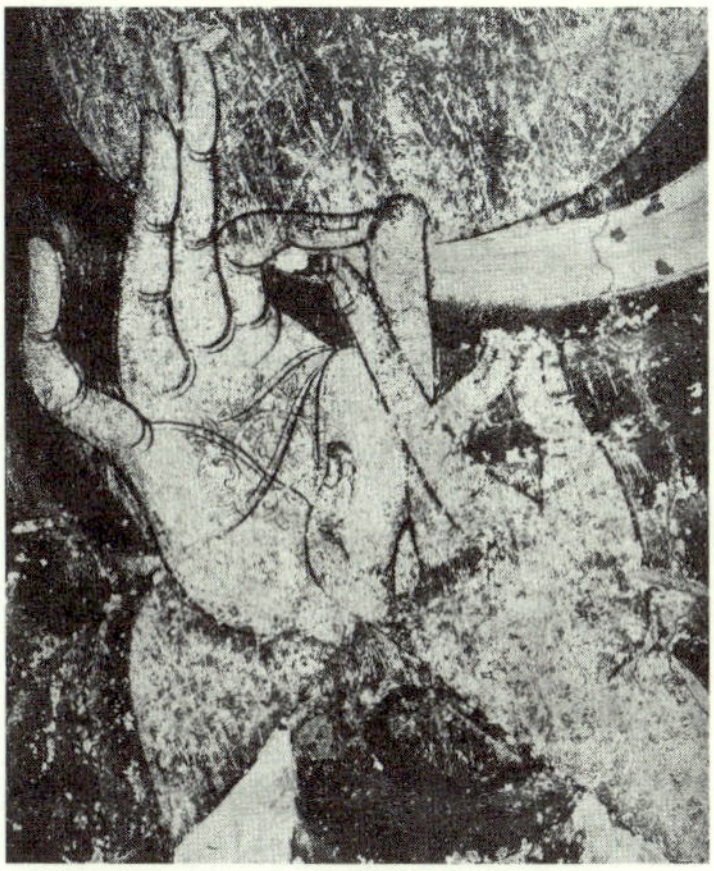
図115　《『白樺』10巻7号　挿絵「法隆寺金堂壁画　阿弥陀」（部分）》
1919（大正8）年7月刊

挿絵の選択という点に関していえば、柳がここで取り上げているのは、正倉院の三点（麻布菩薩像、樹下美人図、﨟纈屏風）に法隆寺金堂西壁の壁画の阿弥陀の手の部分［図115］と高山寺の鳥獣戯画が加わった五点である。これらの挿絵そのものは『東洋美術大観』から複写されているが、五点はいずれも、一九〇〇（明治三三）年のパリ万国博覧会にフランス語版の『日本美術史』として正式出品された後、日本語で刊行された『稿本日本帝国美術略史』の掲載作品に含まれている。『帝国美術略史』の詳細については近年研究が盛んに行われているが、そこで展開されている日本美術史観は、フェノロサと岡倉天心の宝物調査によって基礎づけられ、東京美術学校で岡倉天心が講じた「日本美術史」が基になっている。しかし、すでに指摘されているように、天心の「日本美術史」が、中国をはじめ、「東洋美術史」、時には世界美術史を視野に入れつつそのなかで日本美術を位置づけているのに対し、『帝国美術略史』の方はあくまでも「日本美術史」であり、柳の「東洋の藝術」という括り方はその点ではむしろ天心に近い。「在来の人々がなした様に固定した伝習的な見方」と柳が言う時、「東洋美術」あるいは「日本美術史」そのものが天心以降に成立したことを明確には意識していなかった可能性がある。ただ、『白樺』の見方の新しさを強調する先の文章から推測するかぎり、その時点で成立していた「日本美術史」という体系の枠内からの選択であることは認識しており、だからこそ「見方」の違いをはっきり示したいと考えていたと思われる。具体的には素描的な作品を選んでいること、法隆寺壁画に関しては手の部分図を選択することで、既存の体系とは異なる『白樺』の価値観を柳なりに「表現」したつもりではなかっただろうか。素描的なものを選んだことを断りつつ、「之は特に意味があるわけではない。然し概して素描に於て吾々は最もぢかにその藝術に触れ得るのである」とむしろ控えめに選択の理由を説明している（注20）。はっきりしていることは、正倉院の宝物や法隆寺壁画を『白樺』に掲載することによって、博覧会への正式出品というあからさまな形で成立したいわば〈公〉の「日本美術史」の文脈からそれらを外し、後印象派、ロダン、ブレークらにつながる『白樺』の文脈に取り込んだということである。ここでも重要な役割を果たしているのは複製図版であり、部分図が『白樺』の見方の独自性を示す一つの手段として採用されているのではないかと考える。確かに部分図は写真による複製の利点を生かした手法の一つといえるだろう（注21）。

このことに関連して、柳が複製図版に関して取ったもう一つの態度について考えてみたい。柳は法隆寺壁画を『白樺』

に紹介しただけではなかった。柳自身による彼の書斎の描写やリーチの素描によれば、柳は法隆寺金堂壁画の複製をブレークほか西洋絵画の複製や中国、朝鮮の陶磁器、ロダンの彫刻とともに書斎に配置していた。

レオナルドーやレムブラントやブレークや法隆寺の阿弥陀が壁にかゝつてゐる。余の友達である朝鮮の磁器や又宋窯が窓の前に置かれてゐる。リーチは英国に帰つても、彼のデッサンが余に話しかける。（注22）

一九二一（大正一〇）年に書かれた文章の一節である。一方、一九一八（大正七）年にリーチが描いた書斎の素描［図116］は、何げない一瞬を切り取ったかに見えるが、リーチの視線は、柳自身とともに明らかに彼を囲む当時の所蔵品に向けられており、机の前のロッキングチェアに座り、こちらを見ている柳の背後には、ロダンから送られてきた彫刻の一点《或る小さき影》や中国の陶磁器数点が描かれている。

図116　バーナード・リーチ《書斎の柳宗悦》　1918（大正7）年

まず注意を引くのは、ロダン、レオナルド、ブレークなど、『白樺』で紹介されてきた西洋美術と、法隆寺金堂壁画、中国、朝鮮の陶磁器など、この頃柳の関心の中心を占めつつあった「東洋の藝術」が同居している点である。柳は『白樺』の「東洋の藝術」への理解は、「普遍的な意味に於ける東洋の理解、云ひ換えれば東洋であり乍ら、然も普遍な価値に於て東西の差別をすら越える真理の理解である」と述べている（注23）。少なくとも一九一〇年代の柳は、東西の文化の間に、両者を隔てる要素よりも普遍性、共通性を見出したいと考えていたように思われる。そのような「理解」のし方を柳は書斎において具体的に実践しようとしていたのであろうが、これと並行するかのように、一九一九（大正八）年二月に刊行された『宗教とその真理』（叢文閣）にまとめられたこの時期の宗教哲学の著作においても、柳は東西を区別しようとしていない。

しかしながら柳の書斎で区別が解消されているのは東洋と西洋だけではない。複製と本物、美術と工藝といった区別もまた解消され、既成の文脈に沿ってではなく、柳個人の〈私〉の文脈のなかで並列されている。同時にここでは、複製と本物は等価の扱いを受け、旧さと新しさ、西と東、美術と工藝の間の価値の序列もまた、価値の基軸を個人へ移すことによって解体され、価値もまた並列されている。この解体を遂行したのが柳のいう「新しい見方」であるが、その価値の基軸は徹底して自己中心ということである。すでに触れたように自己にとって「生長の糧」たり得るかどうかがその唯一の基準なのである。すなわち、造形藝術に関して制作活動という側面のみでなく、その広い意味での受容という側面に関して近代的な〈個〉に繋がる自己という軸の成立をここに見出すことができるのである。もちろんその過程を担ったのは柳一人ではないが、最も確信犯的に遂行した一人が柳ではないだろうか（注24）。そのなかで、近代国家として日本が成立していく過程で「国宝」と位置づけられた〈もの〉もまた個人の文脈に移し替えられたのである。このような自己を軸とした「新しい見方」、「新しい価値」を成立させるにあたって、複製図版という形態がいかに有効性を発揮したかということがあらためて実感される。柳は「民藝」の発見以前（眼による創造という意識が明確になる以前）に、複製図版という媒体を通じて「新しい見方」、「新しい価値」を見出し、同じく複製図版を通じて自己の外に向かって「表現」しようとした。ここであらためて、その出発点となった「後印象派」に対する経験の重要性が浮かび上がってくるのではないだろうか。複製図版を通じての「後印象派」との直接的な出会いは、岸田劉生の「第二の誕生と云つてい〻位の力強い事」という有名な言を引くまでもなく、柳にとって、また『白樺』同人にとって決定的な意味を帯びていた。その複製図版経験のあり方について、いま一度考えてみたい。

四　〈いま－ここ〉の複製図版経験

藝術作品に対する人々の経験の質を決定づけてきたオリジナルな本物が一点（あるいは限定された点数）しかないというあり方が、写真ほかによる「技術的複製」という手段の登場によって「アウラの崩壊」という現象を生み出したことをヴァルター・ベンヤミンは「写真小史」および「複製技術時代の藝術」のなかで分析している。ベンヤミンは「どんなに完璧な複製においても、欠けているものがひとつある。藝術作品のもつ〈いま―ここ〉的性質――それが存在する場所に、一回的に存るという性質である」と指摘し、さらに「オリジナルのもつ〈いま―ここ〉的性質が、オリジナルの真正さという概念を形づくる」という（注25）。

〈本物〉から物理的に隔てられた状況において、ほとんど無防備に複製図版に引き寄せられ、そこから新しい生き方、新しい藝術観をつかみ取ると同時に、複製図版の可能性を最大限に活用して、それらの普及、啓蒙を企てた最初のグループとして『白樺』を位置づけることもできるかもしれない。柳自身が入手したハインドの *The Post Impressionists* という本について（注26）、柳は「殆ど一週間程毎夜二三の同人を集めた程、此本は吾々には騒ぎだつた本である」と紹介している（注27）。周知のようにこの本は『白樺』三巻一号（一九一二年一月）における「後印象派」としてのゴッホ、ゴーギャン、セザンヌ、マティスの紹介につながり、柳自身はこの本を下敷きにして同じ号に「革命の画家」を書いた。一方『白樺』創刊十周年記念号に書かれた岸田劉生の有名な回想には、『白樺』を知り、柳や武者小路実篤と出会った頃の思い出が語られている。

丁度その年の秋、赤坂の三会堂で白樺主催の版画の展覧会があつた。……清宮がその前から柳と知り合ひだつたので僕たち三人はよくその展覧会へ行つた。そしてはじめて見る版のいゝ西洋の新らしい美術の複製に胆をうばはれた。……清宮の紹介で柳の家へはじめて行き、又此処で沢山のゴオホやセザンヌや、ゴーガン、マチス等に驚いた。全くその時分は只々驚嘆の時代だつた。絵を見て、ウン〳〵云つて興奮した。涙ぐむ程興奮し合つたものだ。……柳を通じて武者ともぢき知り合になつた。始めは画を見に行つたものだが、それより話をするのが何とも云へぬ楽しみだつた。これ迄、そう云ふ友達を持つ機会のあまりなかつた僕にとつてこの事は本当に、第二の誕生と云つてい丶位の力強い事だつた（注28）

この回想文における記憶の不正確さについては木下氏の指摘もあり、岸田劉生が柳の家を訪れたのが正確にいつかは断定できないが、複製図版に「肝をうばはれ」、「驚いた」という点に間違いはないだろう。武者小路実篤も『白樺』二巻一二号（一九一一年一二月）の「手紙四つ」に柳の所でそれらを見て「一緒に興奮してしまつた」と書いている（注29）。これに対して、この直後にロダンの彫刻三点が彼らの元に到着したとき、実際に横浜港に引き取りに行くという大役を担った柳は、「ロダン彫刻入京記」という文章を『白樺』三巻二号（一九一二年二月）に執筆し、ロダンの本物の到着が同人にとっていかに特別な出来事であったかを、読者ができるかぎり身近に感じられるように、その一日の詳細を綴ることで伝えようとしている（注30）。これ以上は想像するしかないが、複製図版に対する彼らの反応は、ロダンの〈本物〉への反応と、程度の差はあれ、質的にはほとんど変わりなかったのではないだろうか。いずれの経験も〈いま―ここ〉のかけがえのないものとしての実感に違いはなかったはずである。前後関係を考えると、『白樺』二巻一二号（一九一一年一二月）の発行以前にハインドの本を柳は入手し、「後印象派」の図版とともに柳の「革命の画家」が掲載された『白樺』が一九一二（明治四五・大正元）年一月一日付で発行されているが、その間の一九一一（明治四四）年十二月二二日に柳はロダンの彫刻を受け取っている。そして翌年二月号の『白樺』に「ロダン彫刻入京記」が掲載されている。同じ時期にはフォーゲラーの版画も到着しており、複製図版と作者本人から届いた正真正銘〈本物〉としての彫刻と版画（ただし、どちらも複数制作される）が、短期間の間に彼らに質的に同じ経験を立て続けに引き起こしたのであり、時間的にいって、ロダン経験はむしろ複製図版による「後印象派」経験を増幅しつつ反復した形になっているのである。

柳は先に触れた「今度の挿絵に就て」のなかで、それまで十年にわたって中断されることなく『白樺』に掲載してきた挿絵の意義をも振り返り、「その十年の或一面は西洋の藝術に活きた吾々、又吾々に活きたそれ等の藝術の発展の足跡であつた」としている（注31）。しばしば指摘されるように彼らは紹介する作家や作品の美術史的文脈にあまり頓着しなかった。それはすでに触れたように何より「吾々の生長に必要な糧」であったからである。テキストに関しては、執筆者によってその点でのずれは多少あるようでもあるが、少なくとも柳自身は、英語力を武器に確実に文献を押さえつつも、ブレークを「表現画家」として「後印象派」の先駆者と位置づけたり、リーチを「ゴシック」の系譜に属する画家として評価するなど、知識不足というよりは、意識的に『白樺』あるいは「自己」の文脈に引き寄せ、かなり自由な見方をしている。すでにみたように、柳のなかで古今東西をはじめとする既成の枠組も次第に解消されている。挿絵の選択にあたっては、その時点時点で彼ら自身が関心を引かれているか否かが最大の判断基準であったのは確かであろう。その関心はときにはきわめて私的でさえあり、たとえば柳がフォーゲラーを「愛の画家」として紹介した頃、柳と中島兼子との間では恋愛が進行中であった。複製図版が『白樺』において果たしてきた役割について、一九二〇年代の初頭に柳は次のようにも述べている。

我々はほとんどなんらの偏見にもとらわれたことはなかった。率直に表現された美の内面の意味を求めた。それを一枚の画布、一個の彫刻と見るよりは、むしろ真理の生きた表象として玩味した。……我々はこのようにして、単に美そのものに触れたばかりでなく、その美を通して表現された生命の深さと力を明白に目撃することができた。（注32）

この文章を書いた当時、柳はすでに朝鮮民族美術館の設立に奔走していた。その一環として京城（現在のソウル）で開いた西洋名画複製展覧会の際に、『東亞日報』に掲載された文章の一節である。柳の関心の中心がすでに朝鮮の問題に移って以降も、「西洋名画複製」が持つ意味はなお失われていなかったが、かつて彼らはそこに「一枚の画布、一個の彫刻」としてより、「真理の生きた表象」として「美の内面の意味」を求め、「生命の深さと力」を目撃したと柳はいう。

『白樺』が雑誌や展覧会を通じて伝えようとしたのもそれら「真理」や「内面の意味」や「生命の深さと力」であろうが、そこでの複製図版の役割、図版とテキストの関係はどのように考えられていたのだろうか。確かに基本的に文藝雑誌である『白樺』においてテキストはもちろん重要であったし、大方の読者の期待はむしろそちらにあったと考えられる。「後印象派」としてゴッホ、ゴーギャン、セザンヌ、マティスを図版で初めて紹介した一九一二（明治四五・大正元）年一月号においても、むしろ実際に影響力があったのは、図版以上に柳が書いた「革命の画家」であった可能性は高い。同じことは「ロダン彫刻入京記」にもいえるだろう。木下氏の言うように、確かに図版の貧しさは言葉の豊かさを生み出した。しかし同時に、図版を雑誌に掲載するだけでなく、ロダンの彫刻や版画と全く同じ土俵で複製による展覧会を開催するという発想は、それらと直接に向き合う経験が持つ意味を彼らが確かに重視していたことを物語っているのではないだろうか。彼らにとって複製図版を〈見る〉ことは、〈いま―ここ〉的、一回的、個別的な経験であったからこそ、言葉では語り尽くせない部分、直接の経験を共有することでしか伝わらない部分を図版を通じて伝えたいと考えていたように思われる。すなわちテキストにはない複製図版固有の役割とは、何よりも〈見る〉という経験そのものの共有を可能にすることだったのではないかということである。その意味で複製図版は〈本物〉の代用品以上のものであり、彼らにとってはある「真正さ」さえ帯びており、その経験は、経験する側にとっては紛れもなく〈いま―ここ〉的、一回的な経験であり得たように思われる。〈見る〉側にとっての〈いま―ここ〉の経験から発生する「内面の意味」や「真理」は、〈見る〉側の「生長」に応じて更新されていく。『白樺』誌上において複製図版は常に「活き」ているものでなければならなかった。少なくとも初発の段階においては、『白樺』同人たちと複製図版の間にそのように絶えず変化していく緊張関係が成立していたのではないだろうか。

経験に含まれる情報や知識が言語によって伝達可能であるのに対し、経験そのものはそのような形で伝えることはできないという認識は、ブレークやホイットマンへの柳の関心、柳の宗教哲学上の展開とも絡み合いつつ「直観」の重視に結びついていくのではないだろうか。そしてまた、『白樺』初期の複製図版経験における〈いま―ここ〉的性質は、後の柳の思想における「即」という言葉の重要性にも繋がっているのではないだろうか。

五 〈もの〉との親和性――見ることと触れること

すでに触れたように、ロダンの彫刻を見るため、柳宗悦を訪問した浅川伯教がもたらした朝鮮の陶磁器は、柳の本格的な陶磁器への関心のきっかけとなったが、当初、柳が注目したのはその「形」であった。

自分にとつて新しく見出された喜びの他の一つを茲に書き添えよう。それは磁器に現はされた型状美(Shape)だ。之は全く朝鮮の陶器から暗示を得た新しい驚愕だ。嘗て何等の注意をも払はず且つ些細事と見做して寧ろ軽んじた陶器等の型状が、自分が自然を見る大きな端緒になろうとは思ひだにしなかつた。(注33)

この文章の前に、柳は届いたばかりのブレークの複製図版の色彩や「自然に現はれたラインの美、フォームの優」に触れている。またこれに続いて、「古日本の藝術家が此型状美に対して持つていた感覚の鋭さは、かの光悦等の作品によつて証明されてゐる」とし、展覧会で見た光悦作蒔絵硯箱の蓋の型状に「嘗て何人も試みなかつた充実がある」ことを見て取っている。工藝品に関心を持ち始めた柳の視線は、とりわけ色や形、線の美など純視覚的な要素に向けられていたようである。しかし同時に「恐らく光悦等が作つた茶の湯の茶碗等には最も発達した人間の視感覚及触覚が働いてゐる」と見て取っており(注34)、視覚のみならず、工藝品に関して「触覚」が果たす役割の重要性にはすでに気づいていたようである。

触覚への着目は、数年後に書かれた「陶磁器の美」では次のような表現を取るほどになっている。すでに触れたリーチによる書斎の素描も示すように、この間に柳は多くの陶磁器や工藝品を実際に手に取り、また身近に置いて楽しむようになっていた。

わけても陶磁器の美は「親しさ」の美であると思ふ。（注35）

彼等の姿が私達の眼を引く時、どうして思はずもそれに手を触れずにゐられよう。彼等を愛する者は必ずや二つの手の間にそれを抱き上げる。私達がかくしてそれに眼を注ぐ時、温い吾々の手をそれ等のものも慕つてゐるやうに見える。（注36）

現在のように、実用的な器以外の陶磁器は、美術館、博物館のガラスケース越しに〈見る〉のが普通になった時代とは異なり、柳がこれを書いた時点では、茶の湯を中心に陶磁器の美を享受することは、実際に手に取ったり用いたりすることと不可分であった。このことは、同じ頃に奥田誠一らが彩壺会を結成して活動を開始し、そのなかで学術的・科学的方法を採り入れ、「鑑賞陶器」というジャンルをつくり出したという事実によって逆説的に示されている。彩壺会は一九一六（大正五）年に結成されている。しかし、柳が「陶磁器の美」と題した文章でわざわざ手で触れることの重要性に言及しているのは、柳本人の場合、藝術と呼ばれる分野に関心を抱く過程で、何よりも一定の距離を置いて〈見る〉という次元が主たる部分を占めてきたからにほかならないのではないだろうか。陶磁器に親しむにつれて、柳は手で触れることの重要性をますます実感するようになっていったと思われる。しかしながら、最初に触れたように、かなり早い段階から柳は、〈見る〉ことと不可分の形で、複製図版を自らの手にし、友人とそれらを囲んだり、やり取りしたりする繰り返しのなかで、〈もの〉の手触りという次元を半ば無意識のうちに実践していたといえるのではないだろうか。このようないわば〈もの〉との親和的な関係といえるものもまた、一見逆説的ながら、複製図版との関係が鍵になっているように思われる。複製図版であるがゆえに(『白樺』グループでは、版画やロダンの彫刻もまた)、日常的に手で触れ、やり取りすることができたのであり、対象との間に一定の距離を置き、反省的な思考が芽生える以前に、視覚や触覚をも含んだ全体的な感覚で捉えられたのである。〈見る〉ことを通じて〈もの〉との間に決定的に距離を感じる以前に、むしろ距離を無化しようとする親和的関係が、このときすでに柳と〈もの〉との間には成立していたのではないだろうか。〈触れる〉という行為は〈もの〉との間に〈いま―ここ〉の直接的な関係を成り立たせるが、柳にとっては〈見る〉こともまた「直観」による「即」という関係を〈もの〉との間に成り立たせる行為であり、そのような意味で柳の〈見る〉は、単に視覚に関わっているだけではなく、〈もの〉と〈もの〉を取り巻くものについての、あらゆる感覚が関与する経験であり続けたのではないだろうか。

七　結び――〈見る〉という実践の可能性

図 117　木喰上人《地蔵菩薩像》
1801（寛政 13）年

浅川伯教のもたらした朝鮮の陶磁器が端緒となり、また北京にいるリーチに会うという目的もあって、一九一六（大正五）年、柳は朝鮮と中国を初めて旅行する。ここから陶磁器への関心が急速に深まり、さらに一九一九（大正八）年三月一日を境に朝鮮問題および朝鮮の藝術全般への関心に転じていく。一九二四（大正一三）年一月、朝鮮の陶磁器のコレクションを見るために訪れた山梨県甲府の小宮山清三宅で、柳は今度は木喰仏［図117］に初めて出会う。そして木喰仏を探し求め紀伊半島をめぐる旅の途上、一九二五（大正一四）年の暮れに柳と河井寛次郎と濱田庄司は「民藝」という言葉を考案し、柳は高野山で日本民藝美術館の設立趣意書を起草した。同じ頃、柳は次のような〈もの〉との出会いの現場を経験している。

一日あの近江八幡の、とある小さな古道具屋のうす暗い棚の隅に、塵にまみれ乍ら、此壺の下部が燦然として私の眼を射た瞬間を忘れる事が出来ない。（注37）

民藝運動の初期の蒐集品としてよく知られた信楽の茶壺［図99］に出会ったときの回想である。ここで再び柳は〈見る〉ことによって個別的な〈いま―ここ〉の場に回帰している。柳にとっては〈見る〉ことは永劫回帰する〈いま―ここ〉的な場なのである。柳が手にする〈もの〉が複製図版から〈本物〉中心に移っても、この〈もの〉から〈もの〉へ、新たな経験が連鎖のように繋がって柳のうちに新しい関心を呼び起こし、新たな人間関係を紡ぎ続けている。またこうした新たな関心の対象を追って、柳は頻繁に旅行に出かけている。毎回、異なる軌跡を描いてこの過程は繰返され、そのたびに、新たに見出された「内面の意味」が言語化され、挿絵を含んだ出版活動や美術館の設立構想ほかの具体的な活動が、外の世界に向けて働きかけるべく、重要な役割を担い続けた。

こうしてみると、柳にとっては〈見る〉ことそのものがすでに受け身の行為ではなく一つの実践だったのではないだろうか。『白樺』から民藝運動まで、この〈見る〉ことを通しての実践というべきものを確かに柳は繰り返している。ただし、この場合の〈見る〉はすでに述べたように、単純に視覚のみに関わっているのではなく、〈触れる〉ほか多次元の感覚的経験として〈もの〉に決定的に遭遇することである。これまで一般に柳に関して、美術館の設立運動や展覧会の開催、出版活動や新作運動など、具体的な運動として展開された活動のみが実践的側面と見なされてきた。しかしながら、〈見る＝触れる〉こと自体が〈いま―ここ〉的な実践の場であり、その〈見る＝触れる〉ことの延長上に、言語の形での思想の構築も様々な具体的な活動もまた展開されたのではないだろうか。そのことを長らく我々は見落としてきたように思われるのである。

こうした柳の〈見る〉ことを通しての実践には、日本の「近代美術」と呼んできた領域に関わり、現在にまで繋がる様々な問題が含まれていたように思われる。一つには、柳自身が複製図版と本物との間を行き来するなかに垣間見える〈もの〉とイメージの間の関係が、日本近代においてどのような緊張関係のもとにあったかという点である。この問題は実は同時代的に岸田劉生、野島康三、富本憲吉という、柳も含め、一九二〇年代の初頭にそれぞれの間で行き来が行われていた人々の、まさにその時期の活動と大きく関わっている。野島康三は一時期兜屋画堂を主宰し、岸田劉生のパトロンとしても名高いが、野島邸では岸田の個展と富本の個展が交互に開催されている。岸田でいえば、古美術に関心を持ち始め、「写実の欠如」ということを口にし始めた時期にあたる。作風の上でゴッホの影響を脱し、デューラーやファン・アイクの複製図版から学びつつ、西洋絵画の「写実」の伝統を自ら確かめようとするような仕事に入って以来、岸田の絵画では〈もの〉あるいは〈自然〉という〈実在〉とその〈写し〉としての絵画との間に常に強い緊張関係が続いていたように思われる。一方、野島康三の写真もまた、複製技術としての写真術によって写し取られたイメージが〈現実〉から自立しようとする狭間

図 118　岸田劉生《静物（赤りんご３個、茶碗、ブリキ罐、匙》1920（大正 9）年

図 119　野島康三《仏手柑》 1930（昭和 5）年

に位置している。富本は一九一〇年代初頭から〈自然〉と直かに向き合って、活きた「模様」を創り出すことを自らの課題としてきた。その成果を世間に問う形で出版されたのが一九二七(昭和二)年に刊行された『富本憲吉模様集』[口絵5、44、46〜51]である。これに先立つ形で富本は模様の原画の撮影を野島に依頼し、印画紙をそのまま貼り付けた限定二〇部の特装本を制作した。柳はそのうち第二番の所有者であったが、それを見たときの感想を「富本の模様集を見る。画もさること乍ら、写真に感嘆す。続巻を心待ちにす」と手紙に書いて野島宛に送っている。この『模様集』の特装本の制作時期は柳の『朝鮮の美術』、『陶磁器の美』の私家版の刊行時期と重なっている(注38)。

これらはすべて、近代の日本においてこの世代が(四人の生年は非常に近い)、〈もの〉あるいは〈実在〉あるいは〈自然〉を〈見る〉ことを、それ以前のあり方から一旦完全に断絶した零の地点から開始し、それらとそれらの〈写し〉との間の関係を、それぞれの個別の〈いま―ここ〉の経験に基づいてそれぞれに再構築しなければならないという課題に直面しての模索であったように思われてならない。ベンヤミンは複製技術の登場によって藝術作品の「アウラ」が崩壊したのだと言い切っているが、彼らの再構築の作業は、実は近代という大衆化を決定的な特質とする社会がもたらしたこうした決定的な変革の進行と並行して行われなければならなかったのである。岸田、富本、野島の作品を見ていると、〈もの〉や〈自然〉から発せられる神秘性＝「アウラ」を前にして藝術作品の「アウラ」を探る試みが常に非常に困難を伴う作業であったように思われる。それらと比較したとき、柳の〈見る〉という実践はどこまでも肯定的・楽観的な色彩に彩られていたようにみえる。もちろん、その楽観的色彩ゆえに柳のそれには大きな陥穽もまた常につきまとっていたのではないだろうか。

日本近代美術史は、〈美術〉という近代以降に成立した大きな枠組のなかで語られてきたのみでなく、それにまつわる実践を、主として〈藝術家〉による〈制作〉の面から捉えてきた。柳の〈見る〉という実践の批判的検証は、そのような意味で〈近代美術史〉に新しい視野をもたらすものではないかと考える。それは、もう一つの〈近代美術〉の展開が孕んでいた可能性とともにその限界についても様々に考えさせてくれるにちがいない。

注

1 種村季弘「ものの手触りについて」『柳宗悦全集　第一巻　月報九』、筑摩書房、一九八一年、三―五頁。

2 木下長宏『思想史としてのゴッホ――複製受容と想像力』、學藝書林、一九九二年。

3 柳宗悦「革命の画家」『白樺』三巻一号、一九一二年一月。その冒頭に「此小篇を武者小路実篤兄に献ぐ／是等の画家を知るの悦びを君によりて得たるを知ればなり」と書かれている（『柳宗悦全集』第一巻、五四三頁［以下『全集』一―五四三と記す］）。

4 Charles J. Lomax, *Quaint Old English Pottery*, Sherratt and Hughes; London and Manchester, 1909.

5 柳宗悦「スリップ・ウェアの渡来」『工藝』二五号、一九三三年一月（『全集』一二―八〇～八四）。一九一三（大正二）年の話として、丸善でこの本を見かけたことや、結局富本が購入し、リーチもまた富本から借りて勉強したことに触れている。

6 一九二二年二月十八日付木下利玄宛柳宗悦書簡（『全集』二一上―二四三）。

7 一九二一年四月二三日付志賀直哉宛柳宗悦書簡（『全集』二一上―二三七）他。

8 一九二一年三月十七日付園池公致宛柳宗悦書簡（『全集』二一上―二三六）他。

9 『「柳宗悦展――「平常」の美・「日常」の神秘――」図録』（三重県立美術館、一九九七年）所載の cat.no.2-73 の《薬師如来像》は武者小路実篤旧蔵。

10 『白樺』一四巻七号（一九二三年七月）の挿絵として柳は八大山人を取り上げたが、そのうち《渉事》は岸田劉生の所蔵であった。またこの号のために劉生に原稿を依頼したが、結局流れたようである。これについては同号の「挿絵に就て、その他」で触れられている。

11 柳宗悦「六号記」『白樺』一三巻四号、一九二二年四月（『全集』二〇―四一）。

12 岸田劉生「日記」一九二一年一二月一九日（『岸田劉生全集』第六巻、岩波書店、一九七九年、三五八―九頁）。

13 柳宗悦「リーチの展覧会其の他」『白樺』一三巻一二号、一九二二年一二月（『全集』一四―一〇二）。また『陶磁器の美』の出版について、「『陶磁器の美』の出版に就て、其他」『白樺』一三巻一〇号、一九二二年一〇月（『全集』一二―二七～二八）で詳しく触れている。

14　『木喰上人作　木彫仏』は、木喰五行研究会から一九二五（大正一四）年七月に刊行された木喰仏の写真集である。造本は、『朝鮮の美術』、『陶磁器の美』とは異なる大判の洋装本で、装幀は甲種と乙種の二種類があり、柳自身が考案した。出版部数は三百部、全国各地で撮影した（大塚工藝社写真部が撮影）木喰仏やゆかりの遺跡の写真百点余りがコロタイプ印刷で収録されている。またテキストとしては、柳が執筆した「序文」と「上人の一生と其遺作」が収録されている。

15　柳宗悦「挿絵に就て」『工藝の道』、ぐろりあそさえて、一九二八年（『全集』八—二三三）。

16　柳宗悦「挿絵の取り扱ひ方」『工藝』第九号、一九三一年九月（『全集』一〇—四二八〜四三七）。

17　柳は『工藝の道』の「工藝美論の先駆者に就て」で、「初期の茶人達」を「下手もの丶美」の「先覚者」と位置づけ、「彼等の眼がこ丶に注がれた事は、真に驚嘆すべき事実ではないか」と述べている（『全集』八—二〇四）。この頃から「眼」による創造ということが明確に意識され始めたと思われる。この「初期の茶人達」への言及は、一九二六（大正一五・昭和元）年九月四日の日付のある「下手もの丶美」にまで遡る。

18　柳宗悦「今度の挿絵に就て」『白樺』一〇巻七号、一九一九年七月（『全集』一—五八八）。

19　同前（『全集』一—五八七）。

20　同前（『全集』一—五八九〜九〇）。

21　法隆寺壁画を柳は実見していたのではないかと思われる。周知のように、一九二六（大正一五・昭和元）年に東京に居を移すまで、富本憲吉は故郷の奈良県安堵村に住んでいた。安堵村は法隆寺にほど近く、富本はリーチら親しい友人が訪れるたびに案内しており、そのなかには柳が含まれていた可能性もある。一九一一（明治四四）年九月号の『美術新報』に書いた短い記事（「法隆寺金堂内の壁画」）から富本にとって法隆寺壁画が特別な意味を持っていたことが窺われる。また正倉院については、一九二一（大正一〇）年一一月九日付の木下利玄宛書簡に「君達の尽力で正倉院に行ける様になつたのを喜んでゐる」とある（『全集』二一上—二四二）。

22　柳宗悦「我孫子から」『白樺』一二巻四号、一九二一年四月（『全集』一—三九〇）。

23　注18と同じ（『全集』一—五八八）。

24　『美術新報』一九一一年八月号に掲載された富本憲吉の「室内装飾漫言」によると、この当時富本は生家である奈良安堵村の民家の薄暗い室内に、シャヴァンヌの複製図版と自らの木版作品と古い春日卓を飾って楽しんでいた様子が窺われる。柳の書斎の原型ともいえる室内である。
25　ヴァルター・ベンヤミン、浅井健次郎（編訳）、久保哲司（訳）「複製技術時代の芸術作品」『ベンヤミン・コレクション1　近代の意味』筑摩書房、一九九五年、五八八頁。
26　C. Lewis Hind, *The Post Impressionists*, Methuen & Co.; London, 1911.
27　柳宗悦「革命の画家」『白樺』三巻一号、一九一二年一月（『全集』一―五六七）。
28　岸田劉生「思ひ出及今度の展覧会に際して」『白樺』一〇巻四号、一九一九年四月（『岸田劉生全集』第二巻、岩波書店、一九七九年、二三四―五頁）。
29　武者小路実篤「手紙四つ」『白樺』二巻一二号、一九一一年一二月。
30　柳宗悦「ロダン彫刻入京記」『白樺』三巻二号、一九一二年二月（『全集』一―五六八〜五七四）。
31　注18と同じ（『全集』一―五八七）。
32　柳宗悦「西欧名画複製展覧会開催について　若い朝鮮の友へ」『東亜日報』一九二一年二、三、四日付（原文は朝鮮語訳。『全集』六―六七〇。全集には日本語訳も掲載）。
33　柳宗悦「我孫子から　通信一」『白樺』五巻一二号、一九一四年一二月（『全集』一―三三四）。
34　同前（『全集』一―三三四〜五）。
35　柳宗悦「陶磁器の美」『新潮』三四巻一号、一九二一年一月（『全集』一二―五）。
36　同前（『全集』一二―五）。
37　［挿絵解説Ⅱ　茶壺］『工藝の道』（『全集』一二―二四〇）。
38　『富本憲吉模様集』の特装本は二〇部制作され、刊行は一九二三年から二七年にかけて、三冊に分けて行われたものと思われる。そのうち富本の手書きによる『第壱冊附録』が残っており、その序文の末尾の日付は一九二三年七月となっている。この模様集も野島康三が撮影した写真を印画紙の状態で一枚一枚台紙に貼り込んでいる。

柳宗悦の「李朝」

一九九六（平成八）年から一九九七（平成九）年にかけて「柳宗悦展」を準備する間に、幾つかの場所で李朝の陶磁器をまとまって見る機会があった。韓国国立中央博物館、日本民藝館、大阪市立東洋陶磁美術館、ソウルの湖巌美術館等である。いずれの場合も、粉青沙器（三島）から白磁染付まで、李朝陶磁の主な種類を網羅した展示であった。それにもかかわらず、それぞれの展示から受け取った印象は少しずつ異なっており、極端な言い方をすれば、李朝のやきものについて各々異なる「像」を提示しているようにさえ思われた。このうち東洋陶磁美術館は、周知のとおり、日本国内において常設で李朝陶磁の歴史をたどることのできる、きわめて質の高いコレクションであり、多くの日本人はその展示を通じて李朝陶磁のイメージを形成しているといっても過言ではないだろう。その母体となったのは安宅コレクションであるが、「かつて林屋晴三氏が指摘されたように、安宅コレクションの朝鮮陶磁は、明治・大正年間以来、日本に請来された茶陶以外の作品をほぼ集大成したものである」（伊藤郁太郎「収集の系譜――館蔵品をめぐって――」『開館記念展「東洋陶磁の展開」図録』、大阪市立東洋陶磁美術館、一九八七年）という。東洋陶磁美術館のコレクションは、日本のコレクターたちが李朝陶磁器に何を見てきたかのエッセンスを示しているといえる。

一例を挙げれば、「秋草手」と呼ばれる、呉須で簡素な草花の絵を描いた白磁染付（青花）の一群がある［図95］。東洋陶磁美術館では一九八八（昭和六三）年に「李朝の秋草」という展覧会が開催されているが、その図録によれば、現在もなお李朝陶磁を愛好する日本人の間で高い人気を誇っているこの種のものに対する「格別の嗜好が現われた」のは「昭和の初年代」、「少なくとも昭和七年、東京・晩翠軒における売立会において、この種の壺が異例の高値で売却されたことが契機になっているようである」。初出は不明ながら、「秋草手」という呼称はいうまでもなく日本生まれであり、同館学芸員の肥塚良三氏が同図録中の論文「李朝秋草について」でその実体や受容の過程について詳しく述べている。

明治期にすでに日本人のコレクターによる蒐集が開始されていた高麗青磁に対し、当時、高麗の作と見なされていた三島手を除くと、日本人による李朝の陶磁器の受容が本格的に始まったのは、浅川伯教、巧兄弟や柳宗悦らからであるとされる。浅川伯教が京城（現在のソウル）に住み、陶磁器に関心を持ち始めたのが一九一三（大正二）年、これに続いて浅川巧が渡鮮したのが一九一四（大正三）年。同じ年に浅川伯教が手土産に持参した李朝染付の壺［図95］を見た柳宗悦は、一九一六（大正五）年には初めて朝鮮を旅行し、早速自分でも壺を購入している［図123］。さらに柳らによって初めて朝鮮美術の展覧会が開催されたのが一九二一（大正一〇）年。展示品の中心は陶磁器であった。この頃には『白樺』の同人ら柳の友人たちもすでに李朝の陶磁器や工藝品を所蔵していた。また、柳は学生時代に古道具屋で李朝の壺を購入したと回想しており、大正の初めにはすでにその種のものが国内で流通し始めていたのかもしれない。

李朝の壺との出会いから、次第に朝鮮そのものへ関心を深めていった柳宗悦は、本格的に蒐集を始めるとともに、文章を通じて朝鮮の「民族藝術」の価値を繰り返し説き、一九二四（大正一三）年には遂に念願の朝鮮民族美術館を開館させた。恐らくこの頃から、李朝の陶磁器は急速に市場的価値を有し始めたにちがいない。一九一六（大正五）年に結成された彩壺会の中心である奥田誠一は、一九二二（大正一一）年に『國華』に連載した「朝鮮の陶磁器に就て」で、未だ李朝を陶磁器の堕落の時代と位置づけており、その後、柳からの抗議によって見解を改めている。ところがその十年後、すでに触れたように「秋草手」は高値で取り引きされるまでになっていた。この晩翠軒の売立会というのは一九三二（昭和七）年に二回開催されている。民藝運動の初期に加わっていた青山二郎が、晩翠軒の依頼で朝鮮に買い付けに出かけ、開いた朝鮮の工藝品の大規模な展覧会であるが、この前後には同様の展覧会が立て続けに開催されている。蒐集家の間では「秋草手」以外にも種々の染付、鶏龍山窯の俵壺や瓶、無地の白磁の壺、鉄砂や辰砂の壺などが特に好まれ、それぞれ持ち味は異なるものの、今日に至るまで高い人気を誇っている。
「秋草手」という、いわゆる「王朝の美意識」に連なる言葉が李朝陶磁器の受容に際して登場したことからもわかるように、日本にある李朝陶磁器は、日本のコレクター、鑑賞家の「眼」というかなり強力なフィルターを通過してきた。それらが全体として喚起する印象が、韓国国立中央博物館の展示を通して見るものと微妙に異なっている理由はそこにあるのだろう。それが一体どういうフィルターなのか、興味深い問題であるが、ここではとりあえず「秋草手」の例に代表させておきたい。いずれにしても、李朝の陶磁器は自然な感じや自由さ、おおらかさが魅力であると一般によくいわれるが、それらを見つめる日本の鑑賞家たちの「眼」の方はおおらかどころではなかった。彼らは李朝陶磁器の歪みに魅力を感じつつも、その歪みぐあいには相当にうるさいのである。この矛盾のなかに日本における李朝陶磁は一つの「像」を結んでいるように思われる。

こうした日本における李朝陶磁の受容の流れのなかであらためて柳宗悦の蒐集品を位置づけるならば、そこには当

図 120 《染付辰砂牡丹文壺》 朝鮮時代

図 121 《染付蔦文壺》 朝鮮時代

初から柳ならではの「眼」、すなわち韓国国立中央博物館はもちろん、東洋陶磁美術館のコレクションに集約された日本のコレクターたちの「眼」とも異なる評価＝「美」の基準が確かに働いていたように思われるのである。ある意味で最も強烈にフィルターが、言い換えれば選択の意志が働いているのが柳の場合といえるのではなかろうか。別の言い方をすれば、柳の蒐集した李朝陶磁はかなり独自の「像」を結んでいるということになる。

確かに李朝陶磁については、中国陶磁の場合とは評価基準が異なり、またその基準も人によってずれがあるとしばしばいわれる。しかしたとえば、染付辰砂蓮華文壺［口絵9］を李朝の壺の最高位に位置づける点では恐らく多くの人が一致するはずである。ところが同じ染付辰砂でも、柳宗悦の初期の所蔵品で、後に朝鮮民族美術館コレクションとなり、現在は日本民藝館にある牡丹文の壺［図120］についてはどうだろうか。これを高く評価する人は多くないはずである。しかし柳はこれを自著『朝鮮とその藝術』の挿絵として使っている。これらの挿絵を用意するにあたり、柳はわざわざ野島康三に写真撮影を依頼しているだけでなく、ほぼ同時に刊行された『白樺』の李朝陶磁特輯号の挿絵については「藝術的価値」を最優先したと述べているほどで、たまたま手元にあったからというような理由でこれを選んだのではないと思われる。

日本民藝館のコレクションと東洋陶磁美術館のコレクションにはもちろん共通点も多い。前者にも「秋草手」があり、柳もまたその優しい風情を好んだことは間違いない。浅川伯教から贈られた壺も「秋草手」にあたる。民藝館に無地の白磁の壺の優品が少なくないのも事実である。また、鶏龍山窯や鉄砂、辰砂への嗜好にも共通項がみられる。しかしそれらについても嗜好に微妙な差異が感じ取れるのに加え、柳が何を選ばなかったかを検討すると、さらに彼の「眼」が際立ってくるようである。三島の暦（印花）手など明らかに柳があまり関心を示していないものもあるし、染付でも柳が選ぶものと選ばないものははっきりと分かれるように思われる。逆に染付蔦文壺［図121］や染付辰砂牡丹文壺［図120］などは、一般の評価はそれほど高くないであろうが、辰砂虎文壺、鉄砂龍文壺［図122］などと並んで民藝館のコレクションを特徴づけていると思われる。いずれも全体に意匠がシンプルで力強く、複雑な絵付けは見られない代わり、自由な筆遣いに魅力を感じさせるものが多い。逆に技巧的、装飾的なもの、中国の影響の強いものはコレクションに含まれていない。またきずや汚れのあるものを厭うどころか積極的に取り上げている。

言葉で括ればこういうことになる。が、何より肝心なのは、木工品なども含め、柳が取り上げたものには、朝鮮旅行で最初に自ら購入したという鉄砂竹文壺〔図123〕以来、一貫した「眼」、断固とした評価の基準が存在しているという確かな印象を与えられるという点である。しかしたとえそうであっても、「眼」の一貫性だけでは一個人の〈趣味〉あるいは〈美意識〉の問題として片づけられ、思想とは見なされないのが通常である。ところが柳の場合、常にその「眼」を何らかの思想へと展開せずにいられないのである。

一九一四（大正三）年に浅川伯教から贈られた面取壺との出会いに際して、柳が注目したのはその「型状美Shape」であった。『白樺』五巻一二号（一九一四年一二月）の「我孫子から　通信一」で柳はこのことに触れている。ところが、一九一九（大正八）年三月一日に始まった三・一独立運動をきっかけに、朝鮮の問題に深く関わるようになると、朝鮮

図 122《鉄砂龍文壷》　朝鮮時代

図 123　《鉄砂竹文壷》　朝鮮時代

の美の特質、とりわけ「線の美」と朝鮮民族の歴史を結び付けた「悲哀の美」論を集中的に展開するようになる。「朝鮮人を思ふ」、「朝鮮の友に贈る書」、「朝鮮の美術」等の論文においてで、たとえば「彼の朝鮮行」（一九二〇年）のなかには、「静な沈みがちな白い釉薬や、その中から音もなく浮び出てくる青い草花」という彼自身の「悲哀の美」論からさらに一般的な「秋草手」愛好へとつながっていく一つの見方が提示されている。しかし同時に柳はこのなかで「美しく柔かな高麗の器」に「強く大きな李朝の磁器」を対置している。そして『白樺』一三巻九号（一九二二年九月）の李朝陶磁器特輯になると、李朝陶磁器の特質として「単純な力強さ」を強調するとともに、こうした特質の背後に「自然」の関与を指摘し、それが末期の作が陥りがちな弊害から李朝陶磁器を救っているとする。蒐集品に一貫して見て取れる柳の李朝陶磁観は、実は「悲哀の美」論ではなく、やや遅れて登場するこうした見解に一致しているというべきであろう。またここには「民藝」へと繋がっていく一つの見方もすでに見出される。

こうして、李朝陶磁器に対する柳の「眼」が当初からほぼ一貫しているのに対し、その美しさを語る視点は明らかに変遷し、最終的に「眼」に後から追いつくという現象が起きている。この場合、言葉を与えられることによって「眼」は思想化される契機を得たというより、言葉に先行して、柳の「眼」そのものが初めから一つの思想であったと言う方がふさわしくはないだろうか。

柳は生涯を通じて「眼」と思想との往還ということを絶えず繰り返している。柳は確かに思想家であったが、彼にとって「眼」や「もの」は単なる思想に至る過程や道具ではなかった。「もの」の蒐集や美術館の設立は何より重要な活動であったし、日本の朝鮮政策に対する柳の断固とした抗議は、蒐集品を通じて柳が提示した李朝陶磁器や木工品への評価、すなわち従来注目されていなかった李朝の工藝を取り上げたこと、そしてまたその際に示した彼の美の基準を通じて第一に行われたのである。少なくともその発端は文筆活動に先行していた。そしてこの基準は、これに続く日本における李朝陶磁受容の広がりのなかでも独自性を保ち続けた。確かに柳の蒐集品は、李朝工藝の全体像を偏りなく映し出しているとは言えないだろう。むしろ柳の「眼」というフィルターはあまりにも強く働いており、それゆえに柳を批判するのはたやすいことである。しかし偏りがあるからこそ、きわめて輪郭のはっきりとした一つの「像」を描き出していることもまた確かなのである。

李朝陶磁器や工藝品の場合にかぎらず、試行錯誤を重ねつつ、自らの「眼」が一つの思想となり得る可能性を柳は常に模索し続けていたように思われる。そうした思索の産物である「悲哀の美」論や民藝論をめぐっては、その後、多様な観点から評価や批評、批判が繰り広げられてきた。一方、柳の「眼」によって蒐集された日本民藝館のコレクションについては、認めるか認めないか、はっきりと評価が二分されるのではないか。言葉で語られた思想以上に「眼」を評価することはむずかしい作業である。そうした「眼」をどう評価し、歴史的に位置づけていくかは、柳宗悦研究にとっての大きな課題であると思われる。

注・・現在、美術史・工藝史では、朝鮮王朝時代の時代名称として「朝鮮」が用いられることが多いが、この時代の陶磁器が日本において受容された歴史的な経緯を論じた本稿では、従来用いられてきた「李朝」を用いた。

柳宗悦——「美」を通して朝鮮を想う

柳宗悦は一般に民藝運動の創始者、指導者として知られる。しかし若い頃には『白樺』の同人であり、宗教哲学を専門にしていた。宗教哲学は常に彼の関心の中心にあり、民藝運動を経て晩年に至っては「仏教美学」の追求となった。いずれの時期においても特異な位置を占め続けた思想家であった。その柳宗悦の朝鮮との関わりは、全体としてみれば長期にわたるが、真に関わったといえるのは大正後半の数年であり、この数年のうちに朝鮮をめぐって集中的に繰り広げられた活動は、独自の多彩さを示している。まずはその関わりと活動の軌跡を年代を追って辿ってみよう。

最初の大著『ヰリアム・ブレーク』を書き上げたばかりの一九一四（大正三）年九月に、柳宗悦は朝鮮との真の出会いといえるものを果たす。きっかけは、浅川巧の兄で朝鮮在住の浅川伯教が手土産としてもたらした李朝の陶磁器であった。ほどなく柳は『白樺』に次のように記す。「自分にとつて新しく見出された喜びの他の一つを茲に書き添えよう。それは磁器に現はされた型状美（Shape）だ。之は全く朝鮮の陶器から暗示を得た新しい驚愕だ」。

一九一六（大正五）年に柳は初めて朝鮮と中国を旅行する。地方にも足を延ばし、朝鮮の自然と人々に初めて直かに触れたほか、最初に上陸した釜山《プサン》で早速鉄絵の壺を購入したり、慶州《キョンジュ》の仏国寺や石窟庵を訪れるなど、朝鮮の美術への関心を深める機会となった。

こうした藝術を軸とする朝鮮への関心に、一九一九（大正八）年、大きな転機が訪れる。決定的な変化をもたらしたのは三・一独立運動であった。水原堤岩里《スウォンチエアムリ》教会での虐殺事件から約一カ月後、日本の識者の反応が冷たいことを見届けた柳は、特別な学識もなく、「その国の藝術に熱い欽慕の情を持つている」者にすぎないことを断りながら「朝

図 124 《当時の光化門》

鮮人を想ふ」を書く。武力や抑圧による統治や同化教育の根本的な矛盾を指摘し、抗議すると同時に、朝鮮への自らの愛情を披瀝する内容であった。

翌一九二〇(大正九)年、声楽家として活躍していた妻兼子とともに柳は二度目の朝鮮旅行をする。これに先だって「朝鮮の友に贈る書」を発表し、朝鮮への「情愛と敬念とのしるし」として音楽会を開催したい、とその想いを語っている。この訪問で浅川伯教の手元にあった染付辰砂蓮華文壺［口絵9］という李朝期の「永遠の作」に出会い、朝鮮民族美術館設立の決意を固めた柳は、翌年一月号の『白樺』にその構想を発表、協力を呼びかけた。美術館を京城(現在のソウル)に建設し、散逸の恐れのある作品を一カ所に集めて紹介することこそ、藝術を通じて朝鮮に近づく最良の手段であると考えた結果である。以後、浅川兄弟らとともにその準備に奔走し、朝鮮を頻繁に訪れて李朝の陶磁器、木工品の蒐集を進め、まず東京で展覧会を開催した。こうした活動の最中、京城在住の柳の妹千枝子が亡くなっている。

さらに一九二二(大正一一)年五月には『朝鮮の美術』という私家本を柳は上梓し、高句麗の古墳の壁画や、彼が朝鮮の作と考えていた法隆寺の百済観音等の図版を添えて、その「民族藝術」としての特質と価値について説いた。八月には総督府の建物の建設に伴い、景福宮の正門である光化門［図124］の撤去計画が進んでいることを知り、反対意見を表明した「失はれんとする一朝鮮建築の為に」を発表、一〇月には京城で李朝陶磁器展覧会を開催［図125］、さらに一年半を経た一九二四(大正一三)年四月に、ようやく総督府から借りた景福宮緝敬堂内［図126］に朝鮮民族美術館が開館した。その間にも一九二三(大正一二)年には「関東大震災朝鮮人救済音楽会」を計画する(兼子の発病で中止)など、数年の間密接に朝鮮と関わったが、ようやく念願が実現したはずの一九二四(大正一三)年以降は、たびたび訪れてはいるものの、朝鮮への積極的な関わりは希薄になっていった。

図 125 《李朝陶磁器展覧会（京城・朝鮮貴族会館）会場》1922（大正 11）年

図 126 《景福宮　緝敬堂》（1996 年撮影）

柳の朝鮮観として最もよく知られ、また議論の的ともなってきたのは「悲哀の美」論である。その原型は「朝鮮人を想ふ」にまず登場する。そこで柳は、常に他国の脅威に曝されてきた朝鮮の歴史に言及し、そのために朝鮮の人々が「愛情を飢え求めている」とし、その藝術の特徴を、仏像や陶磁器を例に「線の美」に見て取り、「美しく長く〳〵引く朝鮮の線は、実に連々として訴える心そのもの」と規定する。「朝鮮の友に贈る書」ではこの延長上に朝鮮美術は「悲しさの美しさ」、「親しげな美しさ」などの言葉で語られる。また「朝鮮の美術」では、朝鮮、中国、日本という三つの国の歴史および自然と藝術との相関関係を指摘するが、「形」の中国、「色」の日本に対し、「線」を特色とする朝鮮の藝術の特質を「悲哀の美」と名付け、具体例として高麗の磁器の形や模様、李朝陶磁器の釉薬の沈んだ色合い、衣服における色彩の欠如などを取り上げている。

「悲哀の美」論は、柳が朝鮮問題に最も力を入れていた時期に集中して登場しているが、その背後には「他国を理解する最も深い道は、科学や政治上の知識ではなく、宗教や藝術的な内面の理解であると思ふ」という、柳が朝鮮問題に関わる以前から抱いていた、相愛による国と国の平和な関係という白樺派に共通する人道主義の理想、および専門である宗教哲学の立場に基づく理念が働いていると考えられる。政治的問題に対峙しながら、むしろ政治の力を否定し、代わりに解決する力として柳が掲げるのは、愛、真理、自然、正義、宗教という抽象的な理念である。そのため、彼が採った姿勢は、目前の状況に対して直かに働きかけるというより、まずは自らの親愛の情を表現し、具体的な藝術や美を媒介にして朝鮮に対する日本人の関心と理解、愛情を呼び覚ますという間接的な方法であり、「悲哀の美」論もまた、読者の情に訴えかける文章を通じて繰り返し語りかけられた。そこに性急で過剰な感情移入による思い込みや誤解があったことは否定できない。

しかしながら、「悲哀の美」だけが柳の朝鮮への見方を代表しているわけではもちろんない。むしろその着眼点やそこから導かれる議論は独自の広がりを持っている。たとえば、「朝鮮人を想ふ」とほぼ同時に、柳は政治的問題とは無関係に思われる「石佛寺の彫刻について」という学術的な論文を執筆し、雑誌『藝術』に発表している。一九一六（大正五）年に訪れた際、深い印象を刻んだ石窟庵の彫刻群を紹介することも、柳にとっては藝術を通じて朝鮮を理解する実践の一環だからだろうか。ここでは十大弟子の像に「醜と美の結合」による「複雑な美の深さ」を見て取り、「悲哀の美」とは異なる朝鮮藝術観が示されている。また、中国および日本の美術との比較論では、「意志」の中国、「情趣」の日本に対して朝鮮の「悲哀の美」を強調するのみでなく、朝鮮の美術が中国の圧倒的な影響を受けながらも独自性を確立していることを指摘し、これを尊重する重要性を訴え、日本の同化教育への強い異議を唱えている。その一方で、日本の「国宝」とされる法隆寺の百済観音等に同時代の朝鮮美術が大きな影響を与えていることを指摘して、日本と朝鮮との文化的な結びつきを強調しつつ、その日本が朝鮮の文化財をいかに破壊してきたかにも触れるなど、多角的に議論を展開している。光化門の撤去に対する反対論の場合は、単に貴重な文化財を守るという観点のみではなく、「自然と建築との調和」をはかって建設された京城の町の見事な都市計画への敬意と、その中心である景福宮内に総督府によって建設されつつあった「無謀な」西洋建築（朝鮮総督府）への憤りが前提になっている。また朝鮮そのものへの愛情や理解を欠きながら、学術的な研究のみに関心を寄せているとして、日本の朝鮮美術史家を批判した一文もある。柳が朝鮮に関わるなかで多様な問題に着目していったことは確かである。

さらに、「朝鮮の友に贈る書」において、「悲哀の美」や「親しさの美」以上に柳が力説しているのは、朝鮮の藝術には「驚くべき美」「深い美」「美そのものの深さ」が潜んでいるという点である。ここでは、石窟庵や染付辰砂蓮華文壺についての具体的な体験を通じて実感したこの「美そのもの」が、「厳然として自律する朝鮮」の根拠となり、その固有性、独自性は「他のものによって犯されてはならぬ」という断固とした主張へと展開されている。この確信は「朝鮮人を想ふ」に始まる一連の著述と行動の根底をなしている。

朝鮮藝術の独自性に力点を置くなかで、古代や高麗の藝術以上に、当時未だ軽んじられていた李朝の陶磁器を柳は重視するようになる。その個人的な蒐集は最初の朝鮮旅行の際に始まっているが、朝鮮民族美術館のコレクションが李朝時代のものを中心に形成されるにつれて、ますます積極的な意味を帯び始めたと考えられる。京城での展覧会に先立って刊行された『白樺』の李朝陶磁特輯号（一九二二年九月号）で、高麗と対比する形で李朝の意義を初めて明確に述べ、繊細、優美、感情に鋭い高麗の陶磁器に対し、直線的要素が加わった強さ、大きさ、意志の美をその特色と見ている。また手法や模様の単純さのなかに、後の民藝思想に通じる自然への帰依、作為のなさを見て取っている。ここで指摘された李朝陶磁器の特色は、柳自らが蒐集した品々に最もよく合致しているように思われる。

陶磁器や仏像を通じて朝鮮に出会った柳宗悦は、藝術以外の問題についても、常に藝術と美への視点から語り、行動した。朝鮮民族美術館の設立が朝鮮に関する柳の最大の仕事となったのも肯かれるだろう。藝術を通じてこそ他国に真に触れることができるというのは彼の偽りのない確信であっただろうが、そのことを強調する彼の発言はときとして、朝鮮の自然や歴史も、また朝鮮の人々すら、藝術や美の立場から意味づけられているように受け取れるのも事実である。しかしその一方で、美の問題とは無関係に思える三・一独立運動とその弾圧がなかったら、果たして柳は朝鮮の美について積極的に語り出していただろうか。またその独自性の主張に柳はあれほど力点を置いただろうか。その意味では、美以外の問題が意識されることによって初めて美に積極的な意味が与えられたのであって、むしろ柳の議論はすべて、美や藝術が他の問題から孤立してはあり得ないとする立場から出発しているようでもある。柳における「美」というものの位置づけもまたそれほど単純ではなかったのかもしれない。柳宗悦が朝鮮をどう見ていたかは、彼の一つ一つの行動や言葉、そして彼が自らの眼で見、また蒐集した個々の作品に即して、彼にとっての「美」の中身や重さ、位置を見定めることによって初めて明らかになるのではないだろうか。

「もの」の美醜と善悪の此岸——柳宗悦と柳宗理——

いま現在、柳宗理がデザインした品々は国の内外を問わず高く評価され、広く用いられている。このことは彼のデザインの普遍性を端的に示す事実であろう。彼自身が若い頃に大きな刺激を受けたバウハウスやル・コルビュジエに代表されるように、モダニズムのデザインは軽々と国境を越えたが、柳宗理のデザインもまたモダニズムを代表するものとして生き続けていくにちがいない。そう思い込んでいたからか、あるエッセイで次のように回想しているのを読んだ時、大変印象深く、また意外でもあった。

かつて一年間、私はドイツのデザイン学校に招待されて、インダストリアル・デザインを教えたことがあった。その時ドイツの一流の家具会社から椅子のデザインの依頼を受けた。異国において日本人が、そこに住む人のためにデザインをする。しかも短い滞在期間に。これではとうてい責任あるデザインを完遂することはできないと思い断ってしまった。（「デザインの画一化に抗して」『SD』七四号、一九七〇年一二月）

いわゆる「日本的」なデザインには批判的な柳宗理に、土地土地の風土や社会、文化の違いに対するこれほど強烈な意識があったということを初めて知ったが、裏を返せば、彼のデザインがもつモダニズムの外観ゆえに、筆者自身が偏見を抱いていたからにほかならなかった。思えば、昭和の初めに民藝運動を始めた柳宗理の父柳宗悦は、「民藝」のなかに日本独自の性格と文化の違いを越えた普遍的性格を同時に見て取り、当初、「民藝」は日本だけでなく、中国にも朝鮮にも西洋にも見出され紹介された。けれども、戦前の圧倒的な西洋文明優位のもとで、柳宗悦の関心は次第に「日本」を中心とする手仕事の文化に集中していった。一方、柳宗理のデザインは、一見普遍的な外観の背後にこのような意識を秘めていたのであり、この一点をめぐっても、両者の姿勢は興味深い形でどこか繋がっているように思われる。

ところで、この短い一文からは、良いデザインとは何かという問いに対する柳宗理の強固な信念もまた伝わってくる。良いデザインが生まれる条件として彼は次の五つを挙げる。使い勝手のよさ、すぐれた近代的技術の使用、すぐれた材料、大量生産にあったデザイン、経済性。これらの条件はすべて、デザイナー個人の意識の外に存在している。それではデザイナーとしての柳宗理はこれらの条件とどう関わり合うのかといえば、そのデザイン・プロセスは、普通に想像される、平面上で図面を引くようなやり方とは異なる。立体物の場合、ワークショップ方式で自らの手でまず石膏模型をつくり、上記の様々な条件を考慮しつつ、技術者との協同作業のなかで技術面から検討を重ね、各段階で可能な限り試行錯誤、修正しながらデザインを決定していくという方法をとっている。総合的に最終的な判断を下すデザイナー個人に委ねられた権限は小さくはないはずであるし、その造形的センスが重要であることは本人も認めているが、こうしたプロセスのなかで様々な諸条件と葛藤が繰り返され、個人の意識が淘汰を経ることを柳宗理は重視しているように思われる。

図127　柳宗理（デザイン）《ミシン》
1955（昭和30）年

柳宗悦もまた工藝に関する最初の大著『工藝の道』で「正しい工藝」とは何かを論じ、それが生まれる法則を挙げたが、両者を比べてみると、用の重視、多量性、良い材料など、不思議なことに一致する点が多い。そのなかで最も鮮明な食い違いが生じているのは、柳宗理が「近代的技術」を掲げたのに対し、柳宗悦が、機械を否定しないまでもあくまで「手工藝」に力点をおいているという、周知の対立点である。実際、十代の終わりから日本民藝館館長に就任するまで、この決定的な対立点ゆえに、柳宗理自身、父親とも民藝運動とも一線を画してきた。戦地にル・コルビュジエの『輝く都市』を携えていったというほど、彼は機械時代のモダニズムの申し子であった。けれども、いまあらためて考えてみると、果たして二人にとって手仕事対機械という対立は本当に乗り越えがたいものだったのだろうか。

柳宗悦が、近代以前の職人によって長い歴史の中で育まれた技法や材料の扱い、制作過程における無意識の作業に美しさの源泉を見ていたとすれば、柳宗理が実践してきたのは、機械という新興の手段を相手に、すでに述べたような方法で、デザイナー個人の恣意性を抑える方向で普遍的な美しさを探る方法である。とすれば、方法こそちがえ、個人の意識以外の部分から生じてくるものこそが「もの」の正しさ＝美しさの源泉であるというのが二人に共通する大切な認識であったといえる。近代型の社会が日本に成立しようとするまさにその時点で、近代以前の手仕事の品々のなかに柳宗悦が発見した「無名の職人」の仕事と、機械が生産手段の大半を占める戦後社会の真っただ中で柳宗理が高く評価した「アノニマス・デザイン」の根はやはり一つに繋がっている、というより実は一つのものなのかもしれない。現に柳宗理は、彼自身の道筋を通って日本民藝館のコレクションの価値を再発見し、「民藝はアノニマス・デザインの一種である」と確信するに至っている。また最終的な工程は機械によるとしても、柳宗理自身のデザイン・プロセスは手仕事を基本としている。一方、柳宗悦の側で考えると、すでに触れたように、『工藝の道』でも機械自体を否定してはいないし、戦後のアメリカ訪問では工藝品よりも機械製品に関心を示している。柳宗悦の時代には具体的に見えなかった機械によるすぐれた日常品の生産が、柳宗理の時代には一部ながら現実に可能になったという見方もできるだろう。

この「無名性」の重視と並んで、柳宗悦と柳宗理を繋ぐもう一つの重要な軸は、「日常性」や「平凡」なものをめぐる思想であるように思われる。「無名性」についてもいえるが、柳宗悦が構築した「民藝」という思想には、彼自身も同人であった雑誌『白樺』を中心に普及した近代の藝術思想、すなわち藝術作品は天才の産物であるとする思想において見過ごされがちであった、普通の人々の日常生活から生まれたありふれた道具に美的価値を見出す、当時としてはすぐれて先駆的な思索が核にあった。ただ、しばしば指摘されるように、都市を中心とする日本の急速な近代化を背景として展開された民藝運動は、その担い手も、また運動を支持した人々も都市のエリート、あるいは富裕な層であり、「民藝」と名付けられた工藝品が出自とする近代以前の民衆の日常生活と、それらが発見され意味づけられ享受された時や場所とは、色々な意味で隔たっていた。「民藝」は、近代化によって日本の社会に生じた亀裂のなかで手仕事そのものの存続が危機に曝され、日常のものではなくなり始めていた時期に、一種の異化作用によって初めて見出された「日常」の価値として、理念的な側面が濃厚であったという観は確かに否めない。

その点で柳宗理においては、「日常」の美をめぐる活動が、リアルタイムの都市を生活の場とする現実的な「日常」の問題として、より具体的に展開されたといえるのではないだろうか。周知のように、柳宗理のデザイン活動の舞台は、戦前とは比較にならないほど消費文化が拡大した戦後の東京である。デザインと呼ばれる世界の少なからぬ部分が、人々に「ハレ」の行為として過剰な消費を煽ることに奉仕し、平凡な「日常」が軽視されるような社会の風潮のなかで、柳宗理は手仕事に代わって日常の生産手段となった機械を前提に、日常生活に密着したプロダクト・デザインに関わり、商業主義に対して抵抗の姿勢を貫いてきた。ところが、その柳宗理のデザインでさえ、ここ数年の彼をめぐる状況の劇的な変化が示しているように、ひっそりとビルの一角にある日常そのもののショップや普通の生活空間から、より華やかな非日常空間に確実に広がりつつある。非常に矛盾するようであるが、そ

図 128　柳宗理（デザイン）《バタフライスツール》1956（昭和 31）年

れでもなお彼のデザインが人々を引き付けているのは、「ハレ」の消費文化に抗してありふれた「日常」の美、「日常」の価値とは何かを問いかけているからではないかと筆者は考える。そうした現代の生活用品と、かつての生活道具としての日本民藝館のコレクションが同じ地平の上で見られるならば、柳宗悦と柳宗理、二人の思想および活動は、「もの」の美しさを通して「日常」の意味や価値を問うという意味で、一続きのものであることが見えてくるように思われる。

柳宗悦と柳宗理は、結果的に日本民藝館という有形の遺産を通じて繋がった。それが「はからずも」なのか「宿命」であったのかは神のみぞ知る領域に属している。ただ、二人が最初からそれを望んでいたわけではないことは確かである。筆者個人としては、むしろ有形のものと同時に、すでに述べた「無名性」や「日常性」を核とする思索と実践を通して、「もの」の美醜は善悪の此岸になければならないという一つの立場が受け継がれたということを重要と考えたい。人間存在そのものはたとえ「善悪の彼岸」にあるとしても、その人間が生み出す「もの」は、手仕事であれ機械であれ、善悪の此岸で道を探らなければ、一切が滅びてしまうような時代にすでに差し掛かっているのだから。

それでは、「もの」の美醜そのものをめぐっては両者の立場は最終的に分かれたといえるのだろうか。一見したところ、宗教哲学者としての柳宗悦が、その最晩年、少なくとも思想の上では美醜の彼岸に至ろうとしたのに対して、デザイナーとしての柳宗理は美醜の此岸でいまも孤軍奮闘を続けているように思われる。果たしてそうなのか、筆者にとっては身に余る問いである。

あとがき

本書は、筆者が一九九五年以降、十年余りの間に執筆してきた一八編の文章から成る。各文章の執筆のきっかけや発表媒体は様々であり、初出については別に掲示した一覧を参照されたい。一書にまとめるにあたってはそれぞれに若干の加筆訂正を行ったが、とりわけ第三章の「柳宗悦における眼と物の位置」と「柳宗悦の李朝」に関しては、大幅な加筆を行ったことを断っておく。初出一覧にみるとおり、そのうち約半数は、筆者が一九八七年以降の一二年間、学芸員として勤務していた三重県立美術館で開催された展覧会のカタログや年四回発行される美術館ニュースに執筆したものである。またそれ以外のものも、大半は展覧会企画に関連して、あるいはそれをきっかけに徐々に広がっていった関心の延長上で執筆された。このことは本書の性格に決定的な影響を及ぼしていることと思う。

また、そうした性格上、当該の展覧会の出品作品、あるいは展覧会図録に掲載された作品図版を読者が参照可能であることを前提として書かれている場合が多い。本書では様々な事情からそれらの図版をすべて収録することはできなかった。それによって不便をおかけすることをお詫び申し上げたい。必要な場合は、お手数ではあるが、個々の展覧会図録に遡って参照していただければ幸いである。

最初に触れたように、これらの文章は主として、美術館（周知のように「美術館」もまた「工藝」概念同様、近代以降に日本に登場した）という現実の社会のなかで機能する実践的な場における具体的な活動を足場として書かれた。一八編のなかには学術論文の体裁を取っているものもあれば、全く注をつけていない評論的なものもあり、また一般の雑誌に書いたごく短い文章も含まれている。全体として学術的な性格の強いものではあるが、大学や研究機関という純粋にアカデミックな場における活動を背景として書かれたものとは自から異なる性格を帯びていると思う。もちろん現在の博物館法では、美術館・博物館も研究機関としての機能を持つが、美術館での研究の位置づけは、資料の収蔵、保管、展示という基本的な活動はもとより、展覧会企画をはじめとする様々な普及啓蒙活動の一環として相対的なものにならざるを得ない。しかし筆者は一二年に及ぶ学芸員としての経験のなかで、そうした場からこそ生まれる研究テーマや研究のあり方というものが存在するのではないかと考えるようになった。時を経るにつれて、筆者の「工藝」への関心が、歴史的な研究対象としてのものから、現在の問題に関わるものへと引き寄せられていったのも、自然な流れであったかもしれない。

本書は本当にささやかな一書であるが、ここに至るまでの様々な紆余曲折を考えるとき、筆者自身にとってはこの本の出版そのものが奇跡にも近い出来事のように思われてくる。大学で諸先生方からいただいた学恩、先輩や同窓生から受けた知的な刺激や励ましは本書の成立にとって最初の、そして最も肝心な土台となったことは間違いない。がその後、美術館という実践的な場を通じて出会ったすべての人や作品や「もの」、すなわち美術館で一時期をともに過ごした人々、何度となく接した三重県立美術館の所蔵品の数々、展覧会準備のための調査その他で出会い、様々な形で協力をしていただいた多くの方々、そこで巡り会った作品や風景、美術館活動に関わる展示や出版をはじめ、多種多様で煩雑な作業の一つ一つに携わっていただいた方たち、研究会やシンポジウムで交わされた意見や議論の数々、それぞれに不思議な巡り合わせで知遇を得た、つくり手から使い手まで「工藝」に様々な立場から真摯に関わっている多くの人たち、さらには個人的な生活の上で経験した様々な出来事に至るまで、どの一つが欠けたとしても、全く同じ本は成立しなかったであろうと思う。そのすべてに、そしてとりわけ今回出版の直接の契機を与えてくださり、ご自身のご病気をおしてあらゆる点でサポートしてくださった草風館の内川千裕さんにこの場を借りて心からお礼申し上げたい。また出版助成をいただいた（財）鹿島美術財団、図版掲載の許可をいただいた著作権者および所蔵者の方々、写真の提供はじめ出版にご協力いただいた方々にも感謝の意を表したい。

筆者自身はこの本に辿りついて、「工藝」の領域こそが包み持つ価値がどれほどかけがえのないものであるかをようやく心の底からわかるようになった。同時に、その価値を体現している一つ一つの「もの」や技《わざ》、つくり手のありようをはじめ、この領域を真に担い、支えてきた有形無形の人やものについて、すなわち「工藝」そのものについては実はまだ何も知らないということを一層実感せざるを得なくなった。研究というスタンスにも果たすべき役割があると思うが、「工藝」が人間の実践的活動に関わる領域であるかぎり、その現場こそを最も大切にしなければならないと痛切に感じている。今後は「もの」が生まれ出る現場のみでなく、「工藝」に関わる様々な現実の場所に足を運び、そこに携わる方々の話に耳を傾け、「工藝」そのものの世界に少しでも近づいていきたいと思う。

最近ふと手にした農業の本に「農法は、土とのとり組みの暮らしにおける人の理念のあり方である。人の欲望を土に向けて放ち、そこに超ええない則を体験的にさとることによって人の存在の永劫を得ようとするものであろう」(守田志郎)という言葉を見出した。「農法」を「工藝」に、「土」を「自然」に置き換えると、そのまま柳宗悦の構想した「工藝文化」に通じるような気がしている。すでに何度も触れたように筆者は「工藝」を「農業」ほど自明の領域と考えているわけではない。「工藝」をめぐる近年のますます厳しい状況を知るにつけ、近代の始まりとともに表舞台に登場したこの言葉は、近代の終焉とともに静かに退場していくのではないかと危惧せざるを得ないときもたびたびある。もっと積極的に、近代の終焉とともに解体した方がよいと主張する立場もあるだろう。けれどもこうした文章に出会うと、「工藝」という一語のなかには、柳宗悦が構築しようと試みたように、いまなおきわめて大切な価値が包み込まれていることを確信する。この世界から確実に失われつつある、他領域では曖昧になってしまうそうした価値の核を探る場として、「工藝」という言葉を我々はいまこそ大事にしなければならないのではないだろうか。

二〇〇七年七月一五日

土田眞紀

浅川巧　日記と書簡

高崎宗司編

四六判03　本体3000円＋税　4-88323-136-4

浅川兄弟資料館がある故郷・山梨県北杜市に初めて帰った巧の日記（一九二二〜二三）。関東大震災における「朝鮮人虐殺」への批判、植民地の略奪林業への怒り、など朝鮮人への的確でやさしい眼差しが随所に。家族、友人に宛てた貴重な書簡を収録。

朝鮮陶磁名考（復刻版）

浅川巧著

A5判04　本体4800円＋税　4-88323-143-7

朝鮮の祭礼器・食器・文房具・化粧用具・室内用具など「器物の名称」と窯場及び製陶用具・陶磁原料・陶磁の種類・陶磁器部分の名称・陶磁器数称など「陶磁器に関係ある名称」を解明した名著の復刻版。

草風館版

さまよえる工藝——柳宗悦と近代

著　者　土田眞紀　© Maki Tuchida

一九六〇年、大阪生まれ。大阪大学文学部美学科卒業。大阪大学大学院文学研究科西洋美術史専攻博士課程単位取得退学。三重県立美術館学芸員（一九八七～一九九九年）を経て、現在、帝塚山大学人文科学部および大阪成蹊大学芸術学部非常勤講師。第一〇回倫雅美術奨励賞受賞。専門分野は柳宗悦を中心に東西の近代工藝・デザイン史、工藝論。本書収録以外の論文に「ヴァン・ド・ヴェルドと線の装飾」（『「ヴァン・ド・ヴェルド展」図録』、東京新聞他、一九九〇年）、共著に『近代日本デザイン史』（美学出版、二〇〇六年）、展覧会企画に「二〇世紀日本美術再見Ⅰ」展（三重県立美術館、一九九五年）、「柳宗悦展」（三重県立美術館、一九九七年）他がある。

装丁者　菊地信義

発行日　二〇〇七年九月一日初版

発行者　内川千裕

発行所　株式会社 草風館

浦安市入船三―八―一〇一

印刷所　ルナテック

Co.,Sofukan 〒279-0012
tel/fax:047-723-1688
e-mail:info@sofukan.co.jp
http://www.sofuka.co.jp
ISBN978-4-88323-173-7

【索　引】

せ

そ

た

る

れ

ろ

わ

【図版一覧】

［カラー口絵］

1 津田青楓《図案集『うづら衣』(発行：山田芸艸堂)》 1903（明治 36）年刊　木版・紙

2 神坂雪佳《図案集『百々世草』(発行：芸艸堂）原画》 1909-10（明治 42-43）年　着色・　紙　芸艸堂蔵

3 浅井忠（図案)、杉林古香（制作)《牽牛花蒔絵手箱》 1909（明治 42）年　漆器（蒔絵、螺鈿、鉛象嵌） 28.0×22.0×8.5cm　京都工芸繊維大学美術工芸資料館蔵（AN1617)

4 藤井達吉《大島風物図》 1916（大正 5）年頃　表：布、刺繍、着色　裏：墨、着色・紙　154.3×135.0cm　個人蔵

5 富本憲吉《『富本憲吉模様集』(私家版 ）「夢に見た壷」》 1923-27（大正 12- 昭和 2）年刊　印画紙・和紙　54.4×35.6cm　富本憲吉記念館蔵

6 富本憲吉《楽焼富貴長春字徳利》 1912（明治 45・大正元）年　陶器　16.0×9.0cm　富本憲吉記念館蔵

7 高村豊周《挿花のための構成》 1926（大正 15・昭和元）年　真鍮　h29.2×12.2×16.8cm　個人蔵　＊写真撮影：高村規

8 広川松五郎《窪田空穂著『青水沫』(発行：日本評論社）装幀》 1921（大正 10）年刊

9《染付辰砂蓮華文壷》 朝鮮時代（18 世紀） 磁器　h44.0×d34.2cm　大阪市立東洋陶磁美術館蔵（安宅英一氏寄贈）

10《美濃志野粟文平鉢》 桃山時代　陶器　d24.5cm　日本民藝館蔵

11《木綿地衣裳　沖縄首里》 木綿　丈 129.0cm　日本民藝館蔵

12《泥絵「居留地風景」》 19 世紀　着色・紙　w32.0cm　日本民藝館蔵

13《柳宗悦著『陶磁器の美』(私家版)》 1922（大正 11）年刊

14《雑誌『工藝』(発行：聚楽社、日本民藝協会)》 1931-51（昭和 6-26）年刊

［挿図］

1-1『器物図集　巻三』と板谷波山のアール・ヌーヴォー

1 板谷波山《器物図集　巻三「都鳥と光琳水」他》 1900 年代　墨、着色・紙　出光美術館蔵

2 起立工商会社《皿図案下絵「青筋揚羽にシャガ」》 1882（明治 15）年頃　墨、着色・紙　27.0×26.6cm　　東京芸術大学大学美術館蔵

3 板谷波山《器物図集　巻三「クロッカス」他》 1900 年代　墨、着色・紙　出光美術館蔵

4 板谷波山《器物図集　巻三「百合」他》 1900 年代　墨、着色・紙　出光美術館蔵

5 エミール・ガレ《花瓶図案「ダリア」》 1897-99 年頃　鉛筆、水彩、インク・紙　53.7×33.3cm　オルセー美術館蔵

6 板谷波山《器物図集　巻三「八手」他》 1900 年代　墨、着色・紙　出光美術館蔵

7 板谷波山《彩磁玉葱形花瓶》 1903（明治 36）年頃　磁器　h7.5×d10.2cm　東京芸術大学大学美術館蔵

8 エミール・ガレ《花瓶図案「玉葱」》 1898-99 年頃　鉛筆、水彩　37.5×29.0cm　オルセー美術館蔵

9 板谷波山《泰西新古模様》 明治後期　墨、着色・紙　28.0×37.5cm　出光美術館蔵

10 板谷波山《彩磁金魚文花瓶》 1911（明治 44）年頃　磁器　h27.5×d19.8cm　個

人蔵

11 板谷波山《葆光彩磁チューリップ文花瓶》 1917（大正6）年頃　磁器　h22.7×d20.6cm　石川県立美術館蔵

12 ジョルジュ・ド・フール《氷入れ》 1902年頃　磁器　20.0×13.0cm　パリ装飾美術館蔵

1-2　武田五一とその周辺

13 武田五一《英国国民図案懸賞競技出品作品》 1902（明治35）年　インク、水彩・紙　18.5×23.5cm他　神戸大学工学部建築学科蔵

14 チャールズ・レニー・マッキントッシュ《ポートフォリオ「芸術愛好家の家」 ホール》 1902年刊　リトグラフ・紙　53.0×39.5cm

15M.H. ベイリー・スコット《ザ・ホワイト・ハウス　居間》

16 武田五一《店舗計画案》 1902（明治35）年　水彩、インク・紙　28.0×35.5cm　神戸大学工学部建築学科蔵

17 小川安一郎《京都高等工藝学校図案科生徒実習図案 「コーヒー・ハウスの室内装飾」》 1906（明治39）年　インク、着色・紙　京都工芸繊維大学美術工芸資料館蔵（AN3657-07-09）

18 武田五一《福島行信邸　外観》 1907（明治40）年

19 ヨーゼフ・ホフマン《フーゴー・ヘンネベルク邸　外観》（R. フェルケルの水彩画による） 1901年

20 武田五一《福島行信邸　ビリアード室》 1907（明治40）年

21 武田五一《福島行信邸　応接室》 1907（明治40）年

22 武田五一《縮緬長襦袢　マルホッフ式図案》 大正初期　絹　131.0×127.8cm　個人蔵

23 ウィーン工房(デザイン：カール・リーデル)《生地見本「ひなげし」》 1910-11年　木版・布　オーストリア工芸美術館蔵

24《京都風俗研究会編『表現派図案集』（発行：内外出版株式会社）》 1922（大正11）年刊　コロタイプ印刷

1-3　明治三〇年代京都の図案集と「図案の藝術化」

25 津田青楓《図案集『うづら衣』（発行：山田芸艸堂）》 1903（明治36）年刊　木版・紙

26 津田青楓《図案集『青もみぢ』（発行：本田雲錦堂》 1899-1901（明治32-34）年刊　木版・紙

27a 西川一草亭《『小美術』1巻2号（発行：山田芸艸堂）「鴨」》 1904（明治37）年　木版・紙

27b 浅野（杉林）古香《『小美術』1巻5号（発行：山田芸艸堂）「朝顔」》 1904（明治37）年　木版・紙

28 オットー・エックマン《タペストリー「五羽の白鳥」》 1897年　毛織物　76.0×24.6cm　デンマーク工芸美術館蔵

29　尾形光琳《伊勢物語八橋図》 18世紀前半　紙本着色　95.7×43.3cm　東京国立博物館蔵

30 浅井忠（図案・絵付）《梅花図筒形花瓶》 1902-07（明治 35-40）年頃 陶器 h37.6cm 京都工芸繊維大学美術工芸資料館蔵（AN3283）
31 浅井忠《『黙語図案集』（発行：芸艸堂）「雨中狐」》 1909（明治 42）年刊 木版・紙
32 浅井忠（図案）、杉林古香（制作）《鶏梅蒔絵文庫》 1906（明治 39）年 漆器（蒔絵、螺鈿、鉛象嵌） 32.5×25.8×14.0cm 京都国立近代美術館蔵
33 神坂雪佳《図案集『染織図案 海路』（発行：山田芸艸堂）》 1902（明治 35）年刊 木版・紙
34 神坂雪佳《図案集『百々世草』（発行：芸艸堂）》 1909-10（明治 42-43）年刊 木版・紙
35 富本憲吉《『富本憲吉模様集 第一』（発行：美術店田中屋）》 1915（大正 4）年刊 木版・紙 31.9×23.4cm 富本憲吉記念館蔵

1-4 「図案」の手触り
36 神坂雪佳《図案集『ちく佐』（発行：山田芸艸堂）》 1899 − 1900（明治 32 − 33）年刊 木版・紙
37 神坂雪佳《図案集『蝶千種』（発行：山田芸艸堂）》 1904（明治 37）年刊 木版・紙

1-5 「日本のアール・ヌーヴォー」再考
38 津田青楓、浅野（杉林）古香《図案集『落柹』（発行：芸艸堂）》 1906（明治 39）年刊 木版・紙
39 富本憲吉《木下杢太郎著『和泉屋染物店』（発行：東雲堂書店） 装幀》 1912（明治 45・大正元）年刊 木版刷 19.2×13.1cm
40 富本憲吉《楽焼鳥文エジプト古陶写深鉢》 1913（大正 2）年 陶器 h21.0×d12.6cm 富本憲吉記念館蔵
41 津田青楓《刺繍壁掛》 1913（大正 2）年 刺繍・布 167.0×71.0cm 個人蔵
42 藤井達吉《草花文盆》（10 点組） 1916（大正 5）年頃 木、七宝、象嵌 31.7×31.7×3.9cm 個人蔵
43 富本憲吉《工藝品スケッチ（『美術新報』1912 年 4 月号より）》 1908-09（明治 41-42）年

1-6 「模様」の近代
44 富本憲吉《『富本憲吉模様集』（私家版）「やぶじらみ」》 1923 − 27（大正 12 −昭和 2）年刊 印画紙・和紙 54.4×35.6cm 富本憲吉記念館蔵
45《『富本憲吉模様集』（私家版）「第一冊附録」》
46《『富本憲吉模様集』（私家版）「松虫草」》
47《『富本憲吉模様集』（私家版）「蓼」》
48《『富本憲吉模様集』（私家版）「竹林月夜」》
49《『富本憲吉模様集』（私家版）「葡萄と羽虫」》
50《『富本憲吉模様集』（私家版）「野葡萄の葉」》
51《『富本憲吉模様集』（私家版）「柳」》

2-1　工藝の個人主義

52 今和次郎《工藝図案（東京美術学校卒業制作）》 1912（明治45･大正元）年　着色･紙　93.7×81.9cm　東京芸術大学大学美術館蔵

53 富本憲吉《葡萄模様刺繍壁掛》 1912-16（明治45・大正元-5）年頃　刺繍・布　265.0×26.5cm　富本憲吉記念館蔵

54 富本憲吉《柳屋書店法被デザイン原画》 1915（大正4）年　墨・紙　26.6×38.5cm　富本憲吉記念館蔵

55 津田青楓《夏目漱石著『道草』（発行：岩波書店）装幀》 1915（大正4）年刊

56 バーナード・リーチ《楽焼葉文盒子》 1914（大正3）年　陶器　h8.7×d10.5cm　日本民藝館蔵

57 藤井達吉《木彫芥子文飾箱》 大正初期　木、螺鈿、着色　34.5×25.0×11.0cm　個人蔵

58 河合卯之助《詩歌唐草文花瓶》 1914（大正3）年頃　陶器　h16.3×d10.0cm　個人蔵

59 河合卯之助《スケッチ帖》 大正前期　インク・紙　個人蔵

60 バーナード・リーチ《棚》 1918（大正7）年　木　136.0×128.5×28.0cm　日本民藝館蔵

61 バーナード・リーチ《瑠璃彫絵樹下婦人文皿》 1920（大正9）年　磁器　d21.0cm　日本民藝館蔵

62 河合卯之助《『図案私輯　伊羅保』 表紙》 1916（大正5）年刊　木版・紙　37.0×25.5cm

63 《『装飾美術家協会第一回製作品発表会目録』》 1919（大正8）年　19.0×13.0cm

64 高村豊周《鋳銅双耳花瓶》 1920（大正9）年　青銅　h22.8×d12.6cm　東京国立近代美術館工芸館蔵　＊写真撮影：高村規

2-2　薊のモティーフと一九一〇年代の工芸

65 藤井達吉《あざみ》 1921（大正10）年頃　木版・綿布　126.0×29.5cm　愛知県美術館蔵

66 北野恒富《五月雨》 1916（大正5）年　絹本着色　162.3×71.6cm　福富太郎コレクション資料室蔵

67 関根正二《慰められつつ悩む》（『信仰の悲み——関根正二遺作展覧会目録』より） 1919（大正8）年

2-3　工芸の在処をめぐって

68 今和次郎、吉田謙吉、小池富久《考現学スケッチ》 1925-27（大正14-昭和2）年　インク・紙他　27.2×39.6cm他　工学院大学建築学科今和次郎コレクション蔵

69 濱田庄司《白掛唐黍文花瓶》 1925（大正14）年　陶器　h30.0×d17.7cm　大原美術館蔵

70 河井寛次郎《草花文壷》 1924（大正13）年　陶器　h20.5×d18.0cm　京都国立近代美術館蔵

71 黒田辰秋《拭漆欅三段棚》 1927（昭和2）年　木（欅）、漆　h147.1×w72.5×

d46.0cm　河井寛次郎記念館蔵
72《『工藝時代』（発行：アトリエ社）2巻7号》（表紙：広川松五郎）　1927（昭和2）年7月刊
73 杉田禾堂《用途を指示せぬ美の創案　完成期・原始期・過渡期》　1930（昭和5）年　青銅他　右：h14.5×9.1×27.3cm　中：h28.7×10.6×12.1cm　左：h13.8×9.1×27.3cm　東京国立近代美術館蔵
74 富本憲吉《白磁八角コーヒーセット》　1921（大正10）年　磁器　ポット：h13.6cm 他　富本憲吉記念館蔵
75 森谷延雄《森谷延雄著『小さき室内美術』（発行：洪洋社）　食堂の平面と全景》　1926（大正15・昭和元）年刊
76 斉藤佳三《食後のお茶の部屋（第9回帝展出品）》　1928（昭和3）年
77《黒地朝顔模様単着物》　大正～昭和初期　絹　裄121.5×丈150.0cm　個人蔵

2-4　一九二〇年代の染織
78 山鹿清華《綴錦帆船に異国風俗模様卓布》　1928（昭和3）年　絹　100.0×98.0cm　宮井株式会社蔵
79 広川松五郎《﨟染文武紋壁掛》　1930（昭和5）年　絹　304.5×243.0cm　個人蔵
80 元井三門里《絵更紗帯》　昭和初期　絹　個人蔵

2-5　工藝の「伝統」をめぐって
81《シャルロット・ペリアン、坂倉準三著『「選択・伝統・創造」展図録』（発行：小山書店）表紙》　1941（昭和16）年刊
82《シャルロット・ペリアン、坂倉準三著『「選択・伝統・創造」展図録』　会場風景（入口）》
83《シャルロット・ペリアン、坂倉準三著『「選択・伝統・創造」展図録』　会場風景（ソファ、竹製テーブル、竹製椅子）》
84《シャルロット・ペリアン、坂倉準三著『「選択・伝統・創造」展図録』「全体の構成」》
85《シャルロット・ペリアン、坂倉準三著『「選択・伝統・創造」展図録』　会場平面図「展示の研究」》
86 ブルーノ・タウト《竹製テーブルスタンド（復元）》　1934（昭和9）年（1989［平成元］年復元）　竹、籐、和紙　h54.5×d44.0cm　群馬県立歴史博物館蔵
87 商工省工藝指導所（ブルーノ・タウト指導）《テーブルスタンド 1-B型（復元）》　1933-34（昭和8-9）年（1984［昭和59］年復元）　真鍮、アクリル　h50.5×d50.0cm　仙台市博物館蔵
88 ブルーノ・タウト《デッサン「竹製ワゴン」》　1936（昭和11）年　インク・紙　22.0×18.7cm　群馬県立歴史博物館蔵
89 シャルロット・ペリアン（デザイン・指導）《卓子》　1941（昭和16）年　木、竹　h51.5×w63.0cm　山形県立博物館蔵
90 シャルロット・ペリアン（デザイン・指導）《折り畳み寝椅子、掛布》　1941（昭和16）年　木、藁　寝椅子：138.0×w46.0×h61.5cm　山形県立博物館蔵
91《竹提籠》　竹　h31.0×w39.0×d24.0cm　日本民藝館蔵
92 河井寛次郎（考案）《竹製子供用腰掛》　1940（昭和15）年頃　竹　36.0×34.0×

40.0cm　河井寛次郎記念館蔵
93《背中当》 昭和時代　藁、布　丈92.0cm　日本民藝館蔵

3-1　柳宗悦における「眼」と「もの」の位置
94 野島康三《柳宗悦》 1923（大正12）年　ガム・プリント　日本民藝館蔵
95《染付秋草文面取壷》 朝鮮時代（18世紀） 磁器　h13.5cm　日本民藝館蔵
96 ウィリアム・ブレーク《『ヨブ記』挿絵》 1825年　エングレーヴィング・紙　21.5×16.8cm　三重県立美術館蔵
97《柳宗悦著『陶磁器の美』（私家版） 挿絵「磁州窯陶枕」》 1922（大正11）年刊
98《漆絵盆》 江戸時代　木、漆　d24.5cm　日本民藝館蔵
99《信楽黒釉流文壷》 江戸時代　陶器　h31.7cm　日本民藝館蔵
100《スリップウェア皿》 18世紀　陶器　d41.5cm　日本民藝館蔵
101《大井戸茶碗　銘「山伏」》 朝鮮時代（16世紀） 陶器　h10.1×d15.7cm　日本民藝館蔵
102《紙縒八角盤》 朝鮮時代　紙縒、漆　h14.5×d37.5cm　日本民藝館蔵

3-2　柳宗悦と「民藝」
103 オーギュスト・ロダン《或る小さき影》 青銅　h31.5cm　白樺美術館蔵（大原美術館寄託）
104 ポール・セザンヌ《風景》 1885-87年　油彩・カンヴァス　64.5×81.0cm　白樺美術館蔵（大原美術館寄託）
105《伊万里染付番茶茶碗》 江戸時代　磁器　左：h6.0×d7.5cm、右：h4.8×d6.6cm　日本民藝館蔵
106《船箪笥》 江戸時代　木、鉄　h47.7×w42.7×d50.7cm　河井寛次郎記念館蔵
107《真鍮鋏付小燭台》 江戸時代　真鍮　h27.6cm　日本民藝館蔵
108《筒描松竹梅文風呂敷　沖縄》 麻　w 95.0cm　日本民藝館蔵
109《大津絵「瓢箪鯰」》 江戸時代　紙本着色　52.7×22.2cm　日本民藝館蔵

3-3　「工藝」の課題
110 バーナード・リーチ《手賀沼》 1918（大正7）年　エッチング・紙　20.4×12.9cm　益子参考館蔵
111《肥前緑釉指描き文捏鉢》 江戸中期　陶器　d50.5cm　日本民藝館蔵
112《日本民藝美術館設立趣意書》 1926（大正15・昭和元）年
113《工藝の協団に関する一提案》 1927（昭和2）年

3-4　柳宗悦と〈近代美術史〉
114《柳宗悦著『木喰上人作木彫仏』（甲種）（発行：木喰五行研究会）》 1925（大正14）年刊　51.0×35.0cm
115《『白樺』10巻7号　挿絵「法隆寺金堂壁画　阿弥陀」（部分）》 1919（大正8）年7月刊
116 バーナード・リーチ《書斎の柳宗悦》 1918（大正7）年　インク・紙　29.8×

38.1cm　日本民藝館蔵
117 木喰上人《地蔵菩薩像》 1801（寛政 13）年　木　h69.0cm　日本民藝館蔵
118 岸田劉生《静物（赤りんご 3 個、茶碗、ブリキ罐、匙》 1920（大正 9）年　油彩・カンヴァス　37.6×45.5cm　大原美術館蔵
119 野島康三《仏手柑》 1930（昭和 5）年　ブロムオイル・プリント　17.2×27.5cm　京都国立近代美術館蔵

3-5　柳宗悦の「李朝」
120《染付辰砂牡丹文壷》 朝鮮時代　磁器　h33.0×d22.5cm　日本民藝館蔵
121《染付蔦文壷》 朝鮮時代　磁器　h25.5×d24.0cm　日本民藝館蔵
122《鉄砂龍文壷》 朝鮮時代　磁器　h30.8×d26.2cm　日本民藝館蔵
123《鉄砂竹文壷》 朝鮮時代　磁器　h24.2cm　日本民藝館蔵

3-6　柳宗悦――「美」を通して朝鮮を思う
124《当時の光化門》
125《李朝陶磁器展覧会（京城・朝鮮貴族会館）会場》 1922（大正 11）年
126《景福宮　緝敬堂》（1996 年撮影）

3-7 「もの」の美醜と善悪の此岸
127 柳宗理（デザイン）《ミシン》 1955（昭和 30）年　リッカーミシン製
128 柳宗理（デザイン）《バタフライスツール》 1956（昭和 31）年　天童木工製

【初出一覧】
序——「非・近代」的な工藝の「近代」　書き下ろし

第一章　明治・大正の工藝図案——図案の「藝術化」

『器物図集巻三』と板谷波山のアール・ヌーヴォー　『「板谷波山展」図録』、朝日新聞社、1995年。

武田五一とその周辺——京都の工藝界との関わりを中心に——　『美術館連絡協議会紀要』第3号、読売新聞社・美術館連絡協議会、1997年。

明治三〇年代京都の図案集と「図案の藝術化」　樋田豊次郎・横溝廣子編『明治・大正図案集の研究——近代にいかされた江戸のデザイン』、国書刊行会、2004年。

「図案」の手触り——神坂雪佳と図案集『百々世草』　『銀花』第137号、文化出版局、2004年3月。

「日本のアール・ヌーヴォー」再考　『「アール・ヌーヴォー展」図録』、読売新聞社、2001年。

「模様」の近代——『富本憲吉模様集』の意味　『民族藝術』第19号、民族藝術学会、2003年3月。

第二章　変容する近代工藝——一九一〇年代から一九三〇年代へ
工藝の個人主義——一九一〇年代の工藝　『「二〇世紀日本美術再見Ⅰ　一九一〇年代」展図録』、三重県立美術館、1995年。
薊のモティーフと一九一〇年代の工藝　『ひるういんど（三重県立美術館ニュース）』第53号、1996年3月。
工藝の在処をめぐって——一九二〇年代の工藝　『「二〇世紀日本美術再見Ⅱ　一九二〇年代」展図録』、三重県立美術館、1996年。
一九二〇年代の染織——近代工藝史をどう捉えるか？　『ひるういんど（三重県立美術館ニュース）』第56号、1996年10月。
工藝の「伝統」をめぐって——一九三〇年代の工藝　『若山映子先生　ご退職記念論文集』（CD-ROM版）、大阪大学文学研究科西洋美術史研究室、2006年。

第三章　柳宗悦と「工藝」の思想
柳宗悦における「眼」と「物」の位置　『「柳宗悦展」図録』、三重県立美術館、1997年。

柳宗悦と「民藝」——「工藝自体 Craft-in-Itself」の思想　『美術フォーラム21』vol.6、醍醐書房、2002年6月。

「工藝」の課題——柳宗悦の視点から　熊倉功夫・吉田憲司編『柳宗悦と民芸運動』、思文閣出版、2005年。

柳宗悦と〈近代美術史〉——〈見る〉という実践——　東京文化財研究所編『大正期美術展覧会の研究』、東京文化財研究所、2004年。

柳宗悦の「李朝」『ひるういんど（三重県立美術館ニュース）』第61号、1998年1月。

柳宗悦——「美」を通して朝鮮を想う　館野晳編『韓国・朝鮮と向き合った三六人の日本人』、明石書店、2002年。

「もの」の美醜と善悪の此岸——柳宗悦と柳宗理——　『銀花』第135号、文化出版局、2003年9月。